教 育 经 典 译 丛

后结构主义、政治与教育

Poststructuralism, Politics and Education

〔新西兰〕 迈克尔·彼得斯 / 著　邵燕楠 / 译

北京师范大学出版集团
BEIJING NORMAL UNIVERSITY PUBLISHING GROUP
北京师范大学出版社

教育的视界

——在比较中西、会通古今中 发展中国教育学

梁启超 1901 年指出：中国自 19 世纪开始即进入"世界之中国"阶段。这意味着中国与世界相互交织，化为一体。

王国维 1923 年进一步说道："余谓中西二学，盛则俱盛，衰则俱衰。风气既开，互相推助。且居今日之世，讲今日之学，未有西学不兴而中学能兴者，亦未有中学不兴而西学能兴者。"这意味着中西二学相互交融，盛衰一体、兴废一体。

困扰中国社会发展的"古今""中西"问题始终相互影响。倘不能处理好"中西"问题，忽视"西学"或"西体"，则必然走向"中国文化本位论"，进而不能处理好"古今"问题，中国实现现代化与民主化断无可能。倘不能处理好"古今"问题，忽视中国文化传统或"中学""中体"，则必然走向"全盘西化论"，由此不能处理好"中西"问题，中国文化会深陷危机，中国现代化与民主化会成为无源之水、无本之木。

因此，中国教育理论或教育科学的繁荣必须坚持"比较中西、

会通古今"的方法论原则。这至少包括如下内涵。

第一，国际视野。我们要取兼容并包的态度，敞开心扉，迎接世界一切先进教育理论进入中国。我们要对这些教育理论进行翻译、研究、吸收并使之"中国化"，像当年吸收佛教文献那样。我们要形成教育研究的国际视野：这包括价值论上的"世界主义"胸怀和多元主义价值观；知识论上的多重视角观，学会以人观人、以人观我、以我观人、以我观我，在视角融合和复杂对话中发现教育真理；方法论上的深度比较法，防止简单翻译、机械比附或牵强附会，要上升到文化背景、历史发展和价值取向层面去理解教育问题。

第二，文化传统。我们要珍视已持续两千余年的、以儒释道为核心的中国智慧传统，它不仅构成了中国文化，而且是世界文明不可或缺的组成部分。我们要将中国智慧传统植根于中国社会和历史情境，真诚对待并深刻理解，防止"厚今薄古"或"以今非古"的肤浅之论。我们要基于中国与世界的现实需求和未来趋势，对中国智慧传统进行"转化性创造"，使之脱颖而出、焕发生机。我们要基于中国智慧传统理解教育实践、建构教育理论，须知，"中国教育学"唯有基于中国智慧传统方能建成。我们要充分继承五四运动以来中国教育启蒙和教育民主化的宝贵传统，须知，"中国教育学"以实现东方教育民主为根本使命。

第三，实践精神。我们要始终关切实践发展、参与实践变革、解决实践问题、承担实践责任，须知，教育实践是教育科学的源泉。我们要把发展实践智慧作为教师解放和教师专业发展的核心，让教师成为"反思性实践者"。我们要成为每一个学生的真诚倾听者，通过倾听学生而悦纳、理解和帮助学生，最终实现每一个学生的个性自由与解放。

国际视野、文化传统与实践精神的三位一体，即构成"中国教育学精神"。践履这种精神是中国教育学者的使命。

是为序。

张华

于沪上三乐楼

目 录/

/ 英文版序 /

对于作者来说，写序常常是一个机会，可以对已经完成的文字作出说明或进行反思，还可以提及文字之外的情形及影响写作的外部事件。从字义上来讲，"前文本"(pretext)讨论元文本(metatext)之事宜，包括写作策略与全书的组织结构，有时也包括需致谢之人与研究动机。据此，我想对我的写作缘由、论题的结构以及成果的具体情况作出说明。

对后结构主义或当代法国思想的关注点进行介绍的英文书籍越来越多。我认为这些研究与当代法国思潮中建立多条理论路径的憧憬背道而驰，它们常常倾向于要么把复杂的思想化简为单一的基于若干步骤的方法论，要么把学术的发展描述为线性的年表。首先消失的是存在于书写之间的"差异"[*différend*，采用让-弗朗索瓦·利奥塔(Jean-François Lyotard)的术语]，它构成了被称为"后结构主义"的准则。其次落入了引向封闭的整体化历史(a totalizing history)和思想制度化的陷阱。我试着避开这些倾向，尽管它们仍旧不可回避地是写作常规的一部分，这其中包括写作与出版的机制——其建立在写作领域组织化和标准化的基础之上。本书以一系列章节的面貌呈现，它们是在不同的时间里撰写的，针对具体的读者，围绕教育的重要焦点以主题的方式进行修改和组织。我不声称它们是原创的、综合的和完整的。当然，这些文字不是要对所谓的法国学说作出系统的介绍，也不想伪称是最终定论。相反，我想将这些章节编织成思想网络，使其主题交错地阐明后结构主义、政治学与教育三者的关系。因此，它们反映了我过去几年的学术见解。

在教育理论界，近年来有大量的关于社会、经济与政治活动的研究成果问世，在西方国家或者说发达国家尤甚。基本上，它们采用负面的和保守的词汇，以一个前缀"后"（post）为其特征——后工业主义、后现代主义、后福特主义。虽然，利用后结构主义的方法将当代教育理论化的现象很多——解构主义、谱系学、文本分析的各种形式——却很少有人把注意力投向经典原著并试图阐明后结构主义对于教育理论的意义。本书以对理性的批判和对主体的质疑为焦点，考察了与教育领域相关的重要主题，以此对后结构主义作了部分介绍。

本书并不企图对后结构主义这种理论作系统介绍，原因很简单，在理论界被称为"后结构主义"的东西，在现实中是多样的和复杂的思想，它不能够简化为一种固定的和连贯的理论体系。实际上，有人可能会辩论道，一旦这种思潮被简化和统一，并被打包整理为学术文字，以便在学术的集市中流传、销售，那么，它的时代就终结了。一旦制度化和商品化，知识就失去了产生新思想的力量，会变得僵腐，在思想史的家园中受到贬黜。"后结构主义"的标签本身也是有问题的，因为那些被泛泛地称为后结构主义者的思想家们之间的不同之处与相似之处同样重要。因此，我更愿意把后结构主义看作是法国文化历史的一个时段，在教育领域中，它是独特的批判方法。

/ 致　谢/

　　我的思想的形成受益于许多人不同形式的帮助。我与詹姆斯·马　　xv
歇尔(James Marshall)快乐共事逾十五载，他促使我从最初的哲学学科
转向了教育领域。他给予我的学术上的支持与友谊，笔墨难以述尽。
彼得·麦克莱伦(Peter McLaren)和亨利·吉鲁(Henry Giroux)为此书
的出版提供了支持。过去在奥克兰大学(the University of Auckland)的
同事科林·兰科舍尔(Colin Lankshear)和埃里克·布拉斯韦(Eric
Brathwaite)，让我知道了教育政治学的重要性。近来，比尔·瑞丁斯
(Bill Readings)不断地给予我支持与启迪。1994 年 10 月，他的突然辞
世令我无法与他谋面，当时我恰巧在加拿大和美国休学术假。我把本
书的倒数第二章献给比尔以答谢他对我的帮助，这一章是在 1994 年 11
月于蒙特利尔大学(the University of Montreal)比较文学系举办的研讨
会的基础上形成的，而这场研讨会是比尔于生前为我安排好的。

　　我也感谢马克·波斯特(Mark Poster)。我在研究生期间就攻读了
他早期关于当代法国思想的著作。他最近出版的书，包括《信息的模

式》(*The Mode of Information*)与《第二个媒介时代》(*The Second Media Age*),极大地影响了我的思想。这两本行书风格十分清晰的书,让我仰慕不已。即使粗读本书,大家也可以很明显地看出来我的学术研究受惠于利奥塔。他的《后现代状态》(*The Postmodern Condition*)于1984年首次以英文的形式出版,书中对我们当今情形的最富有洞见的描述吸引了我。我研读他的著作已达十年之久,他的哲学风格不断地开拓出新的思想领域。

我也对奥克兰大学教育系的文化与政治研究小组的师生表示感谢,他们积极地倾听并讨论了本书所呈现的观点与思想。我感谢奥克兰大学研究委员会批准我于1994年休学术假的请求,使我有充足的时间完成书稿。

最后,我感谢我的伙伴,蒂纳·贝斯利(Tina Besley),最近三年间,她对于我的学术旨趣给予了支持与鼓励。

/ 导论：
理性的批判/

后结构主义的思想缘于亚历山大·科耶夫（Alexandre Kojève）和
让·依波利特（Jean Hyppolite）对黑格尔（G. W. F. Hegel）著作的存在主
义式的理解，在雅克·拉康（Jacques Lacan）、罗曼·雅各布森（Roman
Jakobson）、克劳德·列维-斯特劳斯（Claude Lévi-Strauss）及其他学者
的结构主义中初见端倪。在此，对于结构主义和后结构主义，语言学
是其上位的学科[继费尔迪南·戴·索绪尔（Ferdinand de Saussure）的
研究之钵]，符号学、精神分裂分析、解构主义和文本分析——它们的
发展目前并没有止步并且理论分析还在不断改进——亦是如此。雅克·
德里达（Jacques Derrida）、利奥塔、米歇尔·福柯（Michel Foucault）、吉
尔·德勒兹（Gilles Deleuze）、让·鲍德里亚（Jean Baudrillard）的作品，
清楚地表现了后结构主义。比如，后结构主义于 20 世纪 60 年代晚期
浮现，20 世纪 70 年代兴盛于法语世界，20 世纪 80 年代兴盛于英语国
家。它是一组复杂的思想，受到多方面的启发：结构语言学的研究传
统，弗里德里希·尼采（Friedrich Nietzsche）对西方的理性的批判和对

黑格尔辩证法的抨击，马丁·海德格尔(Martin Heidegger)对西方形而上学的"毁灭"，卡斯顿·巴时拉(Gaston Bachelard)与乔治·康吉翰姆(George Canguilhem)的认识论，安德烈·布勒东(André Breton)的超现实主义，以及更加笼统地讲，欧洲先锋派(the European avant-garde)的思想。这些各种各样的思想流派被后结构主义者以各种各样的方式继承发扬。它们共同对启蒙运动的文化与普遍理性概念进行重估。尽管萨比娜·拉维邦德(Sabina Lovibond)混用"后现代主义"与"后结构主义"[1]，但她深谙此中义。

> 启蒙运动勾勒了这样一幅画面，人类努力走向普遍道德和智力的自我实现，并且由此成为普遍历史经验的主体；启蒙运动也假定人类的普遍理性，据此，社会和政治的发展趋势可以被评价为"进步的"或者其他方面(政治的目的因而被界定为在实践中实现理性)。后现代主义丢弃了这幅画面，即它拒斥理性统一的信条。它拒绝把人类想象成为单一的主体，这样的主体或是(在常用的陈腐信条中)为着完美的一致性而努力，或是(在政治实践领域中)为着圆满的凝聚力与稳定而奋斗。(Lovibond, 1986, p. 6)

理性的多种形式——不能简化、无法比较，以及无法与具体的风格、文本类型和知识种类相联——与启蒙运动所宣扬的普遍性相对立，并且，统一的人类理性的概念是理性的唯一标准，它宣称所有的、不论时间与空间的知识都在它的名下，并且为单一的主体——历史变迁中的能动者——提供安身立命之所。

拉维邦德貌似简单的论述击中了现代主义者"训练理性"的迷梦，击碎了以普遍的方法为基础形成同等地适用于所有国家和文化的普及教育的梦想；拉维邦德的论述也击碎了大众教育的梦想，该教育依靠成绩来运作，使个人具备必要的技能、态度和品性，从而成为有用的公民和良好的劳动者。她的论述同时也切中了自由主义和马克思主义启蒙思想中的进步主题——基于对自由和平等的诉求，通过理性的教育被组织起来并且得以实现。拉维邦德认识到，后现代怀疑论把目光投向了启蒙运动的以主体为中心的理性概念，这一点在后结构主义者对理性的批判中清楚地表现出来。大概最为人所知的是利奥塔（Lyotard，1984)的典型的后现代态度，即"对元叙事的怀疑"。对理性批判的核心是对建立在启蒙理念基础之上的教育的批判。利奥塔的《后现代状态》于1979年首次在法国出版，随后英文版于1984年出版。在此书中，利奥塔遵循康德和维特根斯坦的思想脉络。这本书是法国理性批判的结晶。首先，利奥塔的《后现代状态》对启蒙运动所倡导的元叙事或宏大叙事进行了批判。他论证道，启蒙运动所宣称的整体性、普遍性和绝对主义的情形实际上使得它们与历史无关，仿佛它们形成于历史和社会实践之外。利奥塔想要质疑启蒙运动元叙事教义的基石，称它们具有"恐怖主义的"和暴力的本质，从一个话语的视角来断言某种大写的"真理"，以此缄默或驱逐其他话语的论述。

在如今经常被引用的一段话中，利奥塔使用"现代"一词来"指示任何一门科学，它依赖元话语来证明自己合法……而元话语又明确地援引某种宏大叙事，诸如精神辩证法、意义解释学、理性或劳动主体的解放，或财富创造的理论"(Lyotard, 1984, p. xxiii)。

与此相对应，利奥塔简洁地把"后现代"界定为"对元叙事的怀疑"，他意指"废弃元叙事工具的合法性"，以此呼应"思辨哲学和大学机构的危机"(p. xxiv)。利奥塔(1984)向黑格尔的两个宏大元叙事发起挑战：人性的解放和知识的思辨统一。利奥塔间接地对"整体性"的概念——他在其他地方宣布"向整体性开战"——以及自主的概念(因为这个概念奠定了至高无上的主体)进行了攻击。虽然利奥塔以响应康德和维特根斯坦来反对单一文化和普遍理性，但对西方理性的攻击却发轫于给予后结构主义灵感的尼采。很明显，利奥塔的差异的概念与德里达的延异(différance)的概念以及福柯的谱系学(genealogy)具有家族相似性。

促成后结构主义正式登场的一个重要环节当然是德勒兹的《尼采与哲学》(*Nietzsche and Philosophy*)(1983)一书的出版。此书于1962年首次印刷出版。可以说，德里达和福柯都与尼采有战略上的关系。例如，德里达受到尼采的驱策而写作，在当今著名的论文《延异》(*Différance*)中写道："难道尼采全部的思想不是对极度漠视差异的哲学的批判，对广教主义的简化体系或抑制体系的批判？"(Derrida, 1982a, p. 17)而其他后结构主义学者在20世纪50年代晚期和60年代早期阅读了尼采的著作，并把尼采作为逃离黑格尔哲学和马克思主义的一种手段，我会在第一章中充分讨论这个问题。福柯于20世纪50年代早期研究尼采，他用尼采的研究成果来置换现象学中的构成性主体。尽管福柯的作品很少直接涉及尼采[《尼采、谱系学、历史》(Nietzsche, Genealogy, History)是他最负盛名的一篇]，但不少学者视福柯为彻头彻尾的尼采哲学家。比如，迈克尔·马洪(Michael Mahon)以这样的评论开始他对福柯的重要研究："福柯认为自己处在这样的研究传统之中，起自黑格尔，经由尼采和马克斯·韦伯(Max Weber)，直至法兰克福学派，更笼统地说，是反柏拉图主义的传统。"(Mahon, 1992, p. ix)无论福柯如何理解尼采，很明显，尼采对理性的批判是后结构主义的基石。

马格努斯·伯恩德(Bernd, 1989)采用了一组缘起于尼采的概念，在这些概念所提供的解释空间里，他有效地解释了后现代哲学或后现代批判。这些概念是假定的反(或后)认识论的立场，反要素主义，关于意义与关联的反现实主义，反基础主义，对先验的论证与论点的怀疑，对知识是精确陈述的摒弃，对真理符合现实的拒绝，对权威描述与终极词汇的反对，以及最终对元叙事的怀疑。

他把后现代哲学的特征概括为坚持事实，即所有的词汇是可选择的和可视条件而定的，所有的词汇都从我们自身的哲学实践历史中汲取道德元素："确切地说，哲学史的发展与思辨的现实主义格格不入，因为对于任何一个'哲学问题'，现在都没有达成一个一致的权威论断，并且，一直都没有这样的论断。"(p. 304)总体说来，他认为尼采的著作

4

有七个核心主题，这些主题被看作具有择亲力(elective affinities①)，它们或者以直接的方式促进了后现代话语的形成——如海德格尔、德里达、福柯、利奥塔、保尔·德·曼(Paul de Man)、德勒兹、费利克斯·加达里(Felix Guattari)——或者以间接的方式塑造后现代话语，如汉斯-格奥尔格·伽达默尔(Hans-Georg Gadamer)、于尔根·哈贝马斯(Jürgen Habermas)、理查德·罗蒂(Richard Rorty)、威尔弗雷德·塞拉斯(Wilfred Sellars)、威拉德·冯·奎因(Willard van Quine)、保罗·费耶阿本德(Paul Feyerabend)以及希拉里·普特南(Hilary Putnam)。伯恩德对这七个择亲力作了如下的具体说明：透视主义，对二元论与在场的形而上学的分析与批判，谱系学的叙述代替本体论，对知识—权力联系的诊断以及对主流意识形态的结构分析，擦除哲学与文学之间的界限，自我的剥离，尼采话语和范畴的自我消耗(self-consuming)、自我解构(self-deconstructing)的特点。

马克斯·霍克海默(Max Horkheimer)和西奥多·阿多诺(Theodor Adorno)是法兰克福学派的奠基人，他们撰写了《启蒙辩证学》(*Dialectic of Enlightenment*)一书，书中对启蒙文化所作的批判清楚地表现出尼采哲学的许多特征。尼采哲学影响了霍克海默和阿多诺，这点可以从他们对启蒙运动的"阴暗面"的分析中清楚地表现出来。在他们的解

---

① Elective affinities 来源于德文 Die Wahlverwandtschaften，也被译为英文 kindred by choice。这个词是德国作家约翰·沃尔夫冈·冯·歌德(Johann Wolfgang von Goethe)于 1809 年创造的，是他的一部小说的标题。这个词来源于化学，描述化学物质之间联合的倾向或物质之间的偏向。后来用来描述人类情感受到化学元素的控制，如婚姻、其他社会关系。再后来扩展到文化和理论研究中。——译者注

释当中，启蒙运动早已失去了解放的力量并且堕落为神话学。他们论证道："神话已经是启蒙运动；并且，启蒙运动又返回到了神话学。"(Horkheimer & Adorno, 1972, p. xvi) 被剥去规范的理性浮现为现代科学，现代科学是逻辑实证主义——一种科学的推理，仅对纯技术的实用性的问题感兴趣——的最佳典范。当然，在霍克海默和阿多诺那里，这样的分析是对工具理性批判的基石。在文化现代化中，推理被完全地同化在权力之中，同时，启蒙被贬为对外部世界控制的一种形式。在大众文化发展中，艺术成为信息娱乐的一种方式，因而丧失了所有的批判力量。由此，福柯把自己置身于批判理论的传统之中，或者许多评论家在后结构主义者与法兰克福学派奠基人之间寻找最大的平衡可能就毫不意外了。

阿多诺根据自己移民到牛津头几年(1934—1937年)所作的书稿，完成了《反对认识论》(*Against Epistemology*)一书，此书的第一章开场白如下：

> 自笛卡尔时代开始，哲学和各门科学之间的矛盾就突显   *5*
> 出来了，尽管它们的矛盾在亚里士多德时代就已若隐若现。
> 哲学寻求思考绝对之物，超越实证主义，超然于为人所认可
> 的各门科学的存在……以及将科学领域与无限真理进行对照。
> 然而，哲学却视科学为其模范……形而上学成为科学的可能
> 性，不只是对康德理性批判认识论的主题的复制，而且还对
> 整个现代哲学起到了推动作用。(Adorno, 1982，p. 48)

《反对认识论》一书通过对胡塞尔现象学(Husserl's phenomenology)的批判，旨在提出"认识论在原则上的可能性真实性"(Adorno, 1982, p. 1)的问题。随后，在第二次世界大战结束德国人遣返还乡之后，法兰克福学派成立，霍克海默和阿多诺(Horkheimer & Adorno, 1972)放弃了马克思主义的社会理论，对启蒙运动进行彻底批判。他们追随着极为不同的哲学取向——海德格尔的(保守的)西方形而上学的"毁灭"和由乔治·巴塔耶(Georges Bataille)创立的激进的民主共产主义小组(Cercle Communiste Democratique)。大卫·英格拉姆(David Ingram)说道："他们也是从尼采对西方理性的批判中获取灵感的，但是与批判理论不同，他们拒斥中产阶级解放和自我实现的梦想。"(Ingram, 1987, p. 75)英格拉姆声称后结构主义思想被熟知是由于尼采的梦想，即克服无政府主义美学先锋派的现代性。在权力意志的支配之下，该先锋派铸造自己的价值观并对混沌的体验说出自己的理解。后结构主义思想维护启蒙思想的文化价值观——现代化过程之中的文化价值观，把主观的自由与"科学的"理性相联系，"隐藏了把个人彻底绑缚于技术工具之下的权力意志"。

德里达根据结构语言学对理性和形而上学进行重新批判。实际上，德里达专心研究了尼采生前不为人知的、未出版的一篇论文《超越道德感的真理与德性》(*Truth and Morality in an Extra-moral Sense*)(1873)。之后，他把尼采对真理符合论的批判与索绪尔的语言学融合在一起，在认识方面主要洞悉了能指(signifier)与所指(signified)之间的任意关系，并产生了这样的语言观，即无穷的能指链，完全封闭的、自我指称的符号体系——这种体系与当今世界相隔绝。这样的语言观认为主体与语言从根本上是游离的关系，因为"主体，首先是有意识的和言说的主体，依赖于差异体系与延异举动"（Derrida，1981，p. 29）。

德里达主张西方形而上学的幻影根植于重言说轻书写的逻各斯中心主义（logocentrism）。在《关于写作学》（*Of Grammatology*）一书中，德里达（Derrida，1976，p. 3）使我们注意到种族中心主义控制了写作的概念。德里达称逻各斯中心主义——语音书写的形而上学——"什么都不是，只是最原始最强大的种族中心主义"，它控制了书写的概念、形而上学的历史（把真理的起源归结到逻各斯）以及科学的概念（总是被确定为逻辑）。写作学——书写的科学——见证了历史—形而上学时代的终结。这个时代赋予存在的意义总体上为在场，并且给予其自我认同的、透明的自我存在的特权。在西方传统之中，"所指的本质是在场，其近邻语音（phonè）逻各斯特权是在场的特权"（p. 18）。跟随尼采与海德格尔，德里达试图证明书写不是逻各斯或者真理的附属："这种附属地位在我们必须解构存在意义的时代中逐渐形成"（p. 19）。这种或那种形式的哲学已经尝试过冻结延异的游戏：清晰与独特的见解、唯心的柏拉图式的形式、终极的指称或"先验的所指"（存在）、绝对的知识、命题的逻辑形式等等——它们的意义及其传播都在封闭的真理体系中被冻结。但是德里达认为这样的封闭体系是不可能存在的，因为哲学不能到达语言之外。那些声称哲学能够超越语言的主张依靠的是排除或者同化任何可以摆脱可理解性框架（其对延异施加影响）的事物。在德里达的眼中，作为某种书写哲学，本质上是以逻辑—人类中心主义

6

的幻影为条件的，这些幻影否认延异举动。

虽然，法兰克福学派如其中的代表人物哈贝马斯反对的许多事情，后结构主义也同样反对——尤其反对生活世界的官僚殖民化和不同的亚文化群同化于主流科学文化，后结构主义"谴责封闭的体系和社会同一性——在理性方面要求一致性、纯粹性、客观性、普遍性和终极性"（Ingram，1987，pp. 77-78）。哈贝马斯认为，法国后结构主义者把工具理性等同于"仅通过招魂唤起的原则，它是权力意志或者君权，是存在或者诗人的酒神力量"（Habermas，1981a，p. 13），这是哈贝马斯哲学主张的部分基础。哈贝马斯把"后现代性"这个术语归属于当今法国的思想，正如他所说：这个词语的传统"经由福柯，从巴塔耶传递至德里达"（利奥塔同样也在这个行列之内）。哈贝马斯比较了这些法国思想家与魏玛共和国"年轻保守派"对理性的批判："年轻保守派概括了美学现代性的基本体验。他们主张去中心的主体性的启示，从劳动和有用性的规则中解放出来，由于具有这些体验，他们从现代世界出走。"（p. 13）

当哈贝马斯把福柯称为"一个后现代主义者"时，有可能陷入了一个误区。福柯，在与杰拉德·若雷（Gérard Raulet）的一次访谈中，承认不理解"现代性"［至少，在波德莱尔（Baudelaire）之后的现代性］这个术语为何物，也不知晓"后现代性"的含义或者后现代或后结构主义思想家普遍关心的问题是什么。然而对于采访者若雷来说，却不存在这样的问题。在若雷问福柯是否存在这种问题的时候，若雷概述了自己对后现代性的理解："它是现代性的思想，理性的思想。在利奥塔那里，我们发现通过某种有益的觉醒，我们最终从一种'宏大叙事'中解放出来。后现代性与理性分离，与德勒兹式的精神分裂症决裂。最终，后现代性揭示了理性曾仅仅是历史上众多叙事中的一种；宏大叙事当然也是许多叙事中的一种，但是现在可以引领着其他形式的叙事。"（Raulet，1983，p. 205）

虽然福柯表示他并不理解后现代性的问题，但他那合宜的批判无疑使他成为后结构主义者/后现代主义思想家，他与德里达和利奥塔一起告诫人们现代的价值观本质上是逻辑—人类中心主义的幻影。当然，马克·波斯特（Poster，1981）和南希·弗雷泽（Fraser，1981）认为福柯对"主体哲学"的考察——主体哲学在福柯看来是个问题（*problematique*[①]），它统治了现代认识论（*épistème*），而现代认识论把主体视为所有知识和意义的基础——主要是在讨论现代性的时候。两位学者认为福柯对现代权力的谱系学分析是在激进的去中心的基础上完成的——其否认认识论的特权，否定历史上对笛卡尔哲学传统的"主体中心"概念的特权，否定人文主义者的理性、自治和自我负责的理念所具有的特权。例如，波斯特写道："在取代理性的历史更迭时，……出现过一些标尺，这些标尺有时很简洁，互不相同，不能简约为单一的法则，各自具有独特的历史类型，不能够被简化为普遍的可以学会、发展和牢记的意识模式。"（Poster，1981，p. 138）

---

① Problematique 是个法语词，类似于英文的 research question（研究问题），但它具有定义（definition）和情境化（contextualization）的含义。具有盎格鲁—萨克森传统的学者喜欢用这个词，以此来强调与法国和欧洲大陆学者的研究略微不同。——译者注

波斯特和弗雷泽认为，福柯的方法让我们看到了权力的广度，权力处在无法比较的、复杂的话语制度发展过程之中，每一种话语制度都具有"微观实践"的多样性，这最终引导我们研究"日常生活的政治"，并且最终悬置合法性的问题——其在现代自由主义的标准范式框架(主张权利根植于人类的本性)之中得到理解。

哈贝马斯与福柯之间的争论，至少在哈贝马斯看来，是围绕他们各自对现代性的评价而展开的。哈贝马斯把自己定位在法兰克福学派著作所反映的马克思主义社会批判的传统中。哈贝马斯认为我们应该尝试着保存启蒙运动背后的"解放的冲动"：

> 解放的冲动旨在重新将现代文化与仍旧依赖于重要传统的日常实践联系起来……然而，这种新的联系仅能够在社会现代化也将向不同方向发展的情况下被建立起来。生活世界必须具备在自身之外建立制度的能力，这能为内部的动力机制设定界限，也能为几乎自治的经济体系及其行政上的补充手段设定界限。(Habermas，1981a，p.19)

相反，哈贝马斯把福柯和利奥塔定位在以下思想传统中：尼采、海德格尔及法国后结构主义者们希冀与启蒙运动完全割裂，由此，他们才能批判那些现代性构成范式。哈贝马斯指出，尼采对理性的批判包括对现代性构成范式，即真理、理性和自由的评论与拒斥。哈贝马斯认为就是这些范式使得批判成为可能。换言之，尼采对理性的批判

8

面临自我指称(self-referential)的矛盾，并且，为了让批判自身具有合理的基础，就不能用理性批判理性。

罗蒂进一步解释了利奥塔与哈贝马斯之间关于理性的分歧：

> 从利奥塔的观点来说，哈贝马斯提供了另外一种元叙事，比弗洛伊德和马克思主义的元叙事更加普遍和抽象，即"解放的叙事"。对于哈贝马斯来说，"对元叙事的怀疑"所引起的问题是如果我们"至少保存一种标准来解释对所有合理标准的讹误"，揭除面纱才有意义。如果我们没有这样的标准能够摆脱"整体化的自我指称的批判"，那么，赤裸与面纱之间的区别或者理论与意识形态之间的差异就失去了力量。(Rorty, 1985, p. 163)

哈贝马斯争论道，接受利奥塔的观点会剥夺意识形态批判的首要职责。除非存在一个普遍的元话语，合法化的有效性在理论上才可能消失。然而，对于利奥塔来说，却似乎恰恰是另外一种情形。一般的元话语从理论上不影响封闭体系：在近来的历史经验之中，如古拉格集中营、奥斯威辛集中营、法国1968年五月风暴，它们从实际和经验层面上背离了无历史主义(ahistoricism)。正如凡莱仁所作的评论："利奥塔指责哈贝马斯想要复兴对理性的恐怖。"(van Reijen, 1988, p. 97)

因而，大卫·威尔白瑞(Wellbery, 1985)争论道，法国后结构主义者反对历史叙事，它"被视作单一的逻辑—时间运动，包括并清晰地描绘出所有的个人历史"。这种历史观发轫于18世纪的康德、赫尔德(Herder)、孔多塞(Condorcet)以及黑格尔。显然，哈贝马斯视他的研究是这种传统的延续。

9　　相比较而言，威尔白瑞认为，在法国，这种历史叙事受到了极大的怀疑。这种历史叙事被看作有点像是"一种策略，一种意识形态，其真正的功能在于否认历史的现实性，而去赞美神话式的英雄，如人类、理性或者意识"。法国后结构主义者对历史哲学的放弃，同时意味着对自启蒙运动以来支配西方思想的哲学的放弃。

　　从后结构主义思想的有利角度来说，自启蒙运动以来，经典的历史哲学都是以所有解释的终结者的面目出现，但其实它仅仅是一种诠释意义的方式。它像神话一样，描述宇宙间的主体——"知识与自由的英雄"——的发展，为一套特定的、深深根植于西方的文化价值观服务，使其合法化，并使其免受批判。威尔白瑞进一步评论道：

> 　　这套价值观无论被界定为形而上学话语的基本概念——由柏拉图开创，正如德里达所认为的情形，还是被界定为18世纪晚期发展起来的人类学的人文主义的要素，正像福柯和利奥塔所认为的情形，这些都无关紧要。这里的基本要点是对宏大叙事的共同摒弃，这种摒弃绝不是来自历史世界的一场争战，而是我们跨出的第一步，即对没有被神话歪曲的史实进行理解。(Wellbery，1985，p.233)

有学者认为，哈贝马斯（Habermas，1981a）的措辞掩饰了他与法国后结构主义者之间的真实差异，哈贝马斯关注话语的主题，具有对语言自身本质的终极观点。威尔白瑞认为，很难想象一种语言观或者话语观能够远离哈贝马斯的理念——交往行动的普遍范式，该范式被认为内化于言语自身之中，因而能够使参与者在不受曲解或外力压制的情况下最终达成共识。威尔白瑞认为，所有的后现代哲学家"批判纯粹语言的梦想"（Wellbery，1985，p.233），并且在如下方面对哈贝马斯和法国后结构主义者进行比较：哈贝马斯的现代主义的、普遍主义的"无噪音干扰"的景象是基于共识基础之上的完全透明的交往领域；而法国后结构主义者所发扬的语言观和话语观研究的是语言内在的不透明性，并且坚信只有在不予考虑行动的基础上，共识才有可能被建立起来。

那么，难点直中问题的靶心。它直接击中引起争论的中心，即一方是后结构主义和法国学者对理性的批判；而另一方是批判理论、哈贝马斯的"现代性方案"（project of modernity）以及他存留启蒙运动背后的"解放冲动"的目标。进一步说，难点以及它所产生的问题集中到对理性的争论以及对现代性和后现代性各自的评价之上。福柯根据康德的一篇小文章（minor text）①对这些问题作出了回答。福柯辩论道：把我们与启蒙运动联系在一起的线索不是"对信条的忠诚，而是被永久激活的一种态度——哲学的精神对我们历史时代的永久批判"。以这种方

---

① 1784年，康德等学者回复《柏林月刊》的问题"什么是启蒙？"时所写的小文章。——译者注

式界定启蒙运动，福柯认为"这恰好意味着人们不得不拒绝以简单的和权威的方式所呈现出来的任何事情。你或许接受启蒙运动并且保持理性主义的传统……；你或许批判启蒙运动，然后，设法逃离理性主义的原则"。

这场争论包括一系列问题，这些问题与主体、以主体为中心的理性紧密相联系，它们直接影响教育问题以及教育所发挥的功能。在何种程度上，教育以及学校教育受到启蒙文化的塑造？在何种程度上，现代主义的教育理念以及大众教育的原则与方法依赖于启蒙运动的普遍理性和普遍主体的概念？如果现代教育已经并且依然由被揭去意识形态面具的"解放的元叙事"授予合法性，那么，在后现代境况之下教育如何被授予合法性？假如后结构主义者对理性进行批判，那么教育理论将采取何种可能的新形式？这些问题构成了这本书的内容，又得到另外一些与之相关的但更广泛的问题作为补充，这些更广泛的问题明确地聚焦政治，并且与教育理论有着强烈的关联。在何种程度上，去中心、主体解构会排斥政治变革所必需的代理理论？后结构主义缺少连贯的政治主张吗？后结构主义在本质上是保守的还是虚无的？与这些问题相关的研究是弗雷德里克·詹明信（Jameson，1983，1989a）和大卫·哈维（Harvey，1989）对后现代主义的批判，他们认为后现代主义是晚期资本主义的消费文化。女权主义者对此也进行了批判，如马舍-丽兹等（Mascia-Lees et al.，1989）指出后现代主义假定"主体死亡"的历史时机恰好是在他者（妇女、少数族裔、同性恋等）开始为自己辩护并开始（重新）宣布他们历史主体身份之时。对于左派来说，主体的问题和政治代理机构当然与黑格尔和马克思主义的传统紧密相关。后结构主义者对主体的批判将在第一章全面论述，该批判会对重估这些传统产生影响，对政治变革模式、代理模式的活力产生冲击。这种批判的意义和后果仍旧在探究之中，鲜有共识，因为从历史上看，它是新鲜的事物。

一方面，哈贝马斯哀叹文化与哲学完全历史化的后果，他担心由启蒙运动所滋养的社会希望会烟消云散。另一方面，左翼学者，如斯坦利·阿罗诺维茨(Aronowitz, 1983)，在历史具体境况中，拥护具有特定历史性的新社会多元主义，并以此对正统的历史唯物论展开批判，认为马克思主义否认了它自身的历史性。阿罗诺维茨认为历史事件已经脱离了马克思主义的基本原则(它围绕生产的范式而组织起来)，进而表现出激进的社会抵抗的异质力量，而不再由单一的占支配地位的或者主流的解放话语所支配。阿罗诺维茨的修正主义不仅直接指向了阶级的概念(其假定一个超历史的主体)，而且也指向了使历史唯物主义受损的科学主义。"我的论点也许可以用一个最终的原则来表示：有情欲的、反逻辑的、戏耍的和构成性的主体不可能沦落为物质生活的生产方式，或者被贬低为社会再生产的模式(家庭、学校或者作为政权意识形态工具的宗教)。一旦理论开始详细探索变革的各种情形，政治经济就走到了终点。"(p. 196)

艾利斯·马瑞恩·扬(Iris Marion Young)把阿罗诺维茨的论证向不同的方向进行了拓展并且给予其实际的定位，她论述了自20世纪60年代以来激进者如何使用压迫这个概念来应对一些马克思主义者的企图——把种族和性别的不平等划归为阶级统治的结果。她争辩道：

> 最近十年来，从社会主义者、女权主义者以及反种族主
> 义活动家经常讨论的热点话题来看，一个共识正在形成，即
> 我们社会中许多不同群体都可以说是受到了压迫，并且没有
> 一个群体的压迫形式主要是出于偶然或道义。同样的讨论也
> 逐渐达成这样的理解，即群体的差异以多种方式大于个人生
> 活，这点使得同一个人在不同的方面既享有特权又遭受压迫。
> 只有对压迫概念作多元化的理解，我们才能有所洞见。
> （Young，1988，p. 276）

她建议只有对压迫概念进行多元化理解才能有所洞见，同时她详
细地论述了"压迫的五副面孔"，即剥削、边缘化、无权力、文化帝国
主义以及暴力。限于篇幅，此处不能对它们作出全面的说明，但须指
出，这些"面孔"作为压迫标准而发挥作用，它们"有助于表明没有一个
群体的压迫可以由另一个群体来还原或者解释，一个群体的压迫不是
一个具有自我特质的封闭体系，而是与其他群体的压迫交叠"（p. 288）。
这是我在最后一章所要考察的主题，关注民主以及"差异政治"。扬
（Young，1992）表明了群体差异的意识形态是如何以他性展示认同逻
辑的，从而，借着维护统一而压制差异，这事实上产生了局内与局外
的分裂。安娜·耶特曼（Yeatman，1992）沿着同样的研究方向，走向
了"差异政治"。她不遗余力地批判了公民自由主义话语。她主张，公

民自由主义话语的本体论控制了市民社会的概念——其以一个群体的有约束的且连贯一致的认同作为基础。她指出,自由主义的话语与共和党以及福利国家对现代公民的话语具有相似的理念。共和党的理念假定"公众"通过理性而形成,理性的共识同化文化的基本差异,拒绝社会生活的异质形态。福利国家对公民的界定表明"一个模范公民具有形式上的个人主义——其以理性为导向,是自由的契约的主体"(Yeatman,1992,p. 6)。这种界定把互相依存关系和我们的生活真正需要的东西排除在外。

最近,耶特曼把她的注意力转向后现代主义对政治的修正。她辩论道:"无论现代主义对正确理性境况的研究转向哪儿,我们所继承的不同版本的正确理性的论述体系都会受到后现代主义的诘问。"(Yeatman,1994,p. viii)她提出后现代的解放政治学没有规划一个乌托邦式的未来,而是努力开垦新的公众空间,这个空间通过质疑现代民主话语的核心假设和价值观而开辟出来,其中包括对政治共同体基础的建设——通过参照被赋予特权的本体论、被单一建构的理性、对理念调节的共识,并且,也包括对"政治学主体的建构,把其归属到普遍性、公正性不容置疑的主体范围之内"(p. x)。

本书主要以第一手资料进行研究,直接从法国后结构主义思想家著作的英译本中汲取养料,而不是参考那些把法国后结构主义应用于教育领域的二手文献(其数量巨大且不断地在增加)。这是一个思虑良久的决定。比如,我并没有参考麦当·萨拉普(Sarup,1993)、雷克斯·吉布森(Gibson,1984)或者克里奥·彻里霍尔姆斯(Cherryholmes,

1988)等学者的著作，尽管他们都对结构主义或后结构主义与教育研究的关系作了很有价值的介绍；也只是偶然提及许多女权主义者采用后结构主义方法所撰写的教育文献，如帕蒂·拉瑟(Patti Lather)的《变得更聪明》(*Getting Smart*)(1991)；也没有打算讨论批判教育者在后现代境况下重建批判教育学的宏图大略，如彼得·麦克莱伦(McLaren, 1989, 1994)。我的初衷是阐明后结构主义思想的主要方面，提供必要且恰当的历史和哲学背景，进而详尽地论述一系列与教育领域有特别关系的政治主题：对普遍理性和主体的批判，知识分子的角色，后结构主义、教育以及后现代文化三者之间的关系，教育中新自由主义政府自我限制的原则和"市场"主体的建构，教育与"空间政治学"，伦理学与"奥斯威辛之后"的教育政策，信息社会中的科学、教育以及科技，大众传媒在后现代社会转型时期的决定性作用，控制论、赛博空间①以及大学，民主、教育以及差异政治学。

13

然而，法国结构主义者最大的声势是对主体问题的普遍讨论，从政治角度讲，其主要围绕如何摆脱黑格尔和马克思思想的标签——它们支配了战后法国左翼知识分子的文化——展开。我的重点不是重估马克思主义本身，而是整理后结构主义从哲学角度对新自由主义持续不断的批判，这种批判统治了西方自由资本主义政权之下的政治哲学。

---

① 赛博空间的英文为 cyberspace，是一个合成词，由 cybernetics 和 space 两个词构成，指的是计算机以及计算机网络里的虚拟现实。这个词最早由加拿大科幻小说家威廉·吉布森所创。这个词在小说《神经漫游者》(*Neuromancer*)中被人们熟知。——译者注

我也把目光集中到新近技术的发展——伴生了所谓的"信息社会"——对政治所造成的影响上。坦率地说,我并不相信马克思主义的传统已经死亡或者马克思主义政治经济学的威力消失殆尽。我同样也不相信后结构主义站立在当今马克思主义的对立面。这种非此即彼的主张是二元论思想的产物,后结构主义也在力图摆脱这一点。当然,历史地来看,后结构主义是法国学术文化在一定阶段的产物,它是对战后强硬的斯大林式的马克思主义的反抗。我认为"后结构主义的马克思主义"确有其基础,但这是另一个话题,是另一本书的主题。

简短概括一下,我主要强调的是批判政治理性——当代新自由主义早已对此进行了阐释。我收集了后结构主义者对理性和主体的批判,以此来解构和批判新自由主义在教育领域、在更为广大的社会政策领域对主体的建构。变革的环境被冠以不同的名称,如"信息社会"、"信息经济"或者"交往社会",在此环境下,关于主体意识形态再生产的问题,尤其是重焕生命力的经济人(Homo economicus)的概念,由新自由主义投入大量精力来论述并因此得到了极大的声援。现代性/后现代性的争论在利奥塔和哈贝马斯的著作中得到了最佳的体现,这构成了我作研究的理论背景。这个理论背景集合了对以主体为中心的理性批判与对可行的政治形式的追求,而且,它提出了关于语言和交往的基本问题——这些基本问题是这样的社会,即对信息交换速度和效率着迷的社会的核心。在这场争论之中,我站在利奥塔这一边而反对哈贝马斯,读者可以从下文清楚地觉察出这一点。我认为,他们思想中的对立倾向被他们自己以及他们的评论者夸大了,使他们分道扬镳的真正

14

的哲学差异是语言的本质、对核心价值观达成的共识以及核心价值观的透明性。他们的差异使我倾向支持利奥塔的立场，而非站在哈贝马斯一边。

第一章既是有关历史的又是有关哲学的。依循福柯的研究，在欧洲形式主义、未来派、超现实主义以及结构主义诗歌学的广阔的长卷之中，这一章考察了后结构主义的历史。这一章的小标题"权力意志游戏对峙辩证法劳动"("The Games of the Will to Power against the Labor of the Dialectic")，是从德勒兹的某部著作中节录出来的。此句浓缩了法国尼采主义者对黑格尔的批判，是差异逻辑"解放"的基础和后结构主义者对主体哲学重估的基石。

德勒兹采用尼采哲学对黑格尔的辩证法进行批判，这是理解法国后结构主义的一个要点，它为其他激进的理论提供了基石和起点。第一章在欧洲形式主义宽泛的视角中，通过对结构主义的历史进行批判性解读，对后结构主义政治学作了介绍。为了刻画后结构主义对辩证法和整体性概念的拒斥，德勒兹把对尼采的阐释放置于当代法国思想界对黑格尔的广泛反响之中。最后，第一章还阐明了后结构主义对主体批判的意义，从而分析了当代人文教育中主体意识形态建设的形式。

第二章把注意力放在知识分子的概念上，并且考察了它与后现代文化的关系。我认为，后现代文化，尤其是(消费)文化的民主化使得现代主义的知识分子的概念出现了问题；并且我简短地考察了三位后结构主义者，即福柯、利奥塔以及朱莉娅·克里斯蒂瓦(Julia Kristeva)对知识分子的描述。这些描述强调知识分子有限的、更加具体的以及地方的角色，对权力/知识的制度化场域的敏感——它们构成了支配的话语与真理的政体。具体知识分子，这一后结构主义的概念，将知性政治(politics of intellectuality)予以呈现，它明确"谁发言"的问题是政治固有的问题，并且"向谁发言"是暴力的(表征)行为。

第三章继续把重点放在文化上，考察对后现代文化以及隐约地对后结构主义最有影响力和最致命的一个攻击。对于阿兰·芬凯尔克劳特(Finkielkraut, 1988)来说，欧洲的没落、普遍主义与理性主义世界观的衰退以及相伴而生的文化多元主义的兴起，意味着最危险的现代潮流。芬凯尔克劳特的《思想的毁灭》(*Undoing of Thought*)抨击了日常生活与实践的文化概念，把其与"有思想的生活"或者启蒙理性相对立。前者是地方的和个别的；后者的意义与"更高贵的生活"(the higher life)相联系，具有独立的历史和理性，具有普遍主义者的价值观。对芬凯尔克劳特来说，后现代主义是支离破碎和失真的，引向了"相对教学论"和"发狂的虚无主义"，抹去了文化之间的差异性。他对后现代主义的微词说明他不再视文化为解放或者民主的一种手段，来使得每一个人都有途径接触文化。由此，他把教育"当下的危机"归咎于："现代意义上的学校，这个字眼是启蒙运动的产物，今日它正在走向死亡，因为启蒙运动的权威已经受到撼动。"(p. 124)

芬凯尔克劳特在书中也同样抨击了后结构主义。他归属于法国新自由主义思想家的群体，该群体开辟了新的哲学内容：用托马斯·帕维尔(Pavel, 1989, p. 20)的话来说，即"虚无主义、反人文主义"的终结以及"对认同和主体的批判"可供法国思想界选择；并且，还包括对

15

个人主义和人文主义的回归，即人类行动者(human agency)、意向性和意识性的恢复。

在第四章中，我探讨了新自由主义"市场"的概念，运用福柯的研究来阐明我称之为新自由主义政府的悖论：虽然新自由主义被视为自我限定的政府，但在新自由主义市场政策之下，政府逐渐变得更加"有权力"。这个悖论通过福柯的治理术(governmentality①)的概念而显现出来。治理术的概念让我们看到小政府促进个体化的新形式，进而在经济人的标记之下，人类把自身变为市场主体。这是理解教育中"个人管理"成为权力的手段或形式的基础，这种权力通过运用市场形式而得到促进。福柯的研究可以被理解为是对主体、对自我的自由主义元叙事的批判。在这种元叙事中，一个自治的、理性的和完全透明的个体自我，独立于社会，并且在逻辑上优先于社会，能够按照自己的意愿在市场上自由选择。第四章探究了作为新自由主义治理术的一种形式，以及教育在经济人的标记之下松散地被重组的方式。

第五章同样从福柯那里获得灵感，尝试超越批判教育理论的非空间化。与19世纪——这个时代对时间的问题着迷——相对，福柯把当今的时代称为"空间的时代"(epoch of space)，并且他注意到"规训的权

---

① 福柯的 governmentality 在学术界，尚无统一的译法，诸如文化治理性、统治性、统治心态、统治术、治理性、治理术、统管理性、总管理性等。这个概念是福柯在其生命的最后十年中提出来的。它常常被具有盎格鲁传统的研究福柯的学者采用。这些学者常用它来指新自由主义政府的管理艺术、行为、策略和模式。这个概念有两部分构成：gouverner(与管理相关的)和 mentalité(思想模式)。这个概念的含义包括政府管理人民的权驭之术、政府的艺术、政府的理性、治理的技术等。本书采用"治理术"的译法。——译者注

力"(disciplinary power)如何依赖于"空间政治学"(a politics of space)。我借用建筑理论学家肯尼斯·弗兰普顿(Kenneth Frampton)的术语，把这一章的标题命名为"建筑学的反抗"(Architecture of Resistance)。因为对我来说，建筑理论及其比喻与地理学一样主要关注空间问题。当涉及空间政治学时，教育理论能够从这些学科中有所借鉴。在这一章中，我认为空间政治学与教育的相关性能够在教育"后现代化"中得到说明，对教育"后现代化"的理解可以最近出现的后现代地理学和建筑学的概念为基石。建筑学的比喻至关重要，因为它让我们理解教育机构空间构建的方式——权力的内在控制力转让给个人。这的确如此，因为福柯规训的权力是建立在检查、评判和考试的工具之上，而机构的建筑通过监视允许某种知识使这些工具成为可能。例如，学校作为一种空间的机制被组织起来，以此来训练个人，使其个体化。在这一章的最后部分，我沿袭德勒兹的术语"控制的社会"，用它来表示一系列新兴的力量和自由流动控制的过程。福柯预见这是未来不久社会的基石。

16

第六章也清楚地留有福柯的印记。这章的主题"奥斯威辛之后"(after Auschwitz)寓意丰富。追随阿多诺和利奥塔，我接受如下的历史分水岭：社会科学对自我的批判是现代文化的一部分。"奥斯威辛之后"这个短语突出了批判的方法，我在社会科学领域就伦理道德和公共政策关系的研究采取了这种方法。首先，我探究了对大屠杀记忆的苏醒以及闻名于世的"历史学者的争论"。其次，我考察了阿多诺和利奥塔的"奥斯威辛之后"这个比喻的用法，它象征性地标识着"对元叙事的怀疑"。最后，关于这个理论的背景，我提出了已故的德国社会历史学家德特勒福·珀凯尔特（Peukert，1993）备受争议的论题，即关于"社会—福利教育"的历史及其对德意志第三帝国的"最终解决"的起源所起的作用。珀凯尔特的研究表明在对"奥斯威辛"的历史性理解中向"生物政治"的范式转换，并且，其研究与福柯的孪生概念"治理术"和"生命权力"相媲美。

科学、教育以及技术在新的经济秩序下具有特殊的地位。以不断提高国家竞争力的名义，公益科学与国家教育被重组、被充分合理化，并且它们逐渐走向商业化与商品化。在信息社会之中，科学和教育被假定为首要的生产力。新的信息技术锻造了转变的背景，在此背景之下，知识成为信息的商品，于经济不可或缺，也是在未来国际竞争中占优势地位的基础。科学与教育在"信息国家"之中成为主要的"知识产业"。这就是第七章的主题。新自由主义经济理性的话语重构了公益科学和国家教育，并使其在经济体系中复原为主导部分。这一章以审视后工业主义和信息社会的概念开篇，明确地凸显教育和科学中的政治问题。对后现代科学的描述是以斯蒂芬·图尔明（Stephen Toulmin）以及其他学者的研究为基础的。他们的研究表明科学"再次施展魔力"或者"宇宙论的回归"，进而，他们讨论了科学无法逃脱社会责任、政治责任和伦理责任的科学观。这一章考察了后结构主义在后现代情况下对科学的描述，尤其勾勒了福柯的"权力/知识"和利奥塔在《后现代状态》中的论点，从而进一步强调了政治性。在经济理性主义的意识形态之下，科学和教育被诠释为国家的理性（reasons）。在此，科学和教育的目标被降低了，它们被包括在经济体系之中并且为之服务。

第八章通过考察意大利后现代哲学家贾尼·瓦蒂莫(Gianni Vattimo)的研究，深化和发展了对信息社会的政治强调。瓦蒂莫对海德格尔和福柯进行了深入的解读，他的研究处于解释学、虚无主义和后现代性的交汇处。我用一整章来介绍瓦蒂莫的研究，是因为他领悟到了海德格尔对西方形而上学"毁灭"中遗留的基础主义(foundationalism)残余，也觉察到了后维特根斯坦主义(post-Wittgensteinian)分析哲学中遗留的基本主义残渣。而且，他还指出解释学是唯一能够破解这个问题的非形而上学方式。另外，瓦蒂莫发现利奥塔研究中的一个问题，即对元叙事的消融本身就是一种元叙事。他简单批评了利奥塔对历史的合法化程序的批评，但是他指出这不表明他必须抛弃利奥塔的立场。其实，只有明确问题的悖论性质，哈贝马斯的批判才能被满足，合法性的问题才能得以解决。

第八章首先讨论了被意大利哲学家称为"理性的危机"的概念和瓦蒂莫对这场争论的贡献——他提出"弱"理性的概念，在这之前，他解释了"历史终结"的观点。瓦蒂莫(Vattimo, 1992)在最近出版的一本重要著作《透明社会》(The Transparent Society)中，把"历史终结"的论点与后现代社会的诞生相联系，提出大众传媒在向后现代社会转变之中扮演了决定性角色。在《透明社会》一书的卷首语中，他争辩道，如果不再把历史看作是单线的，那么现代性就终结了。历史不再被认为是累进的解放的实现；西方观念下的进化假设曾是文明的顶峰，如今也已问题百出。瓦蒂莫推理出大众传媒并没有使社会更加"透明"。相反，它们使得社会更加"混乱"（chaotic）。在这种相对"混乱"——多层面的混乱——之下，我们当今对解放的盼望成为谎言。正是在这种视角下，他推导出在"交往的"社会中人文科学的角色，这个视角对于教育理论有非常重要的影响。

交往的主题和普遍语言的梦想是第九章的主体内容。在这一章中，我考察了赫尔曼·黑塞（Hermann Hesse）在《玻璃球游戏》（*The Glass Bead Game*）中的比喻。我特地用这个比喻作为框架，进而在符号逻辑和控制论的文化历史中探讨了大学的地位。符号逻辑和控制论都是当今"信息模式"[借用波斯特（Poster，1990）的概括]、"信息高速公路"和"赛博空间"初始发展的基础。我把这些新的信息技术群看作是晚期现代性的表现。《玻璃球游戏》的主要象征意义直接与现代主义通用语言（a universal language）——符号交换的一种形式，受制于目的共识——的梦想相联系。很明显，它与哈贝马斯"理想的言说社会"更加接近。"理想的言说社会"以稳定的中产阶级主体作为基础，而非以利奥塔的异识概念和多样的、混杂的、文化的主体—诸立场作为基础。黑塞的《玻璃球游戏》属于德国教化小说的传统。从历史上看，德国教育的传统精神由教化小说来界定，这绝非偶然，这点启发了哈贝马斯的人文主义教学论的概念以及自由主义大学的理念——其以主体普遍交往的稳固性作为基础。

《玻璃球游戏》的比喻被用作文化的透镜，以此探讨通用语言的梦想，用更加实际的术语来说，它考察了大学在赛博空间中的地位。最近，强烈的呼声出现，要求将民主、技术和大学课程进行显著汇合

(Lanham, 1993)。要谨慎细致地考量这些呼声，这句附注表明，教育理论能够从文学分析与理论形式上受益，也可以从"科学的"探讨中受益。

新信息技术群带来了电信政治的时代：一种新的基于传媒的政治选举模式，以广泛的民意测验和大众市场的技术为基础。民主逐渐商品化，公共观点已经私有化，参与政治过程的积极性已经被极度地削弱。公共教育——作为追求社会民主目标的手段——已经被极大地妥协。右翼利用传媒工具对美国高等教育的政治化产生了巨大的影响。之所以如此，是因为对传媒工具的利用，使得政治的关注点转向文化问题，而经济不再是政治的唯一关注重点。在最后一章中，我把注意力投向当今美国高等教育所面临的问题——多元文化主义，进而考察在这个问题上的各种政治立场。我回顾了文化保守主义的溯源，并探讨了他们在美国学术界所宣扬的"政治正确"的概念。我考察了"新自由主义的联盟"，集中探讨了查尔斯·泰勒(Taylor, 1994)关于"政治认同"的重要论文，把它与代表了新文化的"差异政治"进行比较。我延循波斯特(Poster, 1992)的研究，虽然我也指出"后结构主义者"与"多元文化主义者"之间的联盟存在问题，在一定程度上，任何一方的立场都能够摆脱启蒙运动的政纲。

19

注　释

[1]　"后现代主义"与"后结构主义"这两个术语现在经常被混合使用，在本书中，我并不殚精竭虑地去区分它们。在一定程度上来说，事情远比想象

得要复杂。事实上，一些后结构主义者，包括利奥塔和鲍德里亚，都系统地研究过"后现代主义"这个术语，而其他学者，如福柯，坦言承认他不知道这个术语以及与此相关的"后现代性"的概念意为何义，也不明了它们想要说明的问题。我认为，通常来说，"后现代主义"这个术语是一个宽泛的文化和美学现象，其发源于美国和欧洲的先锋派，缘起于诗歌、文艺批评以及建筑领域。自20世纪50年代早期该术语被使用以来，它的使用范围被极大地扩展到了更宽泛的文化变革之中。相比较而言，"后结构主义"这个术语的渊源，至少在其初期和发展形成时期，明显是特殊的法语现象，它与结构语言学中的创新相联，与尼采对黑格尔和西方理性的批判密切相关。在这一章中，我会对此作出解释。我压制住学究式的冲动：使用"后现代哲学"来囊括"后结构主义"，显然，这样的举动抹平了后结构主义者之间的差异。

Cartoon by Maurice Henry, published in La Quinzaine Litteraire, 1 July 1967.

莫里斯·亨利所绘《后结构主义者的午餐》，刊登于《文学半月刊》，1967年7月1日

/ 1. 后结构主义与主体哲学：
"权力意志游戏对峙辩证法劳动"/

> 自从我们从结构主义的沃土中汲取养分以后，我们的梦想就迅速消散。我们必须深思这其中或许意味了什么。将来它也许会被解释为对所关注的力的一种松弛，即力自身的张力，而非力的偏离。一旦人们不再具有力，从力自身的内部来理解力，形式就变得令人着迷。就去创造吧。
>
> ——雅克·德里达[1]

引言

莫里斯·亨利（Maurice Henry）曾画过一幅漫画《结构主义者的午餐》。这幅漫画刊登在 1967 年 7 月 1 日的《文学半月刊》(*La Quinzaine Littétaire*)上。在这幅漫画中，从右至左，分别是福柯、拉康、列维-斯特劳斯以及罗兰·巴特（Roland Barthes），他们跷着腿，呈半圆形围坐在一起。他们都穿着草绿色的裙子，赤裸着上身，显然他们是在一个热带小岛上。福柯身体前倾，而列维-斯特劳斯忙着记笔记，拉康和巴特在专心地倾听，或者说是批判性地倾听。对于马奈(Manet)和《悲哀的回归》(*Tristes Tropiques*)来说，这幅画具有讽刺意味。亨利的漫画描绘出了法国公众以及英语世界许多学者的普遍观点：某种叫作"结构主义"的东西是存在的，这是一种统一独特的法国学术思潮。它大致存在于 1958 年至 1968 年这十年之间——一些法国知识分子虽然组成了一个"部落"。这些法国知识分子来自不同的领域——历史、哲学、心理分析、人类学、马克思主义以及文艺批评，但他们的部落联盟却形成了一种单一的教义、理论或者方法。

22 　　莫里斯·亨利的第一个错误是把路易·阿尔都塞(Louis Althusser)排除在这个群体之外，第二个错误是他认为他们形成了一个同质的 (homogeneous)、叫作"结构主义"的团体。从历史的角度来讲，第一个错误情有可原，尚可纠正；而第二个错误是认识上的模糊混淆，以至于在如今 20 世纪 90 年代，我们以同样的形式重复着这样的错误，即把一个群体命名为"后结构主义者"。按照这种通常的看法，"后结构主义者"是一群法国当代知识分子，在结构主义者之后，构成了一个同质的团体，支持共同的理论或者方法。

　　然而，辩证地说，这个观点也有某些本质上正确的东西。"后结构主义"应该在结构主义的背景之下进行研究或者解释。部落的类比同样具有价值，它把关注点集中于亲属影响的模式以及"家族相似性"——借用维特根斯坦的词汇，而没有践踏那些我们称为后结构主义者的任何一个理论贡献。我认为我们不应该再重复过去所犯的学术错误：我们应该尊重"部落差异"，并且应该在法国独特的历史发展进程中理解后结构主义，把它理解为本质上是对黑格尔思想的反对和逃离。这种反对或者逃离，用德勒兹的术语来概括，本质上涉及"差异游戏"对"辩证法劳动"的胜利。因而，这一章的标题摘自德勒兹的《尼采与哲学》(Deleuze，1983，p. 197)一书中的结论。德勒兹的《尼采与哲学》(法文版)(*Nietzsche et la Philosophie*)一书最早于 1962 年出版。这部著作标志着法国后结构主义进入一个新的时期，它通过突显差异游戏而对尼采作了诠释，并以此为主抨击了黑格尔辩证法的主要问题。德勒兹概括道：

> 三种观点界定了辩证法：第一种观点认为否定的权力作为理论原则在对立与矛盾之中展示出来；第二种观点认为苦难与悲伤具有价值，"悲伤情感"的稳定价值作为实践原则在决裂与痛苦的分离之中展示出来；第三种观点认为实证主义的观点是否定自身的理论原则与实践产物。不夸张地说，尼采的整个哲学都对这三种观点进行了抨击。(pp. 195-196)

德勒兹从根本上对辩证法、辩证法的否定力量及其纯粹的反作用特性持有怀疑态度。辩证法的纯粹反作用只有通过双重的否定——"否定之否定"，才能实现肯定，它与纯粹的肯定之肯定有着天生固有的"差异"，因此德勒兹的基本思想和哲学基础，既不是黑格尔式的，也不是马克思主义的。在一段很有说服力的文字中，德勒兹浓缩了他的理解:"黑格尔的辩证法其实是对差异的反思,但是,它是颠倒了的景象。对于差异的肯定,辩证法同样把它替换为与之相异的否定;对于自身的肯定,辩证法把它替换为对其他的否定;对于肯定的肯定,辩证法把它替换为著名的否定之否定。"(Deleuze,1983,p.196)

德勒兹对黑格尔辩证法所进行的尼采式批判,是理解法国后结构主义的一个重要关键点,是理解其他激进理论的基石和起点,应该被更加全面地了解。这一章朝这个方向努力。首先,这一章通过对结构主义的历史进行批判性的评价——该结构主义在欧洲形式主义较为宽泛的领域中被理解,描述了后结构主义政治学。其次,回到德勒兹对尼采的诠释,为了刻画出法国后结构主义对辩证法与总体性概念的摒弃,我把德勒兹的诠释放在黑格尔主义受到法国思想界广泛响应的背景下进行研究。最后,为有助于分析当今人文教育主体意识形态建构的形式,这一章简要地说明了后结构主义主体批判的意义。

福柯与法国结构主义政治学

这也许具有讽刺意味,当让·皮亚杰(Jean Piaget)于1968年出版他的著作《结构主义》(*Le Structuralisme*)一书时,结构主义早已过时了,并且还有可疑的政治立场和姿态。许多人把1968年5月的自发性事件解释为结构主义对资产阶级人文主义批判的一种驳斥。本质上,当皮亚杰[2](Piaget,1971)把结构主义重新命名为"整体"、"变化"以及"自我调节"时,结构主义就死亡了;并且亨利所提到的那些结构主义者都一致否认有一种共同的冒险事业叫作结构主义，同时他们都试图使自己从这个标签下脱身。因而，列维-斯特劳斯反对以亨利漫画为代表的公众看法，并且声称自己置身于由乔治斯·迪梅齐尔(Georges Dumézil)和埃米尔·本维尼斯特(Emile Benveniste)开创，后由其同事在法国巴黎高等实验学院(the École Pratique des Hautes Études)的古代社会比较研究中心进一步发展的传统中(Champagne，1990，p. 131)。

福柯于 1978 年(Foucault，1991c)与意大利共产主义者杜齐奥·特萨巴多里(Duccio Trombadori)及其同乡若雷的会晤中，宣称他不是一个结构主义者。当问及"现代性"与"后现代性"的含义之时，福柯坦言承认他不十分清楚它们的含义，他不理解这两个词想要表达何种类型的问题，或者它们如何成为后结构主义者共同的东西。他接着说道："虽然我清楚地理解在所谓的结构主义之后有一个问题——宽泛地讲，就是主体问题以及主体重塑问题，但我不理解什么样的问题是后现代主义者或后结构主义者这群人所共同关注的。"(Raulet，1983，p. 205)

在与若雷的会面中，福柯清楚地表示，结构主义不是法国的发明，并且，20 世纪 60 年代法国的结构主义思潮应该在欧洲形式主义的背景之下被正确地对待。也许，它始于俄罗斯现代主义的推动，关注未来派(futurism)和形式主义联合思潮的影响。在与若雷会面时，福柯被问到后结构主义这个全球化词语的早期起源，他这样回答："在结构主义运动当中没有一个参与者……十分清楚地了解它大致是什么。"他对这句话作了限定，排除了语言学与比较神话学中所使用的结构研究的方法，然后把法国结构主义重新置于当今宽泛的形式主义之内——形式主义辖制西方文化直至 20 世纪。在这种背景之下，他作了如下的评论：

> 我为 20 世纪 60 年代法国和西欧的结构主义思潮走得如此之远而感到震惊。这反映出一些东欧国家的举措，尤其值得注意的是捷克斯洛伐克，摆脱了教条式的马克思主义。在 20 世纪 50 年代中期和 60 年代早期，像捷克斯洛伐克这样的国家见证了战前欧洲形式主义古老传统的复兴。我们也见证了结构主义——在西欧被如此称呼——的诞生，即，我假定，形式主义思想和研究的一种新形态出现了。这就是我如何定位结构主义：把它重新置于当今宽泛的形式主义之内。(Raulet，1983，p. 190)

福柯指出，在 20 世纪初期，尤其是在俄国和捷克斯洛伐克，形式主义文化与左翼政治运动相联系，甚至与一种革命冲动——隐藏在斯大林标签下的教条式的马克思主义——有着联系。他有些嘲讽地指出，三十年后，结构主义受到东欧的启发会成为形式主义的一种新形态，而演变出的分析类型将引起教条式的马克思主义政党和机构的不安。显而易见，他想到了法国共产党。

对于任何一个对现代语言学的历史有些粗浅认识的人来说，福柯的评论似乎是恰如其分的。语言学内在的文本清楚地支持福柯的解释，近期的历史也正是这样发展的。1958年，列维-斯特劳斯出版了《结构人类学》(*Anthropologie Structurale*)一书(比皮亚杰的著作早了十年)，此书收录了其在1944年至1957年所撰写的论文。列维-斯特劳斯承认他受益于索绪尔和雅各布森，进而按照布拉格学派(the Prague School)成员、音韵学奠基人尼古拉·鲁别茨柯伊(Nikolai Troubetzkoy)制定的纲要命题法界定了结构法。[3]

雅各布森对列维-斯特劳斯有重要的影响，确实，雅各布森对结构 *25* 语言学的历史发展产生了重要影响。列维-斯特劳斯于20世纪40年代早期在纽约新社会科学研究所(the New School for Social Science Research in New York)学习，由雅各布森引入结构语言学的领域。事实上，他发表的第一篇论文与结构语言学和人类学相关，后来成为《结构人类学》(*Structural Anthropology*)一书的开篇章节。这篇论文于1945年发表在雅各布森当时新创办的一份期刊——《词语》(*Word*)上。雅各布森在结构语言学的历史中处于关键性的地位。他在俄国形式主义那里是一位工具提供者，帮助建立莫斯科语言小组(the Moscow Linguistic Circle)以及在圣彼得堡成立诗学语言研究协会(the Society for the Study of Poetic Language)(OPOJAZ)[鲍里斯·埃克亨鲍姆(Boris Eykhenbaum)和维克托·史克洛夫斯基(Victor Shklovsky)以及其他人也在其中]，在1920年迁至捷克斯洛伐克之前，他与扬·穆卡罗夫斯基(Jan Mukarovsky)等人成立了布拉格语言小组(the Prague Linguistic Circle)。

雅各布森在其思想形成的年代深受喀山学派(the Kazan School)传

统[在音位概念上受到德·库尔德内(de Courtney)和米科莱·克鲁斯基(Mikolaj Kruszewski)]、索绪尔[1917 年塞杰·卡切夫斯基(Sergej Karcevskij)把索绪尔的著作带回了莫斯科]、黑格尔和后黑格尔辩证法的浓厚俄国传统，以及胡塞尔现象学和安东·马尔提(Anton Marty)关于普遍语法的研究以及格式塔心理学(Gestalt psychology)的影响。[4]雅各布森不仅于 1926 年促进了布拉格语言小组的成立，而且还担任副主席职位，直至 1939 年离开捷克斯洛伐克时才离任。雅各布森于 1929年首次创造了"结构主义"这个术语，并把它作为结构的—功能的方法，对现象进行科学的研究，其基本任务是揭示体系的内在法则。雅各布森在第一届布拉格国际斯拉夫语大会(the First Prague International Slavistic Congress)成功举办之后，逐渐形成了纲要命题的框架，如下：

> 如果我们想在当今各种各样的科学表现形式当中概括其主导观点，我们发现几乎没有比结构主义更加适当的名称。受到当今科学检验的任何一种现象不再被视为一种机械的拼装而是一种结构性的整体，其基本任务是揭示体系内部的法则，不论这个体系是静止的还是发展的。成为科学关注中心的不再是外部的刺激，而是发展的内部前提：如今机械的过程概念让位于功能的问题。(Jakobson，1973，p. 11)

雅各布森强调布拉格语言小组与当今西方和俄国语言学密切联系的地方是："法国语言学在方法论上的成就"，德国现象学(胡塞尔)，以及波兰(库尔德内)与俄国[福尔图纳托夫(Fortunatov)]各学派的尝试性结合。雅各布森是在与索绪尔观点对立的情形下界定他的语言结构理论的,他发现索绪尔的语言学不仅太抽象而且是静态的,注意到这一点很重要。雅各布森辩证地对待索绪尔的二分法(语言/言语、同步分析/历时分析)(langue/parole, synchrony/diachrony),他认为在动态的同步分析状态之内,形式与内容之间存在着紧密的联系(Waugh & Monville-Burston, 1990, p. 9)。26

俄国形式主义的发展大约开始于 1914 年,受到未来派的影响——其起源深植于欧洲和俄国先锋派艺术(印象派、后印象派、复古主义以及立体派),旨在建立直接的、自治的艺术(Pike, 1979, p. 3)。俄罗斯未来派的诗人想创立一种新的、纯粹的诗歌,以词语与被净化的心理学、宗教和神话学的元素作为基础。因此,他们反对主流的文化传统[普希金(Pushkin)、托尔斯泰(Tolstoy)、陀斯妥耶夫斯基(Dosto-evsky)],主张建立一种新文化。在这种新文化中,艺术不仅是大众生活的一部分,而且也与现实生活相符。形式主义由于对语言的兴趣以及把语言科学的新发展应用于文学而被联结起来;并且,它受到库尔德内与索绪尔的启发。[5]杰克逊写道:"俄国的形式主义与俄国的未来派紧密结合,它形成于 1914 年至 1915 年,兴盛于 20 世纪 20 年代,在 20 世纪 30 年代斯大林时期的反文化革命(countercultural revolution)期间消失。俄国的形式主义具有革命的精神特质,它是伟大的现代主义运动在俄国文学、语言学、艺术、音乐和文化等领域中的一个完整的部分。它简洁却又自相矛盾地触到了俄国革命最深处的渴

望。"(Jackson，1985，p. xi)

俄国形式主义试图建立"文学的科学"。"文学的科学"把具有不同认识论和方法论的研究成果汇集一堂，关注它们的"文学性"：雅各布森把其特点概括为使得任何研究成为文学的研究。文学的科学是客观的，依据这个断言，俄国形式主义可以理解为是对"公民现实主义"的反应与否定，它逐渐支配了文学的主要研究方法：传记文学，对传记主人公给予强烈关注；社会历史类作品，对相应时代进行反观；哲学作品，对诠释者各种假设作出说明。随着1917年革命的到来，未来派和形式主义者发现他们都处在一个相似的背景中，他们都开创了如今为人们所熟知的、与过去决裂的现代主义原型，只是后来，在革命以后，他们才卷入对马克思主义无产阶级文化教条式的争论当中。[6]

布尔什维克对形式主义的主要批评集中在形式主义把文学与生活相对立上。派克指出，这样的批评"建立在对形式主义的论战上，而非其现实"(Pike，1979，p. 20)。形式主义者从来没有否认文学与社会之间的联系，他们只是认为这不是文学研究的对象，文学必须关注作品自身及其"文学性"。G. 康尼奥(G. Conio)解释道：

27 　　文学与社会之间的联系居于争论的正中心，它们之间的联系被那些喜好自治、推崇文学科学"绝对权力"的人猛烈谴责；同时它们之间的联系为一些"社会学家"所接受，他们徒劳地在两个术语之间进行调和。正是文学创作与社会需求之间的联系、艺术与革命之间的联系成为官方马克思主义批判主义(official Marxist criticism)的核心，并决定了官方马克思主义批判主义，决定了其是受到引导的、忠于"党"的文学。(Conio，1979，p. 41)

尽管在 20 年代早期，出现了社会学与文学合并的动向——诸如埃克亨鲍姆的"文学风俗"的概念或者像史克洛夫斯基的"形式社会学"的方法，但批评者不留情面，争论日益陷入僵局。随着 1934 年官方意识形态的变化，形式主义被官方视为反革命，形式主义的文学科学的目标臣服于斯大林式的马克思主义的教规之下。

福柯在与特萨巴多里的会面中作了这样的评论，虽然具有煽动性，但同时非常清晰：

在一定的限度之内，东方和西方所发生的事情在本质上是同一类型的。因为它们存在如下的危险：非理性的思想与分析，其形式在何种程度上可能建立？非右翼的思想与分析，其形式在何种程度上可以建立？甚而不被简化为马克思主义的教条主义的思想与分析，其形式在何种程度上可能建立？这些都是复杂的问题。随着这些问题的发展，它们都被囊括在含糊的、令人困惑的"结构主义"这个词语之中。这个词语为何出现？因为对结构主义的讨论实际上在岌岌可危的苏联和东欧国家中处于核心位置。另外，关于结构主义的某些事情正在那里遭受怀疑，这种情形与法国正在发生的情形相类似，即在何种程度上可能开展一项理论上的、理性的、科学的、能够超越辩证唯物主义的研究。（Foucault，1991c，pp. 94-95）

福柯(p. 88)把法国"结构主义的问题"看作是东欧比较重要的问题的结果，这是一段更加深奥的历史，绝大多数法国学者对此茫然不知。然而，他暗示道，共产主义者与其他马克思主义者一定具有这样的预感，即结构主义将要把法国传统文化带入死境："非马克思主义的左翼文化将要出现。"(p. 90)

福柯仅从聚合性的角度讨论结构主义的问题，因为它完全不同于其他类型的研究：结构主义的问题从哲学上反对"主体首位理论的断言"——它支配了笛卡尔时代以来的法国。在 20 世纪 30 年代、40 年代和 50 年代，它为各种哲学和方法提供了基本假设，这其中包括现象学存在主义、"饱受异化概念折磨的马克思主义"(p. 86)，以及否认无意识的心理学倾向。

28

当代法国思想中的尼采与黑格尔

若要真正地摆脱黑格尔，我们就不得不付出离开他的代价。

——米歇尔·福柯[7]

如今，当代法国哲学史的学术研究已经相当完善了，它的研究有点像复杂的黑格尔史的研究。波斯特(Poster，1973，1975)在英语国家建立了它的基础，他争辩道，在勒菲弗(Lefèbvre)之后，战后具有决定性意义的哲学事件是对黑格尔辩证法的发现，这一发现为"旧的资产阶级世界的倒塌，对社会主义的展望和对黑格尔燃起的兴趣"(Poster，1972，p. 110)之间提供了直接联系。[8]

文森特·德贡布注意到辩证法这个词语的含义发生了转变，这表明了"回归黑格尔"的特征："1930 年以前，它被以轻蔑的方式理解……相反，1930 年之后，这个词几乎总是在赞扬的意义上被使用。"(Descombes，1980，p. 10)德贡布把对黑格尔重新产生兴趣的原因归结于"俄国革命到来之后，对马克思主义重新燃起的兴趣"(p. 9)以及科耶夫于 1933 年至 1939 年在法国巴黎高等实验学院开设的关于黑格尔的课程所产生的影响。[9]让·华尔(Wahl，1984)的《论黑格尔哲学中的苦恼意识》(*Le malheur de la conscience dans la philosophie de Hegel*)一书的出版标志着黑格尔复兴的开端，这种复兴起初是对《现象学》(*Phenomenology*)的阅读而非后来系统地研读著作。"苦恼意识"的建立基础是意识到所有的人类发展和个人成长是主体与其所渴求的东西疏远的结果。因而，在华尔看来，辩证法要从存在主义的视角来理解。历史是道德发展的故事，道德发展提供调解的前景。科耶夫也是如此传授的。科耶夫也从存在主义的方面去理解辩证法，即辩证法是自我转化的过程；并且，从阶级方面来说，辩证法是对控制者的世界"绝对否定"的过程。这强调辩证法是一个异化过程，在此过程中，自我与他者

(an Other)为了取得相互认可而广泛斗争。把辩证法强调为异化，是依波利特解释的本质。约翰·史密斯评论道："在依波利特的解释当中，他没有强调体系和逻辑是辩证法的必备之物，而是强调黑格尔把《现象学》视为意识教化(*Bildung* of consciousness)的历史，即'本真的个人'演变为'个别的和普遍的不稳定的综合体……异化被表现为本质的瞬间'的过程。"(Smith，1987，p. 239)

29　　　依波利特于 1939 年至 1941 年出版了两卷《现象学》的译稿，它们都堪称一流，1947 年，又出版了他自己的注释本《精神现象学的结构起源》(*Genèse et structure de la Phénoménologie de l'Esprit*)。翻译本和注释本都对福柯、德勒兹、阿尔都塞以及德里达产生了深远的影响；他们都曾在法兰西学院(the Collège de France)聆听过依波利特的讲座。

　　波斯特(Poster，1975)认为依波利特和科耶夫对《现象学》的诠释是西方马克思主义复兴的学术源泉，是萨特(Sartre)的存在主义甚至是 20 世纪 60 年代结构主义的学术泉源。波斯特的这种解释颇具影响力。法国第一代解读者受到马克思主义和存在主义的陶冶，把《现象学》理解为"对理性与历史对立概念的批判。社会科学的错误在于其方法论和知识理论。社会科学的唯心论使得知者置身于知识领地之外、历史之外"(p. 7)。

　　黑格尔的著作被列为"存在主义者"的阅读书目。波斯特(1975)作了这样的评论：科耶夫和依波利特对《现象学》所作的注释，每一页都装满了存在主义者的概念。原因十分清楚：黑格尔的理性和历史辩证法使得马克思主义者在先进工业社会的概念之下，专注于历史的理性；而存在主义者则强调人类意识和理性的暂时的本质。存在主义者强调在时间中主观的、个人的存在经历，以及在主观意义世界中能动的创造。这意味着存在主义的马克思主义照看日常生活的所有关系，而不仅仅是生产关系，强调知识分子在历史中的地位，以及知识分子所扮演的角色——消除社会的异化结构，从而对社会作出解释。萨特的存在主义强调意识哲学，这使得人文主义与马克思主义相符，并且避免了简化的、机械的辩证唯物主义，在古拉格集中营表现为对个人自由权利的压迫——依照社会主义政权建立的目标来说。

波斯特(Poster，1975)的论点是，20世纪60年代的法国结构主义理所应当是对存在主义的马克思主义的补充。他援引了德里达的一段话来支持他的观点。德里达的这段话选自1966年他在约翰·霍普金斯大学(Johs Hopkins University)举办的"批判语言与人类科学国际研讨会"(the International Colloquium on Critical Languages and the Sciences of Man)上发表的著名演讲："矛盾的地方在于，符号的形而上学的还原需要其还原的对立面。对立面连同还原一起是体系的一部分。"(Derrida，1978a，p. 281)波斯特认为，结构主义虽然限定自己与意识哲学相对，但它不可避免地在与这些哲学的联系中塑造自身，绝不可能简单地胜过它们。

阿尔都塞也许是法国最著名的马克思主义结构主义者。他尝试着超越意识哲学——其人文主义强调主体是历史和社会变革的代理人。阿尔都塞的意识形态理论想进行这样一种尝试：为马克思主义提供一

30

种哲学"不陷入人文主义的圈套，即不支持资产阶级个人主义的人文政治，不损害作为革命先锋的共产党"（Henriques et al.，1984，p. 95）。阿尔都塞的"理论反人文主义"否认知性人类主体的任何身份，其仅仅是结构关系的持有者："生产关系的结构决定生产要素所占据的地点和功能，生产要素从未仅仅是这些地点的占据者。"（Althusser，1970，p. 180）

阿尔都塞（Althusser，1969）反人文主义的理论偏见源自他对早期马克思的反感。早期的马克思主义作为意识形态具有人文主义或者人类学的问题。阿尔都塞对马克思著作的"症结"（symptomatic）进行研究，在此基础上，他争辩道，在早期马克思的《1844年经济学哲学手稿》（*Manuscripts*）和后期的马克思之间有一个清晰的断裂，这个断裂表现了科学（以历史唯物主义的概念作为基础，即生产关系和生产力）和先前的人文主义意识形态之间的分离。对阿尔都塞来说，后期马克思的理论从黑格尔那里受益最大的不是辩证法的简单倒置，而是历史的概念——没有主体参与的过程，即历史是由于其自身内部的矛盾而向前发展的。因而，在生产方式（或实践）的理论中，"整个过程在理论结构突变的辩证法危机之中发生，其中，'主体'扮演由过程的机制分配给它的角色，而不是扮演它自己认为自己正在扮演的角色"（Althusser，1970，p. 27）。

教育理论工作者会认识到阿尔都塞以及结构主义者之间的争论在哲学上的重要性。更加宽泛地说，萨缪尔·鲍尔斯和赫伯特·金迪斯（Bowles & Gintis，1976）所撰写的《资本主义美国的学校教育》（*School-*

ing in Capitalist American)一书，首次把"符合"(社会再生产)理论运用到教育当中。教育理论工作者也会意识到这种影响对凯文·哈里斯(Harris，1979)和迈克尔·马修斯(Matthews，1980)的论文《知识是生产》("Knowledge as Production")的重要贡献。尤其在社会理论和教育领域，现代的结构—能动争论可以追溯到这个时期。早期抵抗理论家(resistance theorists)的研究都尝试克服过于决定论的、简约化的经济主义和阶级主义，如亨利·吉鲁(Giroux，1983)、保罗·威利斯(Willis，1977)以及麦克莱伦(McLaren，1985)的研究，这激发了鲍尔斯和金迪斯对社会再生产的阐述，他们强调"学校文化的部分自治以及……在自身再生产过程之中矛盾和冲突的角色"(McLaren，1989，p. 187)。

严肃地说，教育领域的抵抗理论家进入文化再生产的领域，并且认识到在此过程中语言的重要性，这些代表了后结构主义对能动性的重估。有些人可能会争辩，重估人文主义的主体过于浪漫，以工人阶级学生这一平凡的英雄为例，他们在抵制学校主流文化的过程中，悲剧性地强化了自己的阶级地位。阿尔都塞的主要贡献在于提供了一种对意识形态的描述，尽管它"最终"(in the last instance)被经济决定，但在实践中却是"相对自治"的。他提出了一种阐释，以此来表示国家意识形态的工具(家庭、教会和学校)如何"产生作为主体的个人，并且如何使他们参与到资本主义的再生产之中"(Henriques et al.，1984，p. 96)。

然而，正如波斯特所说，德里达提醒结构主义者，他们的辩证法依赖于主体意义上的形而上学："能指的可理解性仅在所指的可理解性原则之中浮现。"(Poster，1975，p. 354)德里达在其论文《人的末路》（"The End of Man"）中自问："关于人，法国去何方？"这个自问阐明了我们的目的。他写道："战后，在基督教或者无神论存在主义的名义之下，在与基督教人格主义的联合之中，对法国进行支配的思想基本上是人文主义。"(Derrida，1982a，p. 115)

　　然而，人文主义或者人类中心主义是各种存在主义、价值哲学、人格主义以及经典马克思主义的共同基础。德里达这样评论："人的概念的历史从未受到检验。发生的每一件事情就好像'人'这个符号没有起源，没有历史、文化或者语言的限制。"(p. 116)人文主义在先验的自我(the transcendental ego)中形象丰满，在谈及主体之时，人文主义是战后法国哲学界全能的主题。这个高于一切的主题被如下的方式钦定：对黑格尔(科耶夫、依波利特)、马克思(尤其是《1844年经济学哲学手稿》，于20世纪60年代被重新发现)、胡塞尔以及海德格尔作品的人类中心主义式的诠释。然而，德里达声称并试着证明，人类中心主义式的诠释是一个严重的错误。它建立在对黑格尔的《现象学》和海德格尔的《存在与虚无》(Being and Nothingness)严重误读(这是自觉的、反人文主义的误读)的基础之上。并且，它反映了人文主义式的存在主义对当时法国哲学家的工作的理解，没有采取学术的方法。正如德里达所说，对人文主义和人类中心主义的批判是"支配和主导当今法国思想界的主题之一"(p. 119)。然而，这样的批判更多的是将黑格尔、胡塞尔和海德格尔混合的产物，用旧的形而上学的人文主义作为批判的来源与根据，而不是对人文主义核心的质疑。

德里达通过对同一性原则（the principle of identity）的批判，挑战了黑格尔的人类中心主义的假设。在黑格尔的符号理论中，同一性原则能够使得符号与所指的象征性关系终结。通过辩证法的过程——"每一个概念被否定，然后被提升到更高的领域，因而被存留"，黑格尔的符号和所指之间的对立被确定为统一现实的内部联系[参见巴斯（Bass）的第23条注释，德里达的《延异》。Derrida，1982c，pp. 19-20]。这样，意识的统一性被保存、被投射并仍旧被恢复为自我在场。然而对于德里达来说，延异断绝了符号与所指之间的联系；所指的参照总是被置换，自我在场的统一主体简直是虚构的语言实践。德里达写道："对延异体系的'黑格尔式的'解释是形而上学的、辩证的，与此相反，我们必须想象一场谁都会输或赢的游戏，其中输方和赢方每时每刻都在置换。如果被置换的在场无条件地、绝对地延迟出现，那么这就不是某个在场的缺席或者隐藏。相反，延异维系着我们与我们必定出现的误解之间的关系，超越了在场或不在场的任一情形。"（p. 20）

无意识的他性不是一个隐藏的自我在场。它是一个踪迹，德里达把其表述为"不同于它自己，延迟（defer）它自己"（pp. 20-21）。佳亚特里·斯皮瓦克（Spivak，1976）在她的《论写作学》（*Of Grammatology*）的前言中对踪迹作了解释，踪迹在法语中传达了这样的内涵：轨迹、足迹、印记。斯皮瓦克进一步解释道："某事物在自身之内传达永久他性的踪迹，即心智的结构、符号的结构。德里达把这个结构命名为'书写'。符号不能被认作是联结起源（受指）和终结（意义）的同质整体。而'记号学'，研究符号的学问，就可以做到这点。符号必须'在可擦性之

下'进行研究，总是被另一个从未像这般模样出现的符号的踪迹占据。"(Spivak，1976，p. xxxix)

德里达(Derrida，1978a)的早期论文《人文科学话语中的结构、符号和游戏》("Structure，Sign and Play in the Discourse of the Human Sciences")已成为时下的经典之作，常常被视为后结构主义成立的一个里程碑。在此文中，德里达质疑结构的"结构性"及其方式——结构"去中心"的概念来源，以及先验的所指"去中心"的概念来源，它们在尼采、弗洛伊德、海德格尔的作品中可以找到。他区分了两种解释：一种起源于黑格尔，列维-斯特劳斯的研究是其典范，"怀有破译的真理或起源的梦想，摆脱游戏和符号次序"，以及寻求"新人文主义的灵感"；另一种建立在"尼采的断言"之上，"这是世间游戏的嬉戏和存在的天真，符号世界毫无瑕疵、没有真理、没有起源，这是一种积极的解释"，这种解释试图超越人与人文主义(p. 292)。在"'谱系与结构'以及现象学"(对依波利特解释的暗示)中，德里达早已布置好其哲学的主要要素。这篇论文涉及胡塞尔对符号的论述，并且，在这篇论文中，德里达(初次)尝试着对西方形而上学进行"解构"，即明确理性是逻各斯(逻各斯是历史的产物)，在言语模式中，它被自我在场决定。自1959年德里达发表关于胡塞尔的演讲的那一天起直至1968年，他花了约九年的工夫来明确表达延异的概念。在与让-路易斯·胡德拜恩(Jean-Louis Houdebine)和盖伊·斯卡佩塔(Guy Scarpetta)的会晤中，德里达说道："如果给延异下一个定义，那么它将会是对黑格尔扬弃(relève)(无论何种情况下使用这个概念)的限制、打断和破坏。"

德里达在这次会面中，清楚地指出，扬弃是他对黑格尔的扬弃(*Aufhebung*)的解释和翻译。海德格尔和索绪尔都强调时间和空间的角度，德里达融合了他们的哲学见解，提出了延异的概念。他认为延异是最宽泛的经济结构(structure of economy)——由巴塔耶创建。德里达在阅读巴塔耶的《从有限到普遍经济学：没有保留的黑格尔主义》("From Restricted to General Economy：A Hegalianism without Reserve")之后争辩道，"黑格尔的扬弃完全产生于语篇之中，来自于意义研究或者意义体系"(Derrida，1981，p. 275)，因而，它存留在有限的经济(restricted economy)之中。米歇尔·里奇曼(Michèle Richman)进一步解释道："在此上下文之中，经济(economy)指的是在语言之内价值的生产，其受制于差异体系，但是德里达也同样唤起了经济为经济化(economy as economizing)的偏见，即最小的花费得到最大的收益，或者在此情形之下，有限的一套音位产生无限的组合。"(Richman，1982，p. 141)

延异，按照德里达相对稳定的解释(Derrida，1981，pp. 8-9)，"指的是……一种举动，在于延迟，依靠延期、授权、暂缓、推举、绕道、延缓、存留而实现"；延异举动是"标记我们的语言的所有位置性概念的共同根基"以及各种差异作为任何意义的条件的产物。最后，它是"差异的展开"，是本体存在论上的差异的伸展，海德格尔把其命名为存在(Being)和诸存在(beings)之间的差异。

德里达早期关于胡塞尔现象学的文本《谱系与结构》("genesis and structure")出版约三年后，德勒兹的《尼采与哲学》一书才出版。德里达开拓了新的疆域，从概念上为德勒兹创造了"空地"（clearing）。文森特·皮科拉注意到德勒兹"把尼采充分地引入德里达早先提出的结构问题当中"（Pecora，1986，p.38）。皮科拉进而写道："因为德勒兹把尼采当作这样一位人物来解读，不仅提供黑格尔辩证法'苦恼意识'的另一种选择，而且把辩证法作为意识的媒介和支撑——把辩证法视为苦难、内疚、怨愤的否定，这些只能靠着双重否定才能成为肯定。"（p.38）。

皮科拉认为，德勒兹使用差异的概念对尼采权力意志的阐述是一种重新诠释，"通过对德勒兹时代特有的政治环境之下所有价值的重估，重新诠释了尼采为治愈其时代'不良良知'的努力"（p.39）。皮科拉为德勒兹的解释设定了清晰的界限，德勒兹强调以"差异游戏"替代"辩证法劳动"，为重新解释尼采建立了基本的方式，这成为战后欧洲哲学和批判理论的转折点。然而，皮科拉陷入了由德勒兹所造成的困境中：德勒兹贬低尼采哲学中的"欲望"，并对欲望进行限制，还与怨愤反应的历程开展斗争。他声称，德勒兹在庆祝纯差异游戏的同时牺牲或删改了"语气的复杂性"和尼采著作中的"智性的张力"，在嬉戏出现的同时忽视了苦难和绝望。皮科拉指出德勒兹对尼采著作理想化的诠释是"后结构主义思想当下面临的许多困难"的来源（p.47）。他对德勒兹的批判作了一个总结，说道：

在一定程度上，像德里达这样的思想家已经详细地论述了"差异"是一种"训练和准备"，从而获得能力来控制价值，而不是被价值控制。尼采的著作已经被积极地拓展，并且硕果累累。但是在一定程度上，"差异"逐渐象征事实上并不存在的游戏自由，并且游戏自由似乎并没有能力对此进行反思。尼采的著作仅仅被转为一种空想，从而摆脱"历史、自然和人类自身"。(Pecora，1986，p. 47)

在很大程度上，这种对后结构主义的批评现在已经司空见惯了。这种批评时常伴随着这样的思想：想要恢复黑格尔主体的统一性，并将其作为政治行动的基础。因而出现了托马斯·麦卡锡(McCarthy，1989)谴责德里达"不能言说的政治学"的观点。然而，皮科拉的方法有点让人难以理解，因为，根据对后结构主义批评的成熟理解，皮科拉似乎想要对尼采进行决定性诠释，反对德勒兹对尼采的创造性使用，由此他的诠释落实了历史的"现实"是斗争这一观点。[10]

德勒兹对尼采的诠释以及对黑格尔的尼采式批判，为后结构主义奠定了概念上的基础。正如一位评论家措辞强烈地说："甚至可以说，他们所有著作之中的政治内涵直接根植于他们对黑格尔和马克思辩证法的批判。"(Carroll，1984，p. 79)

朱迪思·巴特勒(Judith Butler)对当代法国理论作了清楚的解释。她认为，当代法国理论是对黑格尔思想的一系列反思。在她书的最后一章的开头部分，她作了如下的解释："20世纪法国黑格尔主义的历史可以通过两个构成性事件进行理解，一是有限的、肉身的主体具体化和暂时化；二是黑格尔主体的'分裂'(拉康之语)、'置换'(德里达之

语），以及最终的死亡(福柯、德勒兹之语)。"(Butler, 1987, p. 175)

福柯和德里达两人的开创性论文——《尼采、谱系与历史》("Nie-tzsche, Genealogy and History")和《陷阱与金字塔：黑格尔符号学引论》("The Pit and the Pyramid：An Introduction to Hegel's Semiology")都以黑格尔的主题作为开端，这暗示了与黑格尔的根本分离。福柯质疑绝对的、累积的理性单线性，并且质疑历史经验的辩证解释方式，这种方式假定历史经验的单一来源和原因。历史经验的叙事穿上了理性固有的理论外衣，假装并且企图对事件和力量的原始丰富性进行理性化，而这些事件和力量抗拒辩证法的统一要求。

历史地理学家通过"强加理论形式的秩序"掩盖事件和力量的原始的、根本的异质性，并将其理性化。巴特勒提出，福柯对现代性的分析"尝试着表明辩证对立面的词语并不是更加综合、无所不包的词汇，而是破碎的、多样性的词语，这暴露出辩证法自身是一个有限的方法论工具"(p. 180)。福柯伪称不理解后现代主义或者后现代性的问题。然而，一些评论家却确切地视他为后结构主义者/后现代主义者，认为福柯与德里达(以及其他人)一起告诉我们现代价值观在本质上是逻辑的和同一中心的假象。例如，波斯特(Poster, 1981)和弗雷泽(Fraser, 1981, 1983, 1985)两位学者都认为福柯对"主体哲学"的考察是现代性讨论的核心，福柯指出现代认识论的主要问题是赋予主体特权，使其成为所有知识和意义的基础。他们认为，福柯对现代权力的谱系学分析是在激进的去中心的基础之上展开的，它否认了认识论的或历史的特权——笛卡尔传统的"居中的"主观性概念或者人文主义理性的、自治的和可靠的自我理念。

他们认为，福柯的方法使得我们在各种话语机制——无法比较，多样化发展，每一种机制都具有"微观实践"的多样性——中更加宽泛地理解权力，并最终引导我们去研究"日常生活中的政治学"。这种方法悬置了合法性的问题——它在经典的现代人文主义规范的框架之中被理解，主张权利根植于"人的本性"之中。

巴特勒评论道，就德里达和福柯两位学者来说，"由于差异被表述为首要的、不可驳斥的语言学的/历史的常量，因此黑格尔的相对对立面(relational opposition)就从根本上受到挑战"(Butler，1987，p. 183)。因而，对于德里达和福柯来说，黑格尔主体的投射和复原为自欺实践创造了条件。巴特勒描绘出在科耶夫、依波利特和萨特著作之中的主体的日渐不稳定性，并且总结了法国思想界对黑格尔"人类中心主义"的反思历程。

> 在黑格尔哲学之中，主体被投射然后被复原。然而，在萨特看来，它被无止境地投射却没有被复原，但是主体在疏远之中认识自身并因此而保存一元的意识、反省式的自我同一。在拉康的心理分析结构主义之中和在德勒兹与福柯尼采式的写作之中，主体一度被理解为投射的整体，但是，无论这种投射被想象为性欲的力量、权力意志还是权力/话语的策略，它都会假装和伪造成经验的不统一。(p. 185)

当然，与德勒兹和德里达一样，福柯不仅反对黑格尔辩证法的标准化和整体化倾向，而且抵制对人类主体采取人类中心主义的基本假设。福柯（Foucault，1989a）声称他最早于1953年开始研究（学术之外的）尼采。尼采、布朗肖（Blanchot）、巴塔耶使得他从法国学院教育的限制中解放出来。在哲学领域，法国学院教育"深深地浸泡在现象学、存在主义的黑格尔主义中，并以'苦恼意识'为枢纽"（Foucault，1991c，p.45）。对于福柯来说，尼采象征着一种"邀请"，号召人们对主体范畴质疑。福柯的理论研究与（地方的）政治之间同样也存在着重要的关系，他指出，"政治"成为"一种测试方法，检验我自身理论反思的成熟度"（p.47）。福柯的尼采式的谱系学批判旨在揭示存在的暂时性、历史性条件。例如，福柯在其自身的学术成长过程之中，没有把"历史"问题、"政治"问题以及"哲学"问题分开讨论，这毫不值得奇怪。

尼采对福柯政治学的根本影响，在福柯的《反俄狄浦斯：资本主义与精神分裂症》（*Anti-Oedipus*：*Capitalism and Schizophrenia*）（以下简称《反俄狄浦斯》）一书的英文版前言中明显地体现出来。他写道："如果哲学已经界定个人的'权利'，就不要要求政治再建它们。个人是权力的产物。需要通过增加、置换、各种合并来'降低个人化'。一个群体不必做有机的纽带来联结按等级排序的个人，而要做降低个人化的稳定的发生器。不要醉心于权力。"（Deleuze & Guattari，1983，pp. xi-xiv）

在德勒兹《福柯传》（*Foucault*）（Deleuze，1988）一书的译者前言中，肖恩·汉德(Séan Hand)记录了尼采式的反理性主义对德勒兹和福柯的研究以及康德哲学("纯差异解放")的最终影响。汉德指出,"这导致了对辩证法的废弃,并且走向了对肯定的断裂和多样性"(Hand, 1988, p. x)。汉德在此注意到了后康德哲学的一种新形式的出现,这里,就像福柯对德里达的研究所作的评论:"思想再一次成为可能。"(引自 Hand, 1988, p. x)正是这种哲学,主要代表了"对范畴的摒弃,并向无范畴思想迈进"。由此,汉德的意思是,福柯和德勒兹早已超越了纯事件哲学的概念——"当今的本体论与辩证法相对"。在这些术语之中,理论不再是整体性的力量。它是一种实践,抵抗所有的一元思想,赞扬多样的可能性。福柯在其著作《反俄狄浦斯》的前言中这样说道:"自由政治行为来自所有一元的和整体化的偏执。通过增殖、并置以及断裂来发展行为、思想和欲望,而不是通过细化、金字塔层级结构……更倾向于确实的和多样的,即差异大于一致,流动大于统一,变动的布置大于体系。"(引自 Hand, 1986, p. vii)

为了理解后结构主义对主体的批判,有必要简短地回顾当代法国思想界接纳黑格尔主义的历程。从历史上看,第一代解释者(依波利特和科耶夫)兴盛之,第二代反叛之(Butler, 1987)。

利奥塔的著作也清楚地表明:要摆脱黑格尔。在一篇比较早的论文《魔鬼阿多诺》(*Adorno as the Devil*)中,利奥塔(Lyotard, 1974)认为否定的辩证法遭受了致命的一击,表现为它被迫通过否定来接受其反对者的立场。利奥塔并不简单地认为一个政治的、哲学的或者艺术的立场被废弃是由于其被"否认"。在利奥塔看来,如下观点是不正确的:

有立场的经验意味着它不可避免地枯竭，并有必要演化为另一个立场；在另一个立场那里，它在被保存的同时也被抑制。J. M. 弗里茨曼(J. M. Fritzman)最近争辩道，采取利奥塔的立场："对黑格尔文集的注脚表明了，一方面，黑格尔假定交流的终点是共识，共识不是交流的目标，而是死亡。另一方面，如果话语被视为争论，它能够被存留，一旦相似，其末日就来到。争论是交流的终点，这让黑格尔辩证法横向横行，从而丧失了活力。"(Fritzman，1993，pp. 57-58)

38　德勒兹对尼采所作的诠释，在法国后结构主义哲学作品中具有特殊的地位。从历史层面来讲，德勒兹的诠释提供了哲学和政治的手段，取代了战后早期法国哲学的关注点：以黑格尔的主体和对辩证法毋庸置疑的接受为基础，同时创造了"反哲学"的门第，并且恢复了缘自柏格森(Bergson)的活机论(vitalism)的法国传统。佩特拉·佩里(Perry，1993)认为，德勒兹从未真正超越他早年对尼采的理解；到后来他与费利克斯·加达里的合作研究中，他继续纪念尼采，但是最终还是攻击了尼采。德勒兹对拥护新尼采起了主要作用，这一点得到了他的后结构主义同僚的积极响应，他们认可他所起到的作用。甚至有学者同意佩里的观点，认为这种响应于1972年在瑟里西拉萨勒(Cerisy-la-Salle)举行的尼采研讨会上达到了顶峰；还有学者赞同其他学者[如霍尔盖特(Houlgate，1986)]的观点，认为德勒兹的诠释是对术语的误解，但事实上，德勒兹"制造"的尼采成为法国哲学的转折点，为哲学研究开辟了新的领域，帮助恢复了正统之外的哲学研究，为法国国内外的另类批判模式提供了基础。

自由主义、教育以及对个人主义的批判

这本书的起点是主体哲学的枯竭和一套特定的自由资本主义实践和机构的破产——其建立在如下哲学范式之上：主体在个人主义和消费主义的概念中被建构。弗雷德里克·詹明信区分了两种不同立场之下的个人主义批判。第一种立场是，历史的主题与现代资本主义不断变化的境况紧密联系。他提出："在古典资本主义竞争的时代，在核心家庭的鼎盛时期，随着资产阶级成为社会霸权阶级，出现了像个人主义、个体主体这样的事物。但是如今，在企业资本主义的时代，在所谓的机构人的时代，在商业机构和国家官僚机构的时代，在人口大爆炸的时代——也就是今天，旧的资产阶级的个体主体不复存在。"(Jameson, 1985, p. 115)

詹明信所说的第二种立场被后结构主义者批判，被认为更加激进："补充地说，资产阶级的个体主体不仅仅是过去的事物，而且还是一个神话；首先它从未真正存在过，从来没有这种类型的自主主体。相反，这种构想不过是一种哲学上的、文化上的神秘化，试图劝说人们相信他们'具有'个体主体并且拥有这种独特的个人认同(personal identity)。"(p. 115)

在这两种立场中，第二种立场更加富有哲学的趣味和成果，因为它揭露或者撕去了自由主义的个人主义面纱，并且，当这种意识形态占据霸权地位后，它的蕴含在新自由主义思想中的复兴形式，作为意

39

识形态登上了历史舞台。然而，这种主体哲学日薄西山的状态不容置疑。这个主题大量贯穿于当代德国和法国哲学界。例如，塞拉·本哈比写道："从来没有一种思想成为社会批判理论传统的核心，社会批判理论认为人类理性的训练在本质上是道德自律和实践、社会正义和进步的结果。从霍布斯(Hobbes)至康德，这些伟大的资产阶级启蒙思想家，从未真正批判过批判理论所展示出来的思想。"(Benhabib，1986，pp. 343-344)

本哈比为一系列思潮绘制了一张图表，结果导向了一个僵局：黑格尔对康德纯粹理性的批判强调了历史中理性的演变；马克思对黑格尔的批判开创了从自返主体向生产主体的转向；早期法兰克福学派从黑格尔和马克思那里获得启示，强调"自治的主体不是孤独的笛卡尔式的自我，而是在历史和社会的境遇中具体的以及物化的自我"(p. 344)。

20世纪60年代和70年代早期见证了一系列文化危机，它们宣告了自由人文主义信条的胜利。公民和人类权利运动、反正统的战后青年文化的发展、少数民族的新活力、和平运动，尤其是反越战运动、反种族隔离运动和学生运动——所有这些所谓的文化危机，把社会合法性的问题摆在了当时的国民机构面前，使得个人收获了大量的权利。

然而，在20世纪70年代晚期和80年代，市场自由主义信仰的一些重要教义得到复兴。所谓的新右翼如今显现出上升迹象，在重建资本私有化的策略下——在生产力水平下降的情形之下，为新的资本重新积累提供有利于公众的境况——"公共"和"私有"被重新界定。也许，随着自由资本主义民主国家矛盾的显现，历史的斗争仍旧继续。这种矛盾的两个方面，一是资本积累的需求，二是民主合法化的需求，如新马克思主义者的诉求。在很大程度上，我们正在经历着自由人文主义的责任——奠定政府的角色——与传统福利国家责任之间的矛盾，我们正在经历着市场自由主义的矛盾：在更大范围内缓解政府直接干预经济和社会与通过其他一些手段仍旧维护政府控制之间的矛盾。

更含糊地说，所谓的主体之死相当于自由资本主义学校制度和教育方案中的智力之死(the intellectual demise)。从历史上看，人文机构(监狱、法庭、心理治疗机构等)，包括中小学校和现代大学，参照以主体为中心的理性话语来使其自身及其实践活动合法化。笛卡尔主义—康德主义的传统被视为认识论上的主体，是所有知识、意义以及道德行为的泉源。用超越历史的词汇来说，人文哲学家在一套极度个人主义的假设中为主体描绘了一幅画，主体独自站在社会和文化之外，并且在逻辑上优先于社会和文化。

这些相同的假设损害了自由资本主义和民主社会的规划和政策。在理论上概念化的个人和在实践中经历着的个人，成为经济和社会分析的最原始单位，人们最终无法跨越它。这些相同的假设重获新生，如今在新自由主义的(和新保守主义的)批判以及福利国家和教育领域的改革之中浮现出来。像美国、英国、澳大利亚和新西兰这类国家，教育改革的基础是这样一套假设，即把个人主义的形式具体化。有时这种个人主义的形式被认为是抽象的个人主义；常常，它被命名为占有的个人主义。这个概念，无论以何种名称，最明显地出现在复兴的古典自由主义经济学的行为原理中。复兴的古典自由主义经济学对新保守主义政策的制定提供指导以重新划定公共与私有之间的界限，设立"晴雨表"以消除后工业化和信息社会之间的过渡阶段。经济人的假设是新右翼经济学思想的主要原则之一，它认为在人类所有的行为中，人应该被视为"理性效用最大化者"。换言之，个人不断地寻求自身利益的扩大化，以可度量的净值财富来确定自己的政治地位和其他行为。

20世纪晚期自由资本主义的大众教育和高等教育建立在传承于启蒙运动的人文知识权威之上。它根植于欧洲普遍主义和理性主义，受到极端个人主义的大力扶持。正是这些主义的假设，以及栖息于这些假设之上的权威，如今被质疑，但是，新保守主义和左翼激进分子却企图用它们来改革教育。后结构主义是理论的港湾，是宽泛的欧洲形式主义思潮的重要组成部分，是表达了这种质疑的最典型代表，并且试着找到新的文化和政治方向。

在某个层面上来说，后结构主义逐渐开始论述哲学分析的形式，集中探讨对主体的批判，包括生产方式和消费方式的变化。后结构主义是一种决裂，它与基础哲学相决裂，并且，排斥普遍主义的社会整体理论。尤其是，后结构主义是对现代主义社会理论批判的基石，从根本上起着拆卸主体中心的作用，并（通过不同的方式）成为自由主义和马克思主义的基石。

我想更加明确地提出，自由主义的话语涉及作为个体的我们的意识形态再生产，即人类的意识形态再生产。从历史上看，这是一个棘手的论题，因为从法国大革命时起，自由主义的话语就塑造着概念，进而发展了机构，形成了实践，由此，欧洲社会的新成员逐渐认识并且理解自身。我认为，自由主义在很大程度上早已塑造和决定了我们对理性的、自治的、个体的自我的理解。自由主义已经"制造"了人的概念，即理性的、自治的人（后康德主义），由此，自由主义的话语（和实践）建造了我们。

通常我们认为我们是个体的存在，与这个常规的理论观点相反，我想要建立这样的情形：在最强的意义上，作为个体，我们被社会构造，并且，这个过程是意识形态自我生产的一部分。概括地说，主要任务是质疑个体这个范畴——它是自由主义话语的核心，进而说明人类如何被建构为"消费者"个体。

这些与教育哲学有何关系？也许哲学部分不难理解，因为我们讨论了主体哲学以及主体如何成为个体。但是，为什么是教育的哲学？因为教育理解我们社会中首要的社会化手段，尤其是学校教育。与家庭一样，学校也是一种机构，通过教育实践体系建构作为"个体"的我们，这一体系包括考试、监督、记录成绩、做报告单、竞争等实践。它们是正式课程、非正式课程或者隐性课程的一部分（Illich, 1973）。

注　释

本章选自《教育与赋权：后现代主义与人文主义批判》（"Education and Empowerment: Postmodernism and the Critique of Humanism"），于 1991 年在《教育与社会》（*Education and Society*, 9, 2, 1991）上首次出版。Copyright © 1991 JAMES NICHOLAS PUBLISHERS, Melbourne, Australia. 版权所有，

未经许可，不可使用。

[1] Jacques Derrida. (1978). Force and Signification. In Alan Bass (trans.), *Writing and Difference*, (pp. 4-5). Chicago：University of Chicago Press.

[2] 皮亚杰在其著作的第七章《结构主义与哲学》中，讨论了结构主义与辩证法之间的关系："某种程度上，人们选择结构同时贬低起源、历史和功能或者甚至主体自身的恰当活动，那么，人们必然卷入与辩证思维模式核心原则的纷争之中。"(Piaget，1971，p. 120)在此，皮亚杰首先为列维-斯特劳斯与萨特之间的争论作出公断，即结构主义与辩证法之间没有内在的冲突；其次，讨论了福柯的"没有结构的结构主义"，以此来证明"同建构主义一样，不存在一致的结构主义"(p. 135)。

[3] 列维-斯特劳斯写道："首先，结构语言学从语言现象的意识研究转移到了无意识这个基础结构上；其次，它并没有把词语视为独立的实体，而是把词语之间的关系视为分析的基础；再次，它引入了体系的概念……；最后，结构语言学旨在发现一般法则。"(Lévi-Strausse，1968，p. 33)

[4] 关于罗曼·雅各布森学术成长的简要自传，参见琳达·R. 沃(Linda R. Waugh)和莫妮克·蒙维尔-伯斯顿(Monique Monville-Burston)，他们为雅各布森的学术生涯绘制了清晰的年表，并对他的影响进行了评析。他们写道："对雅各布森思想影响最大的是'20世纪早期喧嚣的艺术运动'。"(Waugh & Monville-Burston，1990，p. 4)这包括文学作品和艺术先锋派：毕加索(Picasso)、巴洛克(Braque)、斯特拉文斯基(Stravinsky)、乔伊斯(Joyce)、克列布尼科夫(Xlebnikov)以及勒·柯布西耶(Le Corbusier)。

[5] 俄国形式主义经典文献是维克多·埃里希(Erlich，1969)的《俄国形式主义》(*Russian Formalism*)。参见杰克逊和鲁迪(Jackson & Rudy，1985)对俄国形式主义的反思，纪念埃里希的《纪念文集》(*Festschrift*)。同时参考彼得·斯坦纳(Peter Steiner)(1982)的自布拉格学派以来的原著选读，以及他最近出版的重估俄国形式主义的著作(1984)。尤里·施特利德(Jurij Striedter)(1989)重新思考了俄国和捷克的结构主义，指出捷克本土化传统的重要性，这个传统的核心是黑格尔哲学，它超越了俄国形式主义的方式。有趣的是，他提到了布拉格学派为美英两国的文学理论家所忽视，包括詹明信和特里·伊格尔顿(Terry Eagleton)。关于俄国形式主义和俄国未来主义的关系，参见

派克(Pike，1979)对原著文集(英文翻译版)的介绍性文章。

[6] 巴赫金、沃洛希洛夫(Volosinov)、梅德韦捷夫(Medvedev)和维果茨基(Vygotsky)都批判形式主义者忽视语言和文学的意识形态和社会层面。巴赫金尤其强调语言天生就是"对话的"。正如伊格尔顿所说："符号与其被视为固定的单位(就像一个信号一样)，还不如说是言语的、活跃的要素。随着可变的社会状况和独特的社会情境，符号浓缩其自身的评价与含义，符号的意义得到修改和变化。既然这样的评价和含义不断地变化，既然'语言群落'实际上是一个异质的社会——由多种相互冲突的利益构成，那么，巴赫金的符号与其说是特定结构之中的一个中性的要素，还不如说是斗争和冲突的聚焦点。"(Eagleton，1985，p. 117)

[7] Michel Foucault，"Orders of Discourse."Inaugural Lecture Delivered at the Collège de France，trans. Rupert Sawyer，*Social Science Information*，10，April 1971：28.

[8] 事实上，当代法国思想界对黑格尔的接受远远早于第二次世界大战。在安德烈·布勒东的影响之下，超现实主义者把他们的革命实践建立在理解黑格尔的基础之上。波斯特(Poster，1973)有点轻视超现实主义者，尤其认为超现实主义运动是马克思、弗洛伊德和兰波(Rimbaud)独特的综合物，也许，它与马克思主义一起构成了战后左翼文化出现的基石(参见 Lewis，1988)。1927 年超现实主义者加入了法国共产党，以此证明他们追随辩证唯物主义，拥护其所有的论点："物质先于思想；汲取黑格尔的辩证法来作为外在世界运动的普遍法则和人类思想的科学；历史唯物主义的概念……；社会革命的必要性，以此来消解社会对抗状态……社会的物质生产力和现存的生产关系之间的对抗。"(Breton，1978，p. 147)在赖希(Reich)与马尔库塞(Marcuse)尝试着对马克思和弗洛伊德进行富有成果的合并之前，布勒东早已强调了批判的心理分析。超现实主义与马克思主义的联合的确具有可能性，因为它们的共同出发点是黑格尔。对于布勒东来说，辩证法是一种理论手段，用来解释"统一过程之中的两个元素，内部的现实和外部的现实"，至少，他考虑到了"现实主义的最高目标"(p. 116)。

[9] 根据德贡布的记录(Descombes，1980，p. 10，n. 1)，参与科耶夫课程的有乔治·巴塔耶、雷蒙·阿隆(Raymond Aron)、亚历山大·柯瓦雷(Alexandre Koyré)、皮埃尔·科罗索夫斯基(Pierre Klossowski)、雅克·拉康、

莫里斯·梅洛-庞蒂(Maurice Merleau-Ponty)、埃里克·韦尔(Eric Weil)以及偶尔露面的安德烈·布勒东。

[10] 在此皮科拉(Pecora,1986)认为德勒兹的诠释歪曲了尼采,斯蒂芬·霍尔盖特(Houlgate,1986)则从这个问题的另一个侧面进行了论述。他认为德勒兹对黑格尔有失公允,他指责德勒兹并没有看到黑格尔哲学的要点。在霍尔盖特看来,德勒兹对黑格尔的批评基于如下要点:黑格尔哲学中的自我被辩证地构成,它是"整个权力意志否定模式的产物,隐藏在各种力量的具体差异中,这些力量是抽象的,因而也是虚构的,如'非自我'的概念。以德勒兹的观点来看,这样的程序不是批判的。由于他者沦为抽象物,在概念上与自我相对,因而它是合法的——在自我辩证的建构中,它被视为必需的元素"(p.6)。

/ 2. 后结构主义、知识分子以及后现代文化/

引言

也许当今与过去任何时候相比，更需要对知识分子的问题作出回
答。[1]这一章的标题表明，所有的讨论都与知识分子的话题相关：他
们是谁？他们仍然存在吗，还是这个术语仅仅是一个空头代号？他们
在后现代文化中可能会扮演何种角色？今日他们的合法性归落何处？
简短地说，我借用后结构主义的理论，把知识分子这一群体作为一个
问题对待并对其进行诘问。

我尝试把握社会—经济环境的变化，知识分子于其中找寻自我
（herself[2]），然而这个尝试来得有些迟。正处于上升势头的新右翼已
经开启政策来重新界定社会参数、知识状况和大学理念。就在这一历
史时刻，至少有一种观点认为，知识分子必须深思她（her）劳动耕耘的
可能结局，必须摒弃特权地位。宏大元叙事被揭露是另一个自我欺瞒
的意识形态——它建立在压制地方知识、起作用的神话的基础之上，

此时，什么样的角色留给知识分子来扮演？当传媒浸透社会，电视主播大腕、电视新闻记者和头面人物蜂拥而上，成为流行文化的明星，解说新闻、引导潮流、插科打诨、支持某种观点，此时，为知识分子的活动存留什么样的公共空间？[3]在社会舞台上，新的社会运动演变为特殊的政治主题，如性别、阶级、种族、和平与环境，这些主题也发生在学术高墙之内，此时，知识分子的忠诚与归属在何种程度上相重合或者相冲突？

这些汹涌交织的问题可能表明某些如今重重地压在知识分子群身体上的困惑和歧异。这一章力求说明和探究这些问题。为此，这一章描绘了"文化"的概念和条件的转变，在"后现代文化"中，考察了知识分子的不同概念。我的观点是：后现代文化，尤其是（消费者）文化民主化使得知识分子的概念出现了问题，使得现代主义传统下的知识分子的地位和认同受到挑战。这一章的第二个部分简短地回顾了后现代主义者对知识分子的三种描述。福柯、利奥塔以及克里斯蒂瓦的观点都被加以区别和查验。

知识分子与后现代文化

作家安德鲁·罗斯(Andrew Ross)打算在流行文化中重新安置知识分子。他说道："如今，知识分子行动的法则不根植于信息技术的行话，也不根植于当下时兴的、商业文化的话语与观念，而是会对新的现代社会运动具有巨大影响力，正如中世纪女巫的魔咒或者易经大师的告诫。"(Ross, 1990, p. 212)[4]他注意到, 知识分子早已发现有必要重新考察他们的机构归属, 从而理解和转变他们的权力准则, "从历史上看, 这是他们学科话语的特殊性"。罗斯也提及了在这个方面有影响的几位学者: 福柯, 研究了"真理政体"的学科性质; 德里达, 对大学机构进行了解构; 拉康, 挑战了科学的理性; 布迪厄(Bourdieu), 研究了符号资本(symbolic capital)的概念。

对罗斯来说, 新的知识分子"分散地参与到不同的阵营中, 归属于不同的社会群体, 效忠于不同的社会思潮"(p. 230)。他提出, 今日的知识分子为"霸权资本主义社会中新技术和新流行文化所产生的实用的、民主化的可能性"所引导。如果他们没有明确为什么这众多的文化形式"流行于不尊敬有教养之士的品味"(p. 237), 他们就不可能理解新的知识政治学。

罗斯(1990)清楚地感觉到当前的知识分子在流行文化上所扮演的角色。他们的角色受制于一种权力和欲望的模式, 这种模式与其他消费者所经历的权力和欲望的模式相同, 并且, 他们的任务是重新阐释流行, 揭示流行过度的危害。那么, 对于高雅文化和流行文化之间的差异, 罗斯不仅接受它们差异的"后现代"坍塌, 而且坚定地把新知识分子的首要批判角色定位在流行文化上。

在纵览了后现代主义政治学的论文集之后, 罗斯指出, 对于一些 *47* 理论家来说, 差异政治和地方政治尤其"不仅是后现代主义文化的症状, 而且也是应对后现代主义文化的基本策略, 后现代主义文化标榜自己是去中心的、超越国界的以及多元的"(Ross, 1988, p. vii)。他把后现代主义看作是"对高雅现代主义先驱的创新性迟到的回答，……是对借助于其他手段使现代主义得以延续的迟来的应答"（Ross，1988，p. ix）。

另一位评论家尚塔尔·墨菲(Mouffe，1988)在其早期的著作《拉克劳与墨菲》(*Laclau and Mouffe*)(1985)中描绘了社会主义计划的再次形成，他指出这样的计划需要非本质主义的认识论视角。然而，启蒙运动的认识论视角如今被看作是理解我们这个时代新政治形式特征的障碍。我们被告知，一个适当的理解是：利用"由所谓的哲学后现代的不同流派所建立的理论工具和这些流派对理性主义与主观主义的批判"(Mouffe，1988，p. 33；加着重号处为原引文作者所强调内容)。对于"哲学后现代"，墨菲清晰地指出，它意味着后结构主义，后期维特根斯坦的语言哲学，以及后黑格尔主义解释学，她在脚注中指出了这一点。她写道："要能够思考今日的政治，理解这些新斗争的本质和多样的社会关系(民主革命依然必须包括它们)，就必须发展一种去中心、去整体的主体理论，这个主体在主体诸多立场的交叉点上被建构，主体诸多立场之间没有推理的或者必然的关系。"(p. 35)

当然，这种重新评价表现为对马克思主义阶级和阶级斗争概念的修订。在最大的程度上，这些概念很重要，启发和形成女权主义哲学和非殖民化哲学，它们被提升到普遍关怀的高度。随着新社会运动的不断孕育和分裂——大多发生在阶级利益与机构之外，传统马克思主义的概念似乎不断地被简化。社会和文化差异的出现不能够简单地从理论上理解为"阶级利益"，这种解释也不充分。从某种含义上讲，这种情形代表了概念上的转向，从阶级的概念转向文化的概念(从人类学上讲，更加关注差异)。

在某种意义上来说，罗斯和墨菲的知识分子观是文化研究兴起的直接后果，而文化研究是一个独特的学术领域，由于更宽泛的文化概念，发生了许多相关的显著变化。如果读者通晓人文和社会科学的领域，那么就会很清楚地知道，在过去二十多年的理论化进程中，文化概念的核心出现了显著的变化。

例如，在社会学中，迈克·费瑟斯通描述了在20世纪70年代中期兴起的情形，即对文化的兴趣被"认为是古怪的浅薄的以及最大程度边缘化的"(Featherstone，1989a，p. 148)。他用图表显示了英语国家的许多杂志对文化理论的热衷，这令人惊讶，并且，他指出"女性主义、马克思主义、结构主义、后结构主义、符号学、批判理论以及心理分析也促成了文化问题的兴起"(p. 6)。近来随着社会学分析的发展，艾森施塔特(Eisenstadt)更加准确地察觉到文化概念所发生的变化，过去文化被认为"按照清楚的原则充分组织起来，嵌入人类思维的天性，通过一系列规则来规范人类的行为"(Eisenstadt，1989，p. 6)，现在文化概念采用解释学的方式，强调文化符号的和表达的方面。结构—功能主义和符号—表达的概念都受到语言理论的推动。与以往的情形相比，文化在社会理论中更加重要。文化的这种从严格的结构主义的叙述(从历史层面来讲，其以索绪尔和其他人的研究为基础)向着解释主义的(interpretivist)、符号的和解释学的模式转变，本身与语言理论的发展直接相关，尤其与索绪尔、海德格尔、伽达默尔以及维特根斯坦的研究相关。

在某种程度上，斯图尔特·霍尔所注意到的对文化的新兴趣早已成为"一种尝试，说明传统文化明白无误地衰落"(Hall，1990，p. 12)，尤其是传统阶级文化。某种程度上，在英国(和其前殖民地)，它反映出民族认同与新右翼文化的深刻危机。[5]无疑，在最大的程度上，它也反映出晚期资本主义人文学科的危机。霍兰德(Holland)和兰布罗普洛斯(Lambropoulos)极其清楚地指出：

> 正是市场力量消解了神权社会，并且曾经一度孕育了自由个人的自律理性，如今它粉碎了个体性，湮没了独立的理性。科学理性的出现与科技对自然的支配分不开，并且，科技处处支配社会，科学理性被用来服务国家政权；批判理性最终似乎不能够阻止理性的附庸，即对金钱往来的市场计划和国家理性的权力算计甘拜下风。甚至在自然科学和社会科学之外的领域，如美学领域，随着其机构管理和艺术馆广告赞助，也日渐复原并重获功能。曾经一度支撑了人文学科的机构和思想模式……遭到唾弃，没有知识分子支持，没有神圣不可侵犯的文化领域，人文学科独自面对危机：这一次，不是由于(for)人文学科导致的危机，而是(of)人文学科自身的危机。(Holland & Lambropoulos，1990，p. 1)

他们接着指出，从启蒙运动以来，西方高雅文化在知识分子当中

49

何其普遍，进而批判了当时的现存文化秩序。那么，这不禁让人困惑，知识分子和所谓的先锋派意识到自由人文主义者的批判"已经失去了批判的锋芒，不再对他们所抗争的社会秩序发挥作用"(Holland & Lambropoulos，1990，p.1)。

要实现文化转向和尝试着从理论上重新界定文化为人文学科和社会科学的中心范畴，首先要对变化的历史环境作出应答。据称变化的历史环境赋予文化概念自治的含义，这种文化概念成为新政治学潜在的基础，同时，它强调历史主义，否认普遍性、普世的经历以及普世的历史。换言之，从人类学上看，文化已经成为富含差异的、更加复杂的概念。我会进一步详细论证这一点。

雷蒙德·威廉姆斯(Raymond Williams)和E.P.汤普森(E.P. Thompson)对文化进行了开创性的研究。在他们之前，理查德·霍格特(Richard Hoggart)和F.R.利维斯(F.R. Leavis)也对此进行了研究，但是他们采取了不同的研究方式。威廉姆斯和汤普森设计了新的方式研究文化史，促进文化研究成为合情合理的学问，并且论述了文化研究的合理性，成果显著(Johnson，1986；Hall，1990)。

的确，正是威廉姆斯首先采用"民主的"方法来界定文化，并且强调现代文化经历的多样性，其中，"工人阶级文化"的存在不再被否认。在稍后的研究中，威廉姆斯(Williams，1983，pp.87-93)为"文化"这个词的范围和重叠的含义画了一幅图：它最早被用作名词，指一种过程；18世纪晚期，它从形而上学层面扩展到人类发展层面，并且成为一个不可数名词，用来指抽象的过程，这标志着文化的使用进入了现代。他的分析是综合的，如今闻名于世。既然如此，我们这里不需要花费过多的笔墨，只需强调一点，他使讨论复数的文化成为可能："各个国家和各个时期具有独特的、不同的文化，而且在一个国家之内，不同的社会和经济团体之间也具有独特的、不同的文化。"（Williams，1983，p. 89）文化这个词在现代社会科学中盛行时，它的主要含义首先可以追溯到克勒姆（Klemm）的"决定性的创新"，之后，可以追溯到泰勒的用法。

除了上述用法以外，威廉姆斯还提出了第三种用法，也是相对比较新的用法，即作为"不可数的和抽象的名词，描述智力活动，尤其是艺术活动的研究和实践"（pp. 90-91）。他指出，早期的用法中，"物质的"和"精神的"对立，让人备受折磨，但在现代学科中仍被反复，即考古学与文化人类学指的是物质的生产，而历史和文化研究却涉及表意或象征的体系。威廉姆斯认为，这种用法搅乱并且隐藏了物质生产和象征生产之间关系的核心问题，因而，威廉姆斯（1981）提出了社会主义的文化理论。

在乡土背景下界定文化研究的核心，这种理解很普遍。文化研究主要关注"处于日常生活中的文化形式"与更加抽象的形式，其中，"处于日常生活中的文化形式"与社会认同的问题相关，更加抽象的形式表现为大众传媒所描绘的社会生活。多元文化主义的概念也同样反映了这种理解。多元文化主义成为一个国际代码词，代表文化多样性的意识形态。

威廉姆斯的评论之所以重要不仅是因为理论上的贡献，而且也是

50

因为提供了一种观点，让我们辨明现实用法的复杂性，让我们认识到不同意义组合所产生的问题，让我们认识到文化这个词的历史仍在演变当中，仍在形成之中。因而，他注意到文化(culchah①)(对一个阶级的拟态词语)这个词的制造与文化秃鹰(culture-vulture②)的创制都是对如下文化概念的仇视，即文化被用来作为高级知识、优雅与"高尚"艺术的基石；同时，他指出，随着社会学和人类学意义的用法(如亚文化)稳步拓展，这种仇视将会消失殆尽。

对于具体的现代文化的发展，我们可以说出许多："文化产业"(霍克海默和阿多诺)、"大众文化"[欧文·豪(Irving Howe)]、"消费文化"、"自恋文化"[拉希(Lasch)]、比较新的"信息文化"、"流行文化"以及最新的"企业文化"[6]和"全球文化"。这些各种各样的术语尝试着描述文化与晚期资本主义或者先进工业社会之间模棱不清的关系。总之，这些措辞想要刻画(我将要说明的)后现代主义。而威廉姆斯(Williams, 1989, p. 48)自己表示反感的正是后现代主义这个词。他视后现代主义为"来自敌方阵营的严格意义上的意识形态的混合物"。在这个立场上，他并非孤立无援。在时下经典的论述中，詹明信(1984, 1985)从理论上把后现代主义总结为晚期资本主义的文化逻辑，尽管后现代主义可能具有双重能力来同时抵抗这种逻辑，很明显，他为这种可能性留有余地。哈尔·福斯特(Hal Foster)也许是第一位对这种模糊

---

① 这是英语中 culture(文化)的伦敦土音。此词常暗示与阶级有关的、较为精致的文化。——译者注

② 美国俚语，对文化艺术表现出高度兴趣而近乎做作。——译者注

不清的关系命名的学者，他提出"反应的现代主义"和与之对立的"抵抗的现代主义"。其他学者，如琳达·哈琴（Hutcheon, 1989, p. 21）以他为表率，强调随着晚期资本主义的发展，后现代主义日益复杂，同时寻求抵抗的事宜。哈琴主张自从后现代主义来临后，表征"不再被看作是与政治和理论无关的活动"。

哈琴深受后现代主义发展的影响，他把文化理解为表征的结果（与其来源相对），并且宣称后现代主义的首要事情是"对意义的产生进行社会学的、意识形态的研究"（p. 27）。在符号学新近发展的影响之下，结构主义的马克思主义、女权主义、心理分析理论以及后结构主义，都对更宽泛的"意义"生产和再生产发生了兴趣，传统上，它们把语言看作与表征无关。意义被视为具体化的，同时又具有社会的和经济的情境。在这种程度上，哈琴解释道，后现代表征的政治学关涉"可获悉任何表征的意识形态价值和兴趣"（p. 7）。

让·鲍德里亚的早期研究在这里可以作为范例。在论文《符号政治经济学批判》（"Towards a Critique of the Political Economy of the Sign"）中，鲍德里亚在消费社会的发展上建构了理性轮廓（Baudrillard, 1970）。在此，他把"消费"看作是积极的劳动，牵涉到符号的操纵。他写道："如果消费这个术语具有不同于庸俗经济学所赋予的含义的话，那么，今天它的确界定了这样的阶段，即商品被立即地生产为符号，具有符号价值，并且符号（文化）被生产为商品。"（Baudrillard, 1981, p. 147）

在这个早期论文中，鲍德里亚明显使用了索绪尔的见解来解释消费社会，其是符号的记号学体系，其中商品有差异地联系在一起，构成了表意的体系，消费者不是消费物品本身，而是整个体系。莱文(Levin)在为鲍德里亚所作的"序"中写道："正是商品关系的普遍化产生了符号过程这种条件，首先使得经验私有化。当我们'消费'代码时，实际上我们在'复制'体系"(Baudrillard, 1981, p. 5)。鲍德里亚的解释使得消费社会中语言与文化的关系成为关注的焦点，并且他的阐释在语言学的体系中得到理解。这也提醒我们，他的理论受到索绪尔语言学的影响，索绪尔语言学理论首先探讨指示的意义理论所存在的问题。在结构语言学的模式中，符号学让我们认识到不是在语言与世界的关系之中看待意义，而是在差异体系之中或者体系自身，没有什么被认为是有意义的，仅仅是与体系中的其他元素不同而已。

詹明信(Jameson, 1989a, 1989b, 1990)修正了他原来"刻板"和纯粹的立场，他这样做是有其原因的。他指出他的想法被理解为"一种尝试，从理论上武装资本主义第三阶段文化再生产的特定逻辑"，秉承了曼德尔(Mandel)，而不是"另一种无实质的文化批评"。他提倡"历史分析自身的复兴"，由于抽象的程度，他面临着号称整体的、统一的差异理论矛盾："从构成上生产差异的体系仍旧是一个体系。"(Jameson, 1989a, p. 34)他主张资本的逻辑是"分散的和原子的，'个人至上的'"，它的自相矛盾缘起于自身的体系结构："差异的概念……就其自身来说其实是一个体系"(p. 35)。虽然如此，他论证了生产方式不是一个"完整的体系"——由福柯和韦伯暗示的禁止意义(the forbidding sense)的体系，因为生产方式"包括自身之内的各种反作用力和新倾向，各种'残留的'和'浮现的'力量，它必须管理或者控制这些力量和倾向[用葛兰西(Gramsci)的概念来讲就是霸权]；如果这些不同种类的力量自身没有被赋予功效，那么，霸权的计划就不必要了。"(Jameson，1989a，p. 39)

早期经济形式在全球范围内被重建，詹明信认为，在这个过渡时期，最终将会产生一种新的国际无产阶级。詹明信在此是否背离了多元文化主义，承认了独特的后现代抵抗政治学？他在与安德斯·斯蒂芬森(Anders Stephanson)的会面中(Jameson，1989b，p. 11)曾断言，主流文化的观点并不排除抵抗的各种形式；他还强调后现代主义既有积极的一面，又有消极的一面。例如，他提出文化的民主化"不能统而言之都是坏的"，"甚至混杂也是一个积极的事物"。他补充道："关键是，如果从历史上看，许多看似消极的特征也能够被看待为积极的。"(p. 13)他主要强调了以下事实，即"必须在历史的情境中，而不是在某些道德的哀叹声或者简单的赞美声中面对这些发展"(p. 12)。

这种观点似乎暗示了知识分子极为独特的作用。例如，对于知识分子来说，它意味着简单地参与到以文本为基础的话语分析的各种形式之中是不够的，这些话语分析是稳妥机构的文化产物，虽然它们可能具有批判性和自我反省性。它要求知识分子起码要承担政治责任，具有政治立场，在历史境况中抗争并抵制权力的操纵。在这个程度上，詹明信与马克思主义传统的普遍知识分子的概念相联。

在《今日马克思主义》(*Marxism Today*)杂志举办的一次与斯图尔

特·霍尔的访谈中，詹明信(Jameson，1990，p. 28)详细论述了他的分析。在"相对无名的体系文化"之内，"以旧的方式来谈论统治阶级"是有问题的。后现代主义"完全倾向现代化"的标记是"文化的平民化"："如今以这种方式，大多数公众常规地消费文化，并且以他们从未有过的情形生活在文化中。这是后现代主义的关键所在，它强调模棱两可。一个人不能反对文化的民主化，但是他有可能反对其他方面的特征。这些混合的情绪在任何后现代的分析中不得不被保留。"(p. 29)

在强调体系性的新情形下，阶级文化的概念似乎不大被采用。相反，从外部看，从非西方的视角看，"文化帝国主义"这个旧术语却更加相关。在这个意义上，真正反对的是北美文化成为企业资本主义的体现，"它经由媒体科技被输出和输入"(p. 30)。关键点在于这种消费文化与以往相比，如今更加系统，更加受到调控，更加国有化。文化生产已经达到了这样一个阶段，即对文化自身的反思和批判已经不甚明显，并且，对文化自身的反思和批判也更加不可能。甚至文化生产的对立面及其批判形式已经完全陷入或者完全融入文化生产的体系之中，其陷入程度如此之深，以至于没有余地对体系进行批判性反思，或者，没有空间对文化生产与经济和政治体系之间的关系进行批判性反思。[7]

霍尔在与詹明信的谈话之中，进一步明确指出问题的核心。霍尔指出，问题是"后现代所发生的一切是否只是一个主流体系正在生产显著的分化，而这种显著的分化成为支配自身的逻辑的一部分；或者是否已经真正地存在一种转变，表现边缘化的或者次一级的文化与人

们的权力，从而实现被你在早期称作真正的差异的东西"(Jameson,
1990，p. 30)。

体系正在生产它自己的分化，如果是这种情况，"那么，经典马克思主义意义上的'历史的逻辑'仍旧在发挥作用，同时成为许多划时代变革中的一种"(p. 31)。另外，如果第二种情形是真实的，那么这些变化实际上可能表示了"历史的逻辑"的悬置与经典马克思主义元叙事的终结。[关于这个问题，参见由凯尔纳(Kellner)编辑的詹明信的论文集，1989；也可参照 McLennan，1991。]

当然，詹明信明确指出，亚群体和亚文化已经能够取得"他们从未有过的某种集体的存在"(p. 30)，这具有积极的政治意义。然而同时他评论这些发展如何清晰地适合"某种文化商品化，就工业方面而言，如今具有新的亚市场并正在生产新的东西"(p. 30)。他对纯粹的文化政治学持悲观态度，赞同霍尔的观点，即整体性的意义、集体的行动和团结早已被新的差异逻辑破坏。然而，他却坚定地认为，虽然全球资本主义新阶段也带来了新的阶级逻辑，但它"仍旧没有完全出现，因为在全球范围内，劳动力依然没有重建自身"(p. 31)。我认为詹明信对于全球劳动力重建的出现过于乐观，尤其是从跨国企业在市场全球化的过程中占优势的视角来看——它们的相互依赖与相互渗透日益增长(参见Eden，1991)。在我看来，詹明信忽视了全球和地方劳动力市场的差异，把新社会运动的角色与存在降低到最小程度，同时也把差异政治的前景降低到最小程度(Radhakrishan，1989；Peters，1991)。

其他学者已经认识到在"全球文化经济"之内，文化同质化与文化异质化之间存在张力(矛盾?)(Appadurai，1990)。在这个背景之下，一些理论家强调"抵抗的后现代主义"。例如，费瑟斯通赞成对后现代主义进行积极乐观的理解。他写道：

> 后现代主义既是病兆也是有力量的文化形象，其回荡于全球文化概念化的上空，很少具有所宣称的同质化过程(各种理论——展现文化帝国主义、美国化和大众化的消费文化——成为第一普遍的文化，在西方主流的经济与政治的基础上驰骋)。后现代主义更多的是流行的与地方的话语、符号和实践，它们具有差异性、多样化以及丰富性，这些话语、符号和实践抵制体系性和秩序的复演。(Featherstone，1990，p. 2)

从费瑟斯通的观点来看，知识分子必须发展一种新的研究模式。这种新的研究模式是必要的，因为它不仅描绘了受到国家政权约束的社会中的观念问题，而且也反映了西方固有的理性化、现代化以及工业化的假设中出现的问题。他写道，"实际上，这一假设是，我们已经走出了'铁笼'，即普遍的理性过程的逻辑"(p. 3)，进而，他鼓励我们摒弃二元逻辑，从互相排斥的对立面来理解文化，即同质/异质、合并/分裂、统一/多元。

知识分子问题本身，即他们的认同、他们的职能、他们的历史，现在已经成为一个学术专业领域。有些学者试图给知识分子下定义，把他们的角色定义在社会层面上[希尔斯(Shils)、德布雷(Debray)]。其他学者则运用心理学的方法来描绘知识分子的行为特征[科塞(Coser)]。总体上来说，艾尔曼和其他学者指出，社会学家已经采取了两种主要方法来界定知识分子：现象学的方法和结构学的方法(Eyerman, Svensson & Söderqvist, 1987)。前者以个人的自我理解作为起点，后者以知识分子的阶级地位作为分析的开端。学术泰斗葛兰西使第二种方法魅力依旧，吸引了许多学者。大家可能记得，葛兰西主张知识分子无力构思一套共同的利益。他们不得不与劳动或者资本的利益结盟。那些与工人阶级利益联盟的有机知识分子①，负责在文化问题领域阐明他们所代表的利益。他们与传统的知识分子相对，传统的知识分子反映主流阶级的地位与其所控制的文化机构，担负阶级霸权再生产的职责。

55 　　越来越多的学者和评论家争论道，如今世界不同于葛兰西所经历的世界。随着新社会运动的兴起，旧阶级联盟已经破裂，并且，社会进入后工业时代，文化进入后现代时期，知识的地位已经发生改变。文化研究领域反映了这些变化和张力。例如，皮克林(Pickering, 1991, p.19)详细地论述了工人阶级的利益——受启发于威廉姆斯、霍格特以及汤普森的奠基之作，并且，他赞成工人阶级的批判，同时，又表现出他对后现代主义与后现代理论的矛盾态度。一方面，至少在

---

　　① 有机知识分子，这个词是葛兰西在其著作《狱中札记》(*Prison Notebooks*)中首次提出来的。葛兰西用这个词指称一个维护人民最大利益的人，他很少对群众演讲，但是融入群众，与群众打成一片。他的主要职责是粉碎主流群体的霸权，维护群众利益。他是组织者、建设者，而不是演说家。——译者注

一种形式上，后现代主义与晚期资本主义纠葛在一起，展示了"自觉地在大众艺术作品、粗俗的作品以及地方主义上表现出喜乐，同时也在肤浅的表演、反现实主义以及反历史相对论上表现出同样的情感"；另一方面，后现代理论已经"对我们明白与理解(晚期)资本主义社会的消费文化做出了重要的贡献"(Pickering，1991，p. 15)。如同皮克林所述，一方面，后现代主义缺少一种有效的政治代理理论，并且缺少对当代文化进行批判的资源；另一方面，主体的去中心化和对差异的强调适应了反种族主义与反性别主义斗争的政治意愿。对于皮克林来说，这个明显的矛盾在于，后现代主义理论没有清晰的或者明确的批判对象。虽然我赞同皮克林关于后现代主义的矛盾态度(尤其关于后现代主义反作用的和保守的形式——通过此方式，新自由主义配置后现代主义的方方面面)，但我不赞同他的结论，因为如果人们区分后结构主义理论与后现代主义理论，很明显，这样的理论的确具有明确的批判对象，即理性的批判(在现代主义的术语中得以建构)与主体哲学相关的批判。[8]我认为，这两种批判对文化研究至关重要。

文化环境的变化已经促使一位社会学家这样论述知识分子：知识分子曾是现代时期的立法者，如今在后现代时期被视为解释者[Bauman(鲍曼)，1987]。后现代环境展示了现代知识分子的自信危机，并且宣布知识分子是知识和权力的立法者、公共观点的创造者、自由思想与人权的开拓者这一类形象的终结。从后现代性的优点出发，鲍曼宣布"对人类世界或者人类经历的终级真理的探究一去不返，艺术的政治抱负、艺术的传教野心烟消云散，主导的风格、艺术的信条、美学为基础的艺术自信、艺术的客观疆界走到尽头"(Bauman, 1987, p. 118)。

知识分子现代性以那些诱人的元叙事为基础，高度赞扬人类、理性和历史的神性，其终结与欧洲历史时代的终结相吻合。这种历史不过起到了抑制地方历史和地方知识的作用。大卫·罗伯茨(David Roberts)表述了这样的观点：

> 面对理性化——面对权威瓦解、市场仅仅是各个子系统之间的联系，现代知识分子未尽的使命与(私有化)个人融入社会的主流模式发生冲突，通过言论救赎，以及个人自律与社会理性的再次联结，(私有化)个人成为消费者。后现代的结论只不过确定了现代性的事业失败。知识分子不再认为理性具有任意的力量。受到内心指引的清教徒已经摇身变为消费者，清贫失去了吸引力。通过无名的理性化发展——它不需要"透明的"合法性，一个良好社会的景象正镌刻成型。(Roberts, 1989, p. 147)

在后者的情形之下，鲍曼(Bauman, 1987)论述后现代知识分子观，即后现代知识分子是解释者，是"文化的诠释者"(Roberts, 1989, p. 146)，他们被剥夺了以普遍真理、判断以及旨趣为基础的权威地位，如今堕入了担任更小角色的地步，即在地方背景中担任推进者和协调者的角色，"从人类文化的卷宗中"翻译和解释"生活世界和语言游戏的多样性"(Featherstone, 1989b, p. 133)。对于现代知识分子来说，后现代主义代表了一种认同危机，他们如今必须不断地(结果，部分"民主化的效果被引入更广大的文化消费市场中")"重新思考他们所寻求的价值、目的、目标"(Featherstone，1989b，p. 133)。费瑟斯通(Featherstone，1990)承认，一些学者，如布迪厄，愿意在变化的情境中重新审视他们的身份和认同，并且拥护已现端倪的特殊观念，以此来反对普遍的知识分子观。另外一些学者，如雅各比(Jacoby)却把普遍知识分子事业的节节告退视为警钟。

后结构主义和知识分子

> 教师属于言说(speech)这一派，站在教师正对面的，我们称为作家，每一位语言的操作者都在写作这一列；在他们两者之间，是印刷和出版自己言论的知识分子。在教师的语言和知识分子的语言之间，几乎没有任何相容性(他们常常自顾自地共存)；而作者独自地站着，没有与他们站在一起。写作开始于言说不可能之处(不可能这个词的固有含义能够被一个小孩子理解)。
>
> ——罗兰·巴特[9]

1968 年五月风暴之后，福柯就知识分子发表了评论。福柯在与他的朋友、同事德勒兹的讨论中辩论道："大众不再需要他(原文如此)来获得知识：他们了解得十分完美，没有错觉；他们远比他(原文如此) *57*

知道的要多，并且他们当然能够自我表达。"（Foucault，1972，p. 207）

那么，对于福柯来说[10]，知识分子的角色不是用抽象的符号说明知识，不是摆出可供选择的世界观，或者，不是向大众表达他们所不知道的或他们不能够清楚表达出来的东西；相反，其角色是"侵蚀权力，夺取权力。它是与那些为权力而斗争的人们一道开展，而不是躲在安全之地发起的一种活动"（p. 207）。

德勒兹在与福柯的讨论中作了这样的评价，即福柯是教诲我们"轻蔑地向他人言说"（p. 208）的第一人。于是，重要的并不是知识分子的话语形式清楚地阐明或者整合被压迫者的世界观，这也不是知识分子的能力所致，而是话语对立于被压迫者孕育出来的权力。它是与被压迫者相对立的话语，至于他们为什么受到压迫，并不是由知识分子所阐发的话语造成的。因而，对于福柯与其监狱情报团体的研究来说，它是囚犯的话语，形成于监狱之中，与法理学家和监狱管理学家的话语（无论它们多么富有同情心）相对立，这点是重要的。然而，矛盾的是，由法理学家和监狱管理学家所形成的关于监狱和犯人的话语却是必需的，因为它们推动和铸造受压迫犯人的话语和抵抗。

以福柯的方法，曾被视为普遍的和理论的东西如今成为地方的、区域的和实用的东西。普世的理论已经被遗忘，与权力相对立的具体实践浮现出来。与葛兰西的有机知识分子观点相对立，福柯之后谈论了特殊知识分子，把他们与传统知识分子的角色进行了对比：

总体上，我认为知识分子——如果这个范畴存在或者如果它依然应该存在，其存在不是确定不移的，也许甚至不是悦人心意的——正在与他们过去所发挥的预言功能绝交。之所以这样说，是我想起他们不仅说出将要发生的，而且还要发挥他们渴望已久的立法职能："这是必须要做的，这是好的，跟从我。带着困惑，你们都进来，我所在之处，即固定不变的点。"希腊的哲人、犹太的预言家以及罗马的立法者仍旧是模范，如今仍旧盘旋在那些以言说和写作为职业的人群的上空。我梦到一位知识分子，他摧毁了不证自明和普遍性，在充满惰性和束缚的当下，他寻找并且指出当下的薄弱之处、开端之处、压力之轨迹；他不断地置换自我，并不确切地知道他将在何处，也不知道他明天会思考何物，因为他太过于专注而忘记当下存在。(Foucault，1989c，pp. 154-155)

以上的话可以从福柯对理性(rationality)历史和理智(reason)历史的写作计划——他从人类主体形成的角度着手——中得到理解。更加确切地说，他的兴趣点围绕着理性的形式，人类主体把其应用于自身，通过这种方式，理智曾经并且现在被自己创造出来。福柯在他去世那一年接受的采访中，用以下的话语描述了他的研究："人类主体使得他自己(himself)(原文如此)成为可能知识的对象，这是如何发生的？通过理性的何种形式？通过何种历史必然？以何代价？我的问题是主体花费了多大的代价才能够讲述关于自身的真理？"(Foucault，1983，pp. 245-246)

福柯在他的研究事业中，通过人类科学的权力—知识的话语，对自康德以来历史上出现的诸多理性形式进行了解释：它们投入各种各样的实践和机构中，如学校、军队、诊所、精神病院、法庭。

批判理论承认理智分为两支，即工具技术理性主义和实践—道德理性，并且批判理论从后者的视角来判断与复原前者。福柯承认多种分支，多种形式，每一个分支需要其自我分析与机构关注。[11]他写道："我相信存在理智的自我创造，因此，我试着分析理性的形式，即各种证据、各种公式、各种修正，借此各种理性互相引出、互相矛盾、互相追逐，因此，没有一个能够被委以重任，以使理智失去其基本设计，或者从理性主义变为非理性主义。"(Foucault, 1989a, p. 244)

在这种视角上，不存在知识分子能够识别的普遍理智——道德实践的、批判的或者其他形式的；仅仅存在知识分子所反对的各种理性形式(包括各种不同的隶属形式)。这点也许可以解释福柯谜一般的评论："'知识分子'这个词对我来说是陌生的。我从来没有遇见过任何知识分子。"(Foucault, 1989d, p. 194)

上述评论指出福柯对理智的整体性力量的怀疑，对那些用理智之名进行起诉和改变立场之人的怀疑。那么，在福柯的立场上，知识分子的伦理主要与"修正其自身的和其他人的思想"(Foucault, 1989b, p. 303)相关。知识分子的伦理不是"要浇铸(原文如此)其他人的政治意愿"，而是"重审证据和假设，改组工作与思考的习惯方式，驱散司空见惯，重新评价规则和机构，以问题重现[在此，他(原文如此)作为知识分子，占据特殊的职业]为出发点，参与政治意愿[在此，他(原文如此)作为公民所扮演的角色]的形成过程"(Foucault，1989b，pp. 305-306)。

利奥塔(Lyotard，1993)提出了与福柯相似的论点，即反对传统知识分子角色的概念，但是他认为福柯仍旧准予了知识分子太多的特权。的确，他认为知识分子的传统地位不复以往。

利奥塔(1993)对当时社会主义政府发出的呼吁知识分子支持的号召作出了响应。他区分了专家与知识分子。前者被限制在自己的专业领域，受到绩效标准的管理，即他们被要求在其领域中取得最佳的表现。而后者却大为不同。贝宁顿解释说，利奥塔视传统知识分子为"某些人认同……集合的主体，它被赋予普遍的或者潜在的普遍价值(人性、国家、无产阶级，等等)。这些人分析有关这个主体的情形，为了这个主体的繁荣发展、命运主宰，或者至少应取得的成就，他们规定了这个主体应该完成的使命"(Bennington，1988，p. 5)。

在上述的两类群体之外，利奥塔(1993)引进了第三类群体(尽管不清楚为什么他们被说成是一个群体)：艺术家、作家与哲学家。他们存在的原因被浓缩为独特的问题：什么是绘画？什么是思想？在这个意义上，他们具有不同的职责。他们不把自己认同为任何集体的普遍主体，也没有向着解放的目标行进。他们的目标是杜绝经验活动附属于政治或文化需求。而且，他们的职责各不相同，不能被相互简化。

利奥塔(1993)进一步主张，知识分子的传统概念不再前后一致。它仅仅在总体一致——在共同的目的论之内，如无产阶级解放或者启蒙思想的普通教育——的基础上才能发挥功用。在后现代的时代里，利奥塔主张不存在这样的总体一致，不再可能确定一个普遍主体。贝宁顿进一步解释道："使得无产阶级解放的思想（如国际工人大团结）合法化的迹象与以往相比更加鲜见、更加遥远，如今通过教育实现普遍解放的任何理念显然绝对处于次要地位，而培养专家和因此而产生的绩效的改进则处于主导地位。"(Benningtong，1988，p. 7)

然而，仍旧存在受害者和不公平，因此，知识分子也具有阐明压迫问题并对此采取行动的职责，但是在解放宏大叙事的基础上，或者普遍主体的历史实现的基础上，这不再被合法化。这种活动"仅使得地方干预和基本防御性干预合法化"(p. 8)。

与福柯和利奥塔对传统知识分子角色的概括相一致，克里斯蒂瓦(Kristeva，1977)被认为与他们具有相同的疑虑。[12]克里斯蒂瓦(Kristeva，1986)以质疑大众与个人之间的对立——二分法，知识分子的概念（包括葛兰西的"有机知识分子"）得以栖息于此——为起始点。据说，大众与个人的对立受制于主人—奴隶的辩证逻辑（这种逻辑产生怜悯和负疚），因此，引发了"知识分子的某种亲奴隶的思想，但是知识分子代表了基督教与资本主义生产有机结合的最高产物"(p. 293)。

对于克里斯蒂瓦来说，西方社会的未来极大地仰赖于对辩证对立面的重新评价，这种辩证对立面支配大众与个人之间的关系，即知识分子与社会之间的关系；还依赖于"我们的能力，即挣脱对立面之间的辩证法陷阱的能力和重新设定整个关系的能力"(p. 293)。

克里斯蒂瓦的分析以心理分析的诊断和关系的重新评估为基础。这种重新评价的源泉部分来自于尼采，因为正是他，在《论道德的谱系》(*The Genealogy of Morals*)一书中，首先质疑了信徒对大众所发挥的古老预言式的职责。这种反叛也表现在克里斯蒂瓦所称的"现代性语言的爆发"之中，她意在摧毁主人的话语(以及他们所掌控的文化的、机构的串通)并产生新的语言(据推测，这些新语言是心理分析学、符号学、谱系学、解构学、语义分析学方面的)，这样就可以让"一个群体质疑主观性或者无意识的特殊形式"(Kristeva，1986，p. 294)。用克里斯蒂瓦的术语来说，"大历史"强调把"言说、梦想和快乐(愉悦)的具体历史形式排除在外"(p. 294)。"大历史"被利奥塔称为"元叙事"，它本身尊崇神秘的理性实体、历史实体、意识实体以及真理实体。

那么，新型知识分子持有不同政见，这种职责就产生了说话的权利、为这些具体的历史呐喊的权利、评判政治价值的权利。克里斯蒂瓦写道："让每一个无意识的个体形式发出声音，让每一个渴望和有需要的个体发言。发挥认同的作用，并且/或者把个人与群体的语言利用起来。成为每一种言说的分析者，成为每一种被认为是不可能的社会制度的分析者。高声宣布我们揭示了不可能。"(p. 295)

陶丽·莫伊(Moi，1986，p. 8)认为，实际上克里斯蒂瓦展现了"边缘政治学"，并以此作为基础来复兴知识分子活动。这可以从她自己的经历中反映出来，在20世纪60年代后期的巴黎，她既是一个被放逐的外国人，又是一个处于边缘位置的知识女性。

克里斯蒂瓦(Kristeva，1986)指出三种持不同政见的知识分子群体：攻击政治权力的叛逆者；转变主人—奴隶辩证逻辑的心理分析家以及以认同的限度进行实验的作家。第一类知识分子仍旧固守黑格尔的辩证法并在其范畴内逗留。第二类知识分子能够转化辩证法，并且自留了一块具有不同政见的活跃场所。第三类知识分子破坏了语言符号的法则。另外，克里斯蒂瓦在性别差异的基础上确定了女性颠覆性的潜能。

全面分析克里斯蒂瓦的地位需要理解她的符号学、她的心理分析，尤其是她的过程主体概念以及她与女权主义的关系。这些内容远远超出了这一章所探究的范围。但是，窥一斑足以知全豹，它仍能起到基石的作用，使我们从后结构主义的视角中得出关于知识分子的一些普遍观点。

三位思想家都对宏大叙事与其合法的职责表示怀疑。他们都反对将无历史和普遍主义作为总体支配叙事的借口。他们主张地方差异，尤其是单数差异。例如，利奥塔把单一性的概念与整体性的概念对应起来，即事件的唯一性，甚至提出这是后结构主义的主线。克里斯蒂瓦写道：

> 女性陷入其身体甚至物种的网罗，因而，女性总是感到被普通的陈词滥调（其构成了常识）驱逐，也总是感到被语言固有的普遍力量驱逐。关于被驱逐的女性，就其普遍性和含义来说，这样的女性总是单数，在这点上，她代表了单数的异常——残缺不全、冲动妄为、不可理喻。这就是为什么哲学总是把她摆放在那个异常之畔——在命名前或者阐明意义前就残缺不全，人们称之为恶魔（the Daemon）——她是一个魔鬼，一个女巫。（Kristeva，1986，p.296）

对异常(singularity)的强调也是一个主题，象征了思想的新空间，而对不同意见和反对意见的思考一直是真理的开端。

现在已经很清楚，这三位思想家质疑知识分子的传统概念。他们都拷问"普遍主义的"知识分子，他或她拒绝承认历史上根深蒂固的习俗的特征，尤其拒绝知识分子的习俗，这其中包括传统的人文机构——如大学，并且，由于理论的宣称，它奠定了权威和认识论特权的基础。相反，他们强调知识分子有限的、更加具体的、地方的职责，因为知识分子参与到抵抗政治或者边缘政治当中。抵抗政治或者边缘政治对权力与知识的机构场所敏感，因为这些机构和场所形成了占支配地位的真理体系，并且，抵抗政治或者边缘政治避免向他人轻蔑地言说。

虽然具体知识分子的概念仍不免遭受批判[例如，参见瑞德哈克瑞山(Radhakrishan)富有启发性的论文，1990]，但它至少表现了知性政治(a politics of intellectuality①)。知性政治明确"谁发言"是政治固有的问题，"为谁言说"是(表象的)暴力行为的问题。例如，在后现代文化——尤其是主体立场的异质性——的大旗下，我论述了我的质疑，即这种知识分子观表现了现代知识的传统，应该重新思考知识分子实践的概念与他们在文化研究中的核心地位。在后殖民国家，如加拿大、澳大利亚和新西兰，谁发言的问题被官方和类似学术的话语压制，如

62

———————————

① Intellectuality 这个词在字典上的含义通常为：学习、理解或者处理问题的能力，相对于人的情感、意志而言。在康德、黑格尔等哲学家看来，人的认识能力分为感性、知性、理性。——译者注

今耳闻，那些用本族语发言的人们被忽视、受到处分或者施以刑罚，知性政治呈现出新的紧迫性。

注　释

[1]　这一章以一篇论文为基础，这篇论文最初在1991年5月2日递交于坎特伯雷大学(the University of Canterbury)教育系的教师—研究生研讨会项目(a staff-student M. A. seminar program)。我感谢那次研讨会的与会者提出了建设性的批评，并且感激《场所》(*Sites*)编委会对这一章的初稿提出有价值的建议。

[2]　我有意识地采用阴性的反身代词来指代知识分子，不仅仅是出于对女性的尊重，反对有性别歧视的语言，也象征着"在过去的二十年间，女性主义对父权文化的批判如何成为最有力的、最持久的争论话语"(Smith, 1988, p. 152)。按照史密斯(p. 150)的说法，女性主义的确使人印象深刻，因为它采用"双策略"批判固定的父权主体，这传承于传统的人文主义思想，同时又从后结构主义那里接受被驱散的或者去中心的主体。史密斯认为，通过对这两个策略的同时采用，在众多的抵抗话语之中，唯有女性主义能够清楚地表述主体"在其经历上是受到支配的'主体'，同时也是论争活跃的社会力量"(p. 152)。知识分子的概念被暂时(松散地)认同为阿罗诺维茨和吉鲁(Aronowitz & Giroux, 1985)所称的"转型的知识分子"。

[3]　参见戴纳·伯兰(Polan, 1990)，她创造了短语"知识分子的斡旋性"。

[4]　如下观点应该被讨论：在自由资本主义国家，新信息技术的引入不仅要求知识分子自己接受它的用途和产物——"流行的、商业文化的形象"，而且需要他们对时下流行的"信息社会"和"信息文化"的概念采取批判方法。对于在这个领域最近所采取的批判方法，参见波斯特(Poster, 1990)，鲁克(Luke, 1991)，以及若雷(Raulet, 1991)。

[5]　这并不意味着英国经历过的危机新西兰也要经历。在撒切尔主义之下，从世界权力衰落的视角来看，民族认同出现了问题。另外，在新西兰，从前殖民地视域来看，从文化上对民族认同的重新界定更成问题。然而，用

普遍主义的术语来说，新右翼想把我们所有人还原为"理性效用最大化者"，由此出现性别和文化盲区；弱小国家对抗这种新霸权，存在的问题是仍旧试图与过去的白人殖民者达成妥协。

[6] 基特和阿伯克龙比认为企业文化的思想"是作为英国保守主义政府在政治思想和实践方面的中心信条而出现的"(Keat & Abercrombie, 1991, p.1)。建构这种文化的任务涉及沿着商业发展的道路重新塑造机构，并且鼓励对企业精神品质的把握和采用。依照这种意识形态，福利国家和教育体系已经受到了批判，因为它们引向"文化依附"(culture of dependency)。有迹象清楚显示，撒切尔的企业文化概念被新西兰政府采用，成为官方话语，代表文化中的经济和机构的改革。部分企业文化被设计为新右翼的对应物和策略，与(新右翼所界定的)文化依附相对应。

[7] 有趣的是，弗劳尔在回顾了最近法国思想界中关于知识分子的问题之后，指出亨利·利维(Henri Lévy)关于知识分子危机的主张如此关键，"以至于历史学家仅把知识分子视为20世纪社会文化历史中令人好奇的过客"(Flower, 1991, p.278)。在利维这位新自由主义者的眼中，弗劳尔公布文化的民主化(the democratization of culture)应受谴责。

[8] 在文化研究的两种范式——文化主义和结构主义——的任何讨论中，后结构主义都具有重要的历史和理论地位。皮克林(Pickering, 1991, pp.19ff)承认向后结构主义迁移，他并不是强调它如何凌驾于结构—能动性的争论上，或者它领先的方式，而是在很大程度上，描绘文化研究两种范式的出现并详细说明它们。德里达(Derrida, 1978a)的思考用在这里似乎最恰当，尤其是他早期的开创性文章《人文科学话语中的结构、符号和游戏》("Structure, Sign and Play in the Discourse of the Human Sciences")。这篇文章最早是1966年在约翰·霍普金斯大学发表的演讲。一些评论家认为这篇文章标志着后结构主义运动肇始的划时代时刻，这篇文章与经典的结构主义(尤其是列维-斯特劳斯的)以及传统的人文主义分庭抗礼。

[9] Roland Barthes (1983). "Writers, Intellectuals, Teachers." In Susan Sontag (Ed.), *Roland Barthes: Selected Writings* (pp.378-403). New York: Fontana. 阿罗诺维茨和吉鲁(Aronowitz & Giroux, 1985)在《教学与变革型知识分子的角色》("Teaching and the Role of the Transformative Intellectual")一章中，用以下范畴分析了教育者作为知识分子所承担的社会职责：变革型知

识分子、批判型知识分子、适应型知识分子以及霸权型知识分子。第一种范畴的知识分子具有显著的功勋，他们尝试阐明这样的观点，尽管教师本质上有能力行使政治表达的职能，但教师被绑缚于特定的社会分层，借此，他们认为批判话语与可能性话语联结。他们意识到批判话语折断希望之翼，消除制度上的斗争。他们的观点也可能被冠以"被改造的杜威主义"之名，仍旧在批判教育学或者批判教学论的传统之中。在某种程度上，他们并不赞同后结构主义的批判。参见吉鲁、麦克莱伦(Giroux & McLaren, 1991)，因为他们显然想超越以后结构主义思想为基础的再生产和抵抗教学论。参见马勒、克洛特(Muller & Cloete, 1987)，他们以南非为背景，探讨了在福柯和德里达研究基础之上的"知识分子劳动"的观点，确认流行知识生产的形式是对工人阶级赋权的手段。特别地，他们挑战了参与行动研究和图海纳(Touraine)的干预社会学，它们与这样形而上学的假设结盟，即以等级的二元对立为框架的意识和知识的本质。知识分子的参与不再被视为"婢女"或者"觉悟启蒙"范式，而是一种手段，在解放被压制的知识(福柯的"反记忆")的同时，准备开启赋权的进程。

[10]　对福柯知识分子概念的一部分讨论节选自我早期的一篇论文，这篇论文是与詹姆斯·马歇尔合作撰写的(Marshall & Peters, 1990)。对他让我在这一章中使用这篇论文中的一部分表示感谢。

64　　[11]　在涉及法兰克福学派和法国结构主义之时，福柯承认"两种互相关联的思想形式，其非渗透性是值得注意的问题"，并且他说道："如果我在合适的时机通晓法兰克福学派，那么，我将会大量减少工作量。"(Foucault, 1989a, pp. 241-243)

[12]　同样也要注意"克里斯蒂瓦的以下疑虑：政治立场、解散女权主义集体机构、持不同政见的个人主义的特权、对反犹写作的漫不经心、对美国的重新辩护"(Smith, 1988, p. 33)。

/ 3. 反对阿兰·芬凯尔克劳特《思想的失败》：
文化、教育与后现代主义/

引言

如果对阿兰·芬凯尔克劳特(Finkielkraut，1988)《思想的失败》的 65
目录进行分析，按照高贵的事物与低贱的事物之区别来拟定分析框架，
那么，这本书将会顷刻坍塌，坍塌的裂痕极为明显，表现出互不相容
的两个部分：一部分标着"普遍""绝对""理性""真理""个人"以及"民
主"；另一部分以一系列与此相对立的术语构成，即民族精神、文化
(复数形式)、集体意志或者无意识、历史理性、可能事件。对芬凯尔
克劳特来说，第一部分的特权词汇代表了人性自我发展的历史过程，
这个过程使得当今新自由主义的欧洲"文明"登峰造极，其中所宣称的
普遍理性不仅包括，还企图保存启蒙运动的理性主义。

第二部分强调"地方"知识和各种独特的文化理性——民族的和传
统的文化理性，在现代民族国家中的社会群体、经济群体和伦理群体

(雷蒙德·威廉姆斯)的理性——立足于多元主义和历史的联合标记之下。对芬凯尔克劳特及其同乡雷南(Renan)来说，处于多元文化主义威胁之下，有关欧洲衰落的传言和普遍主义、理性主义的世界观意味着"现代最危险的爆炸物"(Finkielkraut，1988，p. 43)。这些二分词汇也能够描述从知识上攻击历史的他者，即法国最后一代左派，这由最近一代法国知识分子发起，他们一起宣布终结一个范式并建立一个新范式。官方的转换是从后结构主义向新自由主义的转换。理性自由主义

66 强烈反对尼采主义；争论的靶子是结构主义(阿尔都塞、拉康、列维-斯特劳斯)和后结构主义(福柯、德里达、利奥塔、德勒兹以及加达里)。如今"反叛的哲学"已死亡，或者至少已近黄昏，我们期望人文主义、自由主义、个人主义和民主的复兴。据说，这些在新的哲学内容中反映出"历史目的论的消失"，"虚无主义与反人文主义、对认同与主体的批判"的终结，并为法国思想界另辟蹊径；同时，回归个人主义与人文主义，恢复人类能动力、意向性和意识(参见 Pavel，1989，p. 17)。

    这构成了学术研究的普遍背景，我们必须在此背景下理解芬凯尔克劳特的《思想的失败》。在更加具体和流行的层面上，芬凯尔克劳特针对文化概念展开攻势，文化并非"有思想的生活"或者启蒙运动的理性(它是受到尊敬的)，而是日常生活和实践。第一层意义与"高贵的生活"相联系，与历史和理性相分离，具有普遍主义的价值观；第二层意义既是地方的，也是特殊的。它是我的文化，在这个意义上，它提供语言、道德与政治传统，这是我存在的历史局限。这种文化高贵特质的倒塌、文化等级特权的瓦解是我们当今文化存在病垢的原因，芬凯

尔克劳特旨在恢复它。他写道："实际上，'文化'这个术语有两层含义。第一义声称有思想的高贵生活；第二义对下述问题作出否定回答：难道从日常的千姿百态到人类精神的伟大创造，每一样东西都是文化？"(Finkielkraut，1988，p. 8)

那么，我们赞美他的著作，它是启蒙运动与德国浪漫主义之间斗争的延续。它同样也被视作是对后结构主义理性批判的强烈反应——对启蒙运动价值观的衰落起到了教唆怂恿、推波助澜的作用。从后者的视角，在文本潜意识的层面上，芬凯尔克劳特的《思想的失败》表现了一种逃离或者解放，从教学捆缚、教师压迫的监护中逃离或者解放出来——这些教师主要指的是20世纪60年代到70年代之间的主要思想家——他们被新生一代批判为"思想与风格晦涩的人……，排斥理性的讨论，压制年轻学者；年轻学者要么盲目地跟从导师，要么遭受排挤成为圈外人"(Pavel，1989，p. 18)。

也许，你会提出这些术语的争论是家族争吵，尤其发生在高度中央集权的法国文化环境中，在其他地方并没有受到太多的长期关注。虽然这种解释采用了心理学动机，但并没有充分地把握争论的外部环境。例如，它没有解释文字的政治经济作用：盛行用普遍的术语对人文主义、个人主义和个人权利进行重估，与此同时，新右翼处于上升势头，在个人消费的层面上构建以市场为基础的措施——其被赞扬为社会与文化生活的最佳方案，同时，科学技术被赞美为实现后工业社会转变的手段，社会责任伦理也从西方政府的政纲中消失殆尽——总而言之，这些文字出现在这样的时刻，即新自由主义形式提供尽可能

67

最佳的情形，在这些情形下，这些文字才有活力。这一章，延循托马斯·帕维尔(Pavel, 1989)的研究，简短评论了法国新生代思想家所处的当代学术环境；然后，系统勾勒出芬凯尔克劳特叙述的结构与内容，对《思想的失败》中提出的立场作一些批判；尤其要讨论芬凯尔克劳特界定后现代主义的方式，并且论述他对当今教育中存在的文化危机的理解。

法国新自由主义与当代知识分子背景

帕维尔(1989)注意到法国文化背景明显具有"浓度"，几代知识分子形成"有力的联盟"并在新文化形成中"经常剧变"，他以此开始论述法国新生代知识分子。这意味着代际冲突模式显现并成为知识分子变革的原动力，其中，范式的选择与其说是由反应的力量所掌控，还不如说是与知识分子评价以往的行为有关。的确，后结构主义者德里达、福柯、利奥塔和德勒兹的研究本身就是一种反应或者反抗，对黑格尔主义的特殊潮流——流行于第一代解读者(依波利特和科耶夫)——作出反应或者反抗，这确实是有一定道理的。

我在第一章提出，对人文主义和人类中心主义的批判是当代法国思想的主流和主题，但对德里达来说，他在 20 世纪 70 年代早期的著作中提出，这是黑格尔、胡塞尔以及海德格尔的旧形而上学人文主义合并的产物，而不是对人文主义核心的重新质疑。

也许，对于法国年轻一代知识分子对他们前辈的否定，我们不应该感到过分惊讶。然而，在反叛的同时，后结构主义者的思想也同样明显地、连续地传承了前一代的思想，尤其关注了黑格尔的主体——其文化与历史的规范，其置换、破碎以及最终死亡或者拒斥。

相比而言，由新生代所建构的"断裂"不存在延续，这点是显然的或是被大家认可的。当然，如果芬凯尔克劳特的《思想的失败》被认为是新方向的代表，那么，并没有太多的证据来分析或者真正评价后结构主义。

帕维尔回顾了法国有影响力的期刊《争论》(*Le Débat*)第 50 期专刊(1988 年 5—8 月)：《我们的历史：1953—1987 年法国知识史资料》(*Notre histoire*：*Matériaux pour servir à l'histoire intellectuelle de la France 1953-1987*)(以下简称《我们的历史》)。这份期刊创建于 1980 年，由皮埃尔·诺拉(Pierre Nora)任主编，马塞尔·郭舍(Marcel Gauchet)和克日什托夫·波米安(Krzysztof Pomian)为助手。在一份早期的稿件——《知识分子的才能》(*Que peuvent les intellectuels*)(1980)中，诺拉警告道"思想家的王权就要逝去"。帕维尔在脚注中列出了这期专刊的投稿人名单(1980 年 9 月)，他们都关注法国知识分子的未来——这些名字，如帕维尔所作的评论，"后来成为 20 世纪 80 年代的里程碑：巴斯卡·卜律克内(Pascal Bruckner)、阿兰·芬凯尔克劳特、文森特·德贡布、让-鲁克·马里翁(Jean-Luc Marion)、奥利维尔·蒙甘(Olivier Mongin)、菲利普·雷诺(Phillippe Raynaud)、皮埃尔·罗桑瓦龙(Pierre Rosanvallon)以及埃马纽埃尔·托德(Emmanuel Todd)"(Pavel，1989，pp. 18-19)。帕维尔注意到尽管他们的回答跨度广泛，但他们"都同意虚无主义、反人文主义以及对认同与主体的批判都不再是法国思想界可行的选择"(Pavel，1989，p. 20)。

帕维尔告诉我们，《我们的历史》的核心部分被命名为"换言之时刻"，由详细的年表组成，表现了知识分子灵魂趋势的关键理念："20世纪50年代至80年代被划分为五部曲，存在主义(1945—1956年)是开场；异化(1956—1968年)是情节；结构(1968—1972年)和欲望与权力(1972—1976年)是高潮；新自由主义(1976年直至现在)是欢喜结局。"(p. 20)

如果读者允许我进一步对帕维尔的思想进行总结，那么法国战后知识分子的历史被描述为法国文化为了解放自我所作的一种挣扎。在此背景下，德勒兹和加达里的《反俄狄浦斯》(Anti-Oedipus)成为"反叛哲学的曙光"，并且福柯的权力理论被认为是"民主与极权主义之间抉择的……最后阻击战必备的武器"(p. 21)。新知识分子的世界是"后意识形态的"，并且其栖居者是"公道的人文主义者，民主的支持者"。帕维尔写道："自由主义的复兴与个人主义携手共进，具有欧洲文化新的独特意义。"(p. 22)我们进一步了解到新自由主义"反对思辨哲学的霸权，进而提出复兴宗教研究，推进科学文化以及社会科学范式的转变"(p. 20)。

为了说明这点，帕维尔采用戏剧所展现的技巧(有不同的构思方式)和范式的概念：其可能的解释、年代的范围、"拓扑学的属性"以及在社会科学领域中不确定的运用。他指出当处理"诸如巴黎高度集权文化的顶点"这类问题时，夸大"短期兴起知识分子流行风尚"的冲动加倍增长了(Pavel，1989，p. 20)。

在很大程度上，宣告一种由伟大思想家所开创的哲学的终结与宣告一种新哲学的开始显然要经由知识分子的许可。具有讽刺意味的是，在所谓的后意识形态时代里——这个短语复苏了"意识形态终结"的论题。这个论题在 20 世纪 50 年代流行于保守主义当中，20 世纪 90 年代，福山(Fukuyama)等人孜孜追求，为其注入新的活力——关于知识分子转变的提法本身显然就是意识形态。更加讽刺的是，对新哲学和芬凯尔克劳特的具体研究造成损害的是新自由主义赖以安身立命的绝对的和普遍的价值观的"重建"，而这种"重建"显然不是建立在先验论证的基础上，而是建立在地方历史叙事、对理性命运的重新叙述上——其大量地内化于法国知识分子的生活当中。

思想的失败？

芬凯尔克劳特简短地列出了低俗之物的清单，确定了他叙述的参数系和顺序：赫尔德，德国浪漫主义与民族精神的概念(第一部分)；联合国教科文组织(UNESCO)、人类学与"非殖民主义哲学"(第二部分)；多元文化主义与人类科学(第三部分)；当代学派(第四部分)。这些内容分别被命名为："人类思维之根"、"宽容的背叛"、"走向多元文化社会"以及"我们是世界，我们是孩子"。它们被压缩为两页纸进行陈述，有点类似于序言("在伟大词汇的阴影之下")和最后的反思。最后的反思被命名为"巫毒崇拜与狂热者"，读起来有点像为被遗忘的年代所丢失的价值观做的隐晦广告：

> 于是野蛮体系最终接管了文化，在此阴影之下，高贵的
> 词语偏执地生长，与幼稚症一起生长。一旦文化认同不再把
> 一个人强行锁在传统的生活方式中，就拒绝这个人背负背叛
> 的沉重痛苦进入其中去怀疑、讥讽或者理论，即不让他做任
> 何一件有助于其挣脱集体方阵的事情——这么说来，休闲产
> 业也取得了同样的效果。休闲产业是技术时代的创造物，它
> 把精神的作品沦落为次品，或者就像美国人所说的，娱乐。
> 在可怕的和受愚弄的狂热者与巫毒崇拜面前，知识分子望而
> 却步。(Finkielkraut, 1988, p. 133)

70　　经过改编且有争议的故事把历史视为一系列的寓言，指向道德和
认识论上的教训，因而，故事中总存在英雄与恶棍。在芬凯尔克劳特
小册子的第一部分中，赫尔德是恶棍，而朱利恩·班达(Julien Benda)
是英雄。班达(Benda, 1969)在其著作《知识分子的背叛》(*The Treason
of the Intellectuals*)中，唾弃他那个时代的知识分子不再拥护永恒的价
值观，转而投身于被认为是地方性民族主义的事业，把"文化"改成"我
的文化"。这种改变继承了德国浪漫主义的衣钵，传达了文化的第二种
含义，其概念本身源自赫尔德的民族精神。芬凯尔克劳特声称赫尔德
"驱赶善、真、美，让它们居于地方之龛，他把永恒的范畴从高高在
上、高枕无忧的天庭驱逐出来，让它们重新回到它们世俗的出生之地。

赫尔德宣布，没有什么是绝对的；只有地方的价值观和暂时的原则"（Finkielkraut，1988，p. 12）。

民族精神的概念与宗教、语言和种族出身一起为"民族"概念的生效提供了概念上的资源。"民族"这个概念在"革命者"[约瑟夫·德·梅斯特尔(Joseph de Maistre)，波纳德(Bonald)]的手中首先被界定为文化的统———集体历史的形成，与其相对的是集合的先验概念，即建立在人性形而上学基础之上的自由契约的个体集合。

芬凯尔克劳特回溯了革命者(传统主义者)与启蒙哲学家(和他们的共和党信徒)之间的争论。他用图来表述这场争论历经了这样几个事件：法俄战争，侵占阿尔萨斯-洛林，泛德国主义(Pan-Germanism)的兴起。他写道："随着泛德国主义的胜利，歌德的教化影响在德国被清扫一空。文化沦落为对出身的顶礼膜拜。民族精神大获全胜，极权主义的前景昭示天下。"(p. 41)

与这些事件一道，芬凯尔克劳特穿插地从知识角度叙述了认识论的命运。然而"德国浪漫主义"和"法国神权主义者""取得了真正的认识论上的革命。他们对现代性的仇恨诞生了有关人的新的激进概念。他们的怀旧情结引发了思想的突变，这种突变如今仍旧控制着我们，宽泛地说，它仍旧左右着我们。他们来势汹汹的反对者自然也是革新者。反对者颠狂地想把人恢复到合适的位置，他们发现无意识的思想在人类身上起作用，为此，他们创建了人类科学"(p. 28)。那么，呈现在我们面前的是两种截然不同的自然、人类与文化的版本，在同一程度上，它们在欧洲思想中从未产生过分裂。

芬凯尔克劳特在其下一章，继续读故事，只不过故事被切换到 20 世纪中期。故事的场景是 1945 年 11 月的伦敦，事件是联合国教科文组织的成立。当时的思想家在第二次世界大战结束后聚集一堂，共同起草为了自由与和平的新章程，这个章程似乎采用启蒙运动的精神——"启蒙哲学家知识上的影响似乎笼罩着联合国教科文组织的成立，规定了其组建者的权限范围"(Finkielkraut，1988，p. 54)——人的概念开始发生转变，这个概念为制度的框架提供了原材料。芬凯尔克劳特认为，"以往的对启蒙运动狂热的批评已经转变为对启蒙运动思维风格的批判"(p. 55)。抽象的人文主义曾用高度个人主义的词语，预设了普遍主体，如今它被人类学的概念取代——它强调具体的与历史的存在模式和文化多样性。芬凯尔克劳特尤其关注列维-斯特劳斯在 1951 年为联合国教科文组织所作的著作《种族与历史》(*Race et histoire*)。在这本著作中，列维-斯特劳斯注意到欧洲历史观下所隐含的民族中心主义与普遍理性的单一发展相随。与此相对，列维-斯特劳斯主张，人类学的研究主题是各种文化，复数意义上的文化，这表明"特殊的生活方式"不能够被分类或者填入任意序列的发展中。

按照芬凯尔克劳特的见解，所谓的人类的第二次死亡已经由历史学家所证实。历史学家追随列维-斯特劳斯为知识分子设立的风尚，探寻人类发展的多样性、复杂性以及非连续性，而不是采用单一进化论描述人类发展。借着芬凯尔克劳特所说的"本质上历史方向感迷失"，历史学家"就时间上与人类学家就空间上追寻同样的目标"(p. 60)。对远古时代的研究毁坏了"欧洲文明"的理念。芬凯尔克劳特这样写道：

"突然间皇帝没有了衣服。20世纪第二个半期的欧洲人仿佛处于另外一种文化中，现如今消失了，仿佛又是一种飞逝的、短暂的人类种类。"(Finkielkraut，1988，p. 60)

芬凯尔克劳特戏仿的事件经得住嘲讽。我们获悉在马克思主义社会学之下，破坏已经完成。马克思主义社会学把现代文明的宏大假象刻画为一套阶级与群体文化，它们并非统一，但处在与主流阶级文化的相互争斗当中。在此背景之下，他注意到布迪厄和帕斯隆(Passe-ron)把群体文化或者阶级文化界定为符号的体系，由选择性意义构成。在这个意义上，选择性意义是任意的，它既不能被还原为任何普遍原则，也不与任意一种"事物本质"或者"人类本性"的内部关系相连接。芬凯尔克劳特对社会学理论使用与人类学同样的概念来解释西方与非欧洲人民之间的关系表达了不满。

非殖民主义哲学重新采用了文化浪漫思想，即为他人言说而不是言说自己的文化或者自己文化之内的形象差异。弗朗茨·法农(Frantz Fanon)在此背景下成了恶棍，他是对欧洲文明价值普遍化最强烈的反对者。法农在集体认同概念的基础上创造了民族种族理论，这个理论对个人主义和世界大同主义构成了威胁。在此，芬凯尔克劳特的历史解释涉及盲目的党派性，攻击了欧洲种族中心主义的简单性。"伴随着单调的规律，这些解放运动已经放弃了压迫的政权。这是因为它们把自己建立在集体融合的神秘概念之上，而不是建立在契约的法律概念之上。它们穿上政治浪漫主义的外衣，并且视自由具有集体的特性，而不是个人的拥有物。"(p. 70)他的抨击贯彻了对新自由主义种族政治言论的分析。集体的文化概念替代了早期生物学概念，对于芬凯尔克劳特来说，这只是表明简单地回归种族主义，而不是废除之。

有学者可能在此对新自由主义的倾向作出随意的评论，如艾伦·布卢姆(Allan Bloom)和理查德·罗蒂，他们已经见证了与历史无关的自由社会合法性的坍塌——其合法性建立在普遍基础之上，因而认为新自由主义只是简单地希望用实用的、喧嚣的种族中心主义的词汇重新评价自由主义的价值观。在此情况之下，暂时的社会惯例被尊崇并在社会无意识的滑动中被表现出来，在受人偏爱的代名词(我们、我们的)中被表明——这构成了我的思维，我丧失了用其他术语真正思考的能力，仅仅抱住新自由主义，并将其作为唯一可能的世界观。这表现了想象力的失败。为此，躲在隐秘之处的种族中心主义必然被接受，并且在病态的层面上得到分析。

芬凯尔克劳特在其第二部分的最后，指出列维-斯特劳斯的思维、"联合国教科文组织双语"的所谓倒退。文化依靠种族，倒退被这种情形无视。在教育的术语中，这个发现使得从自我教化的伦理走向浸入和重新发现某种文化。当然，芬凯尔克劳特是在抗议这种可能性，即多种体系替代一个封闭的、普遍的、设想的体系——该体系在一种同质的理性主义中运转，靠着欧洲启蒙运动选拔出来的英雄昭示天下。假设，在与历史无关的、不变的背景之下，理解的过程可能在批判思维的基础上显现，而且，经验被简化为一套自相矛盾的逻辑功能。

在"多元文化社会"的概念受到攻击的幌子下，芬凯尔克劳特的第三部分是对这些种族中心主义情绪的延伸。通过大规模移民，如今欧洲的居民被称为本地人，在这种情景下，芬凯尔克劳特坚持认为："事实是我们必须进行选择。赞扬普遍交往的优点，同时也赞同各种特殊文化独特的、不可言说的特征，这是自相矛盾的。"（Finkielkraut，1988，p. 93）

他断言，"相对论教学论"是一种手段，借此，多元文化主义者想要克服本土文化的"自然的偏好"（不是偏见）。芬凯尔克劳特提到法国总统 1985 年在法兰西学院所作的报告《未来教育的建议》（"Proposals for Education in the Future"）时引用了第一条原则："科学与多种文化的统一。一个和谐的教育必须使对科学思维缺一不可的普遍主义和表现人类诸科学特征的相对主义携手，必须敏锐，觉察到广阔、多样的生活方式、理解力与文化。"（p. 95）

解释学的传统或者法兰克福学派激进地把人类从自然科学中分离出来，芬凯尔克劳特支持他们的结论。芬凯尔克劳特依靠笨拙的嘲讽，讽刺了那些文化上的自以为是与愤慨。随后他举了几个例子来说明这一点。在报告中，他谈及对人类诸科学的见解时提出：

> 随着坍塌的文明进入文化，它们就防止我们自满的自我关注，防止我们按照我们自己的形象建构世界的倾向；同时，它们治愈我们的帝国主义和部落主义，治愈我们自封为普遍观念承担者的信念，以及治愈我们断言我们文化独特性的攻击性倾向。（p. 96）

> 一百五十年之后，大学自身沦落为档案馆（an achive）。

大学把自己约束在其出生之时与发源之地所具有的权利内，不敢越雷池半步，仅仅进行科学研究。在法兰西学院报告的开场白中，我们被告诫：在科学中，也只有在科学中，人类自身才能达到可知学问的澄明境界——其根植于人类自身所属的文化中。(Finkielkraut，1988，p. 97)

对后现代科学可能性的考虑将芬凯尔克劳特完全革出教门，尽管这种可能性在过去的十多年间也被许多思想家认真地讨论过(Lyotard, 1984；Toulmin，1982)。没有学者对每一个命题进行过慎思明辨，很明显，芬凯尔克劳特对此表示担忧，他担心文化会变成碎片而被遗忘。他哀叹逝去的时代——这个时代赞扬法国高雅文化，把其作为普遍的范式和守卫法国启蒙运动的重要元素。他哀叹高雅文化的普遍主义理想的衰败，事实上，它成为许多文化之一。他的辩论似乎不在于存在某种独特的文化，对这种文化界定进行特殊的注解，而是文化本质有某种普遍主义的东西，它应当代替和超越对历史特殊性的强调。没有谁比芬凯尔克劳特更加强烈地表示出对个人和个人主义的强调，并把其界定为现代欧洲的特征。

针对根深蒂固的长子继承权体系及其广泛的实施，人类权利在欧洲得以建立。正是在其(his)文化代价之下，每个欧洲个体一个接一个地获得了其全部的自由。最终，一般而言，正是批判地检验传统的习惯构成欧洲的精神基础。今日我们所学到的反帝国主义的意识形态使得我们全然忘记这点并说服我们相信个人什么也不是，仅是一种文化现象。(Finkielkraut，1988，p. 104)

在这段充满性别和文化偏见的话语中，芬凯尔克劳特同时犯了两个错误：混淆思维模式的历史与视角以及将个人概念浪漫化。他努力不深陷于围绕着"主体之死"的历史和哲学主题——它们在福柯和德里达著作之中被探讨过。相反，他想高扬时代(the Modern Age)的精神，赞扬它的神秘表述——在(欧洲)国家，它被神秘地表述为构成"自由和平等的个体"。他忽视德里达对在场形而上学的批判，忽视福柯对主观性模式的批判——它在人文机构和实践中被建构，从而人类被制造成为个人。在此也没有任何东西能够衡量企业资本主义或者官僚政权的权重，它们帮助设定了广泛的社会参数，在此之内，人们被界定为个人。

然而，直到第四部分，芬凯尔克劳特尖锐的语气才达到顶点。他充满激情地攻击后现代主义与教育，从而使自己免受攻击。后现代主义者维护多元文化社会，我们得知他们这样做的基础不同于多元文化主义者：后者把他们的地基奠定在"所有文化平等"之上，而前者据说赞扬文化流动的不确定性，并且认为它优于文化根源的固定性。

为了用否定的和毫无争议的词语来代表这种现象，芬凯尔克劳特所采取的策略是，大量忽视过去二十年间发生的关于后现代主义的争论。后现代主义"通过折衷主义，代替我们先前许多独断的方法"，促进"诸多风格慎重的混合"，并且使"最不相同的时尚和潮流与最自相矛盾的影响"走在一起。对于芬凯尔克劳特来说，后现代主义是支离破碎的和失真的世界，由品味文化之人和消费狂组成；它是"发狂的虚无主义"，铲平各种文化的所有区别，他主张"所有文化平等合法，万事皆文化"(Finkielkraut, 1988, pp. 111-112)。"肥皂剧融合了令人兴奋的情节和一些小插曲，与纳博科夫(Nabokov)的小说一样好。小洛丽塔(Lolitas)所读到的与《洛丽塔》(*Lolita*)一样好。有效的公众口号的价值相当于阿波里奈尔(Apollinaire)或者弗朗西斯·彭热(Francis Ponge)的诗篇。一首摇滚歌曲并不亚于艾灵顿公爵(Duke Ellington)的抒情旋律。"(p. 113)

芬凯尔克劳特对后现代主义的不满之处在于：它抹去了文化与娱乐之间的区别；奉行一种"新的完美类型"，即多元文化的个人；不再视文化为解放的手段，或者视民主为实行大众文化的途径。这构成了芬凯尔克劳特对后现代主义的理解，并且在此基础上，他将教育归咎于"当今的危机"。

现代意义上的学校是启蒙运动的产物，今日它正日薄西山，因为启蒙运动的权威已经令人怀疑。在社会前景和由某种奇怪思想所辖治的机构之间的沟堑已经形成，这种奇怪的思想认为没有思想就没有自治，个人不具备勤劳工作的品性就没有思想……学校推广自助的最后一个例外……学校是现代的，但学生却是后现代的。学校旨在形成思想；但是学生

年纪轻轻就成为电子设备迷，游手好闲、贪图享受……学生
认为……解放的景象是人类征服的陈旧套路，并且在自己的
叛逆行为中，否认纪律与教学，否定主流的名人大家和教导
他们的教师。(Finkielkraut，1988，p. 124)

按照芬凯尔克劳特的观点，教育"改革"通过使学校成为后现代的，
而解决了这种矛盾。教育改革开创了以迎合年轻人为基础的"消费教
育"。它调整了方法和课程，从而反映以摇滚音乐、牛仔裤和肥皂剧为
基础的青年文化的需要。后现代学校受到享乐主义和消费主义的驱使，
在青年所崇拜的价值观中已经登峰造极。这种"普遍的幼稚症"，这种
"孩子气的胜利——它战胜了思想"(p. 129)——具有降低知识化的后
果，这不仅表现在教育领域，而且体现在政治学、新闻学、艺术与文
学、道德生活与宗教领域。芬凯尔克劳特结束了他对青年的长篇累牍，
的确，他将书中最后附记的标题命名为"巫毒崇拜与狂热者"。

芬凯尔克劳特在启蒙运动价值观名义下无情地攻击了后现代主义
和当代学校教育的所有罪恶，最初为他的无情攻击所吓倒的读者可能
想得到适当的答案。在此，论证和分析能够具有任何价值吗？我们应
该尝试着指出合并和混淆的错误吗？对任何一种经验证据都留有空间
吗？思维、思想、可能的异议所发挥的功能恰如小恙不适、诊断治疗、
疾病初愈，这种说法已经透彻地、具有说服力地道出它们的功能了吗？
在芬凯尔克劳特整体的世界观中，这些问题的答案必定早已清晰。在
进一步的讨论、分析或者思索当中，理论的世界关闭了。

与芬凯尔克劳特无所不包的视角相对应，我冒昧地对后现代主义的本质、意义及其对教育和学校的暗含之义提出几点思考。首先，后现代主义通常被认为是划时代的标志，或者参与了划时代的开创，即现时代的终结和传统地看待世界的现代方式的终止，尽管这是对的，但是它错误地把后现代主义与后结构主义混为一谈。这不是否认两者之间的关系，而是否认把一方简单地等同于另一方，因为这是一种误导。把后现代主义与后现代性等同起来，或者声称这两个词语仅仅是现代主义和现代性的简单对照，同样也是错误的。如果要这样做，就必须对严格的（天真的）现代主义的术语——彻底的二元对立的术语——设定争论框架，用一套术语来反对另一套术语。芬凯尔克劳特把所有的这些归罪于合并。对于他来说，后现代主义是一个毫无问题的、天衣无缝的网，它合并了所有的事物，如多元文化主义、后殖民主义、消费主义、后结构主义，等等。照此说来，在现代主义与后现代主义的争论中，芬凯尔克劳特不能够辨明意识形态的立场（Jameson，1984)，或者不能认识到抵抗的后现代主义不同于反应的后现代主义的方面（Foster，1985)。芬凯尔克劳特在此处的失败意味着，他不能承认批判多元主义的解放前景——以新社会运动的意义作为基础（Young，1990；Peters，1991)。与此相关，芬凯尔克劳特慎重地消除对后现代主义理论的批判和对后殖民批判主义的批判之间的区别。斯兰蒙评论它们的批判"在策略与基本的假设上，或多或少地保持了距离"(Slemon，1989，p. 4)。

其次，后现代主义被认为是在西方美学突变基础之上新兴的文化现象，它是多样的，显示全部的各种复数形式。这种尝试是无益的，例如，把建筑领域的后现代主义与诗歌中的后现代主义融合，或者把其与小说中的后现代主义、舞蹈中的后现代主义或者视觉艺术中的后现代主义相融合(Trachtenberg，1985)。的确，对于上述领域的任何一种活动，提出存在一种统一的假设或者原则，这是没有意义的。它们由不同的语言游戏构成。也许它们之间相互重叠，具有家族相似的特征——恰巧在一种类型之内或者几种类型之间共享一些元素，但是这种相似性并不构成毫无疑义的或者不相关联的同族关系。例如，人们不会把约翰·巴思(John Barth)、唐纳德·巴塞尔姆(Donald Barthelme)、罗伯特·库佛(Robert Coover)、库尔特·冯内古特(Kurt Vonnegut)以及托马斯·品钦(Thomas Pynchon)的小说以相同的方式来对待，或者主张这些小说是曼纽尔·普格(Manuel Puig)或卡洛斯·富恩特斯(Carlos Fuentes)小说的一部分。然而，追随海森(Huyssen)，人们有可能像琳达·哈琴那样辩论道："后现代小说逐渐挑战现代主义的意识形态，即艺术的自律、个人的表达以及与大众文化和日常生活艺术的刻意分离。"(Hutcheon，1989，p. 15)

这个主张与芬凯尔克劳特所持的见解完全不同，芬凯尔克劳特把后现代主义同化到消费主义和大众文化之中。为了合并这些术语，为了使后现代主义成为划分时代的概念——(正如芬凯尔克劳特尝试的)现代主义之后，人们就忽视了利奥塔对后现代富有影响力的解释。利奥塔论证道："后现代主义……不是现代主义的终点，而是处于萌生的状态，并且这种状态是持续的。"(Lyotard，1984，p. 79)就像詹姆斯·柯林斯所指出的："后现代重新界定了大众文化，这并不必然地意味着公开接受所有的流行文字或者终止'结果的可判定性'(decidability of effect)。"(Collins，1987，p. 26)甚至詹明信(Jameson，1989a，p. 38)——支持新马克思主义把后现代主义解释为晚期资本主义的文化逻辑——最近指出生产方式包括反作用力和其自身内部的新倾向。

最后，"学校是现代的"和"学生是后现代的"的主张是个假象，它忽视了几乎所有重要的事情。以这种方式进行争论，既错误地把危在旦夕的东西二分化，又使其琐碎。这是一个刻意的修辞策略，学生成为消费主义大众文化的产品，学校成为启蒙理性的守护者，两者之间互相抗衡。其假定这个问题的唯一答案是改革，即回归到启蒙运动的价值观。同时，毫无疑问，教育理论和实践一直维系着语言和现代主义诸多假设之间牢固的联盟；同样毫无疑问，现代主义对学校教育诸多方面施加霸权和反动的影响。亨利·吉鲁论证道，在教育话语领域中的后现代批判主义是重要的，"因为它带来了去领域化的希望，为重新划定现代主义政治的、社会的和文化的界限提供了前景，同时，它肯定种族政治、性别和民族的差异"(Giroux，1988，p. 6)。

以这种方式，后现代批判主义挑战了西方主流的文化模式——由基础的认识论所支撑，并且主张有效知识的普遍化——常以损害"地方"的、受到压制的各种知识为代价。有趣的是，吉鲁认为批判教育并没有在现代主义与后现代主义之间进行抉择。采取这种立场的并非他一人。福柯在阅读了康德短小但非常重要的文章之后，论证道，把我们与启蒙运动联系在一起的线索不是教条的字句，而是牵涉到哲学的态度，"哲学精神可以被描述为对我们历史时代永久的批判"(Foucault, 1984, p. 42)。

芬凯尔克劳特以简洁、简便的方式，把历史划分为现代和后现代，78 把(法国)启蒙运动概念具体化，并且拒绝承认其阴暗面。难点在于他没有指出，学校作为一种发展中的机构，从历史上看，在何种程度上已经成为新兴政治功能的一部分——其建立在规训的权力上，来源于考试的运用、层级的监视以及标准化的判断——这是正确训练的手段，所有这些一起促成了奴性躯壳的产生(Foucault, 1979)。他也并不乐意指出，自由主义关于通过教育所取得的自由、平等和民主的措辞，与种族、性别和阶级一起，在20世纪遮盖了社会不平等的复制，并使其合法化。

阿兰·芬凯尔克劳特的著作是对传统自由主义价值观的欢呼。它以一套普遍的价值观和某些哲学的、字句的原则作为基础，保卫法国(高雅)文化，反对启蒙的批判、理性的批判以及他者的批判——其他(尤其是非欧洲)文化和价值观的批判。在此程度上，它更多的是其时代的表达——西方政府寻求建立市场完全私有化社会，在此历史背景之下，欧洲中心主义和种族中心主义大胆地重申自由主义的价值观。《思想的失败》的一个主要讽刺之处在于，芬凯尔克劳特所反对的大众消费社会是社会历史环境的一部分结果，而这个历史环境正是我们所称为的启蒙运动。

/ 4. 福柯、话语与教育:
新自由主义的治理术/

在每个社会中,话语一经产生,就立刻受到一些特定程序的控制、遴选、组织以及重新分配,这些特定程序的角色是避开力量和危险,获得对机遇的控制权,规避冗长的、令人生畏的物性(materiality)。

——米歇尔·福柯[1]

也许我们能够这样说,尽管文艺复兴对大写的人的崇拜代替了中世纪对大写的神的崇拜,但是,通过涂抹掉所有的崇拜,我们的时代正在产生同样重要的演化,因为它正在取代最近的崇拜,即对大写的人的崇拜,转而崇拜语言,一种经得起科学分析的体系。

——朱莉娅·克里斯蒂瓦[2]

引言

后现代性的境况既象征了与启蒙运动基本哲学思想的分裂，也象征了启蒙运动重要世俗意识形态的危机——古典自由主义和马克思主义。自1989年和1990年的剧变后，西方关注的兴趣点开始外移，转向了东欧共产主义的分崩离析。这些剧变暂时模糊并且遮掩了自由资本主义政权之下的政治和经济发展。而就在这时，利奥塔（Lyotard, 1984）等理论家正宣告启蒙运动中宏大叙事的破产，所谓的新右翼是"小"政府的基石，在这个招牌下，自由资本主义的政权见证了古典经济自由主义的大叙事的苏醒和复兴。

古典自由主义一直是主流的元叙事，至少在一种形式上，即个人主义形式上，它诉诸理性。个人主义形式赋予理性的、知性的主体特权，使其成为所有知识、意义、道德权威和行为的源泉。这种元叙事的特殊变种以经济人——它假设我们所有的行为是利己的——这个经典的词汇得以建构，预示了新右翼的经济理性主义。自20世纪80年代早期以来，新右翼在推进基础主义的和普遍主义的理性——新自由主义的个人主义哲学——方面取得了巨大的成功，它们成为社会各个方面从根本上重建的基础：倾向于供方经济和货币主义的经济政策变化、公共部门的完全重组以及脱离传统福利国家的举措。政治理性的形式在起源上是以欧洲为中心的，在其效果上既是理性主义的也是整体主义的，它逐渐支配自由资本主义政府的政治议程。最简单地说，这种理性形式受到极端经济理性主义的激发，而极端经济理性主义不仅把市场看成是优越的分配机制，对短缺的公共资源进行分配，而且看成是道德上优越的政治经济形式。公共部门重建包括公司化和私有化的策略，还包括对社会民主政权原则的一致攻击，其理论基础的核心教义是个人主义哲学——它表现了以古典经济自由主义为基础的主要信念的复兴，声称所有人类的行为都受到私利支配。在当代，其主要创新之处在于扩展了这个原则，使其成为一种范式，从而对政治本身进行理解，事实上，对所有行为进行理解。简单地说，政治经济理论主张人类应该被视为合理效用最大化者。

从全球角度来看，新右翼体现了当下现代主义主流元叙事的高潮和复兴。在新右翼的解除管制和私有化的政策之下，以及大规模的政府资产销售计划之下，自由资本主义的政权经历了经济国际化的不断增长，相应地，跨国公司在经济之中的影响日益显著，成为关键要素。同时，新右翼推进并且重新规划古典经济自由主义，使其成为未来整体的景象。这样的计划具有意识形态的目标，用后工业的乌托邦景象来解释未来，而对科学、技术和教育的信仰是这个乌托邦景象的基础。科学、技术和教育是其中的关键部门，长远来看，它们可以增加国家在全球经济中的竞争优势。新右翼利用政策，控制个人主义的叙事，使经济理性主义的极端形式合法化。这种叙事成为合法的工具，展现了统一的未来。它导向未来，却停泊在过去。在封闭的激烈行为中，它体现了整体的未来，由于对别无他路的争论，我们对未来排除了其他可能的选择。

也许，没有什么例子能够比教育领域更好地说明市场对社会生活领域新的扩张。显然，尤其是在新自由主义的原则下，教育按照市场逻辑被重建。这种模式下的教育，与其他服务或者商品毫无差别，都被同等对待。诺曼·费尔克拉夫(Fairclough，1992)评论道，这场重建的主要部分包括了话语习惯的变化，人们发现自己身陷新活动的困厄之下，大量地受到新话语惯例的规范，诸如销售、广告以及管理。这些变化包括活动与关系的松散重组，因此，学习者成为消费者或者客户，课程成为包装或者产品。在教育实践话语的重建中，教育殖民化的重建比较微妙，是通过几种来自外界的话语类型而重建的。

福柯的著作为读者理解我在下文称之为新自由主义政府的悖论观点提供了源泉：悖论在于，虽然新自由主义被看作是自我限定政府的学说，但是在新自由主义市场政策下，政府逐渐变得更加强大。对这个悖论的理解可以通过福柯的治理术概念更好地加以阐释，在此，权力在其最宽泛的意义上被理解，它是对他人行为可能领域的建构。虽然新自由主义的国家资产私有化和公共领域商业化的政策导致了小政府出现，或者至少，政府的规模显著缩减，但是国家通过个人主义的新形式保留了制度上的权力，在经济人的标志之下，人类把自己变成市场的主体。这是理解教育中"个人管理"的基础，它是一种技术或者权力的形式，通过采用市场形式得以发展。

在这一章的第一部分，我介绍了福柯的话语概念及其与个人话语生产的关系，这成为理解新自由主义教育政策的基石。福柯的著作可以理解为对主体的以及对自我的自由主义元叙事的批判：自主的、理性的和完全透明的个体自我，既与社会相分离，又在逻辑上先于社会，能够依照其欲望在市场中进行选择。在第二部分，在经济人——作为新自由主义治理术的形式——的标志下，我考察了教育被重建的方式。

福柯、话语以及主体

福柯(Foucault，1983，p. 208)在去世的那一年，在由德赖弗斯和润布(Dreyfus & Radinow，1983)所编纂的书的后记中，谈到重新制定他的研究目标一事。他指出他的目标一直以来都是"创建一部不同模式的历史，由此，在我们的文化当中，人类被创造为主体"，并且，他主张他的研究涉及"三种客观化模式，把人类转变为主体"：探寻模式，以规训为基础的话语，用不同的和特定的方式使人类客观化；通过他所称的"分离实践"(如疯狂/清醒、疾病/健康)，使主体客观化；以及人类把自己变成主体的方式，尤其是在性别领域。

分析这三个主题要采用权力关系的新体系——其出发点是采取抵抗的形式对抗权力的不同形式。福柯并没有从内在合理性的角度考察社会理性与权力理性之间的联系，而是采用对立的策略研究了它们之间的关系。他采用了一系列对立面——分离实践包括男性超越女性的权力、父母超越子女的权力、医药超越普通大众的权力、精神病学超越智力疾病的权力——作为研究的开端，并且尝试精确地界定它们的共同之处。对福柯来说，这些是斗争，是质疑个人地位的斗争，这点至关重要；正如他所说，它们是斗争，反对"个人管理"(Foucault，

1983，p. 212），并且，它们的主要目标是一种技术或者权力的形式。它们是斗争，反对"与知识、能力和资格相联系的"（p. 212）权力效果。福柯注意到主体这个词的两种含义，他主张两种含义都指出了权力的形式，即征服与屈从。在此基础上，他论证道："总体上讲，可以说存在三种类型的斗争，即反对各种形式的支配（种族的、社会的和宗教的形式）；反对各种形式的剥削，它们使得个人与他们所生产的相分离；反对以这种方式（征服、各种形式的主观主义和屈从）束缚自己并甘受他人奴役。"（p. 212）

他主张，虽然这三种类型的社会斗争或许孤立存在，或许混合在一起，但是当今时代，第三种类型变得更加重要，政府的权力既是个体化的，又是整体化的。他所考察的这种权力类型，从历史上来讲，是牧师的权力之术，起源于基督教机构。他认为，现代政府设立"个体化的现代模型，或者牧师权力的新形式"（p. 215）。因此，问题不是把我们从政府本身解放出来，而是从个体化类型中解放出来。这种个体化类型通过牧师权力的新形式与政府相联系——而且促进了新的主观性形式，摆脱了一直对我们施加影响的个体化。因此，福柯关注权力如何被行使的问题，并且，通过对被界定的机构——采用不同的形式（围绕着学校、家庭以及司法和经济体系）——的仔细研究，福柯分析了权力关系。由此，权力的行使被界定，即某些行为可能建构其他可能行为的领域，并且这种界定最终引向政府，在最宽泛的意义上，政府是其他可能行为领域的建构者。通过这些术语对权力的分析，福柯把话语的各种形式——"各种个体化的话语"——的分析不仅与所谓的

83

主体及其多样的话语结构相联系，而且也与政治经济的传统主题相联系，尤其与自由主义政府的各种批判形式(包括最近的新自由主义的形式)相联系。

也许，为了进一步说清楚福柯对话语的研究，最重要的一点在于，事实上他强调自己是一名多元主义者。他曾说，他为自己所设定的问题是各种个体主义化的话语。在这个方面，他谈到了著名的可靠标准：孤立的语言学体系和主体认同，其中，话语属于语言学体系，而主体认同把它们(如精神病学的主体、医学的主体、语法的主体，等等)结合在一起。在这些标准的基础上，他又增加了形成、变化和相关性的标准，这样，依照特定差异的游戏，在话语的空间中，就可以对知识体系进行描述。对福柯来说，在变化的特定领域，参考不同的变化类型，历史变革就可以得到分析。这种方法使以下研究变革的计划得以建立，但是它不被看作是彻底的类型学。

1. 在已有的话语结构之内的变化，包括演绎或者引申、概括、限定的话语结构，变化的方式有：宾语补足语之间的转换，通向孪生术语的另一个术语，对从属关系的置换、排除或者包含。(福柯从例子中推导出来的模型是普通语法的模型。)

2. 影响话语结构本身的变化，包括范围的置换、新的主体言说的立场、新的对象—语言功能模式以及新的地方话语和话语流通形式。

3. 同时影响几种话语结构的变化，包括层级的倒置，以及指导原则和功能置换的本质变化。

福柯(Foucault，1991b，p.59)在考古学话语层面上，即在话语内、话语间以及话语外层面上分析从属关系的游戏，这是一种对档案卷宗的叙述，也就是说，"在特定的时期、为着特定的社会，几套规则界定"了可言说、保存、记忆、再生、挪用的局限与形式。与此方法相应，福柯的兴趣在于把话语看作一个遗迹(a monument)，按照其存在的境况，而不是其构造的结构法则进行研究，并且，不是对"使话语产生的思想、思维或者主体"进行叙述，"而是对话语被运用的实践领域"进行叙述(p.61)。因而，他回到作者和个人言说主体(the individual speaking subject)的主题上。这一主题在结构主义和拉康的反人文主义的心理学分析方法中，明显出现了问题，以及后来，令人印象最深刻的是在阿尔都塞那里。福柯在这一点上明确地说道：

> 我所提出的问题不是关于规则的问题，而是关于事件的问题：存在法则的陈述使得它们成为可能，即它们在其位置上而且其位置上别无他物：它们单数出现的境况，它们与先前出现的或者同时出现的事件、话语的或其他方面的相关性。但是我试着回答这个问题，并不或隐或显地涉及言说主体的意识；也不把话语所传达的事实指认为作者——也许是不自觉的——的意愿；也不求助于这样的意图，即想说的总是超

过实际上已说的；也不试图对一个脱离文本的词汇的精妙之处捕风捉影。(Foucault，1991b，p. 59)

在这一篇文章的其他地方，他清楚地指出"话语的主体构成了话语领域的一部分"，并且补充道："话语不是一个主观性突然闯入其中的地方(place)；它是一个空间(space)，其中，主体—位置和主体—功能有差异。"(p. 58)

那么，福柯为自己设定的任务是挑战并且质疑这些主题，即起源、构成的主体以及暗含之义，为的是"把话语领域从历史的—先验的结构——该结构受到19世纪哲学的影响——中解放出来"(p. 62)，并且，他不赞同进步的政治与这些主题有必然的联系。相反，一个进步的政治恰恰与这些主题的问题相联系：它"没有使得人类或者意识或者主体笼统地成为所有变化的普遍操作者"(p. 70)。进步的政治"明确历史的境况和实践的具体规则"，并且，"着手界定实践变化的可能性以及变化之间的依赖关系"(p. 70)。

新自由主义、教育与国家理性批判

戈登(Gordon，1991，p. 15)肯定了福柯主义的解释，即古典自由主义的特征可以用康德主义的词汇国家理性批判来概括。他的意思是，自由主义本质上是关于国家限度的政治学说。按照这种解释，政府的限度本质上与国家理性的限度相联系，即它认识到的权力。政府的艺术被广泛地看作是管理——对居住于领土之上的人口的管理。现代意义上的政府的艺术依赖于对领土和居民的知识，通过新的科学、统计学和管理学，政府的艺术成为可能(例如，参见 Hacking，1991)。戈登评论道："国家行使权力的限度是它所认识的权力限度的直接后果。"(Gordon，1991，p. 16)当然，这种解释依赖于一套深层次的理论关系，福柯对此进行了探讨，其中包括，理智(reason)的各种形式[各种理性(rationalities)]、知识与权力，以及福柯式的概念，如权力/知识。在自由主义的这种解释中，最重要的部分是假定个人的自由，因为权力在与个人行使自由的关系中被精确地定义。戈登作了如下简洁的说明："福柯的确(至少)被自由主义的特性激起了兴趣，其特性是一种知识形式，通过劝说政府相信其无能来限制权力；也被构建多元社会空间的法治概念激起了兴趣；还被德国新自由主义方法激起了兴趣，其视社会市场为自由游戏，由政府的手段和干预所支撑。"(p. 47)

以此观点，在自由主义政府的问题领域中，知识的历史是这样一种历史：承认和不断地解释人类的不可知性或者整体性统治——经济成为整体或社会作为整体。福柯强调自由主义思想中的法治是政府为建立安全环境而设计的一种技术形式，因为这是个人自由(liberty)的必备条件。那么，这种自由不仅被看作是获取个人权利、反对王权滥用的手段，而且也是"政府自身理性不可或缺的要素"(Foucault，引自Gordon，1991，p. 20)，因为它确保了在法律体系的建立中受管理者的参与，这是受控经济必须的先决条件。也就是说，在自然调节形式的促进下，个人主义的意识形态——其在诸如经济人的概念中得到详尽讨论——建立了自我管理的体系。

在此，目的不是重复福柯新颖的陈述或者重温戈登的解释，而是采取一般的视角(这个视角没有经过讨论或者认可)，这样做是为了进一步讨论国家自我限定学说的历史复兴问题，是在教育领域中理解当今诸多新自由主义治理术形式的基础。我的出发点是承认戈登批判的力量，并且挑战如下论述："概括地说，他[福柯]主张最近的新自由主义被理解为……一套关于政府艺术的新奇概念，它是极具新颖又富有挑战的现象，而左派的批判文化没有勇气承认这一点，并且其政治挑战是左派无法独自从容应对的。如同福柯所说，更糟糕的是，社会主义本身不拥有并且也从未拥有过独特的政府形式。"(Gordon, 1991, p. 6)随着思考的深入，我开始考察自由主义与新自由主义之间的差异，戈登和其他人曾对此阐述过，他们沿袭了福柯有关治理术的作品所开辟的思想空间。

戈登追溯了新自由主义的三种版本，福柯于1979年在法兰西学院的讲座课程中对这三种版本表示了关注。戈登多次提及新自由主义的各种形式根植于战后的西德[秩序自由派(Ordoliberalen)]、美国(芝加哥学派)以及法国。这些新形式并不代表自由主义主要信仰的"天真"回归。换言之，自由主义在当下的历史复兴不是一种简单的怀旧，不是简单地、天真地回到过去的原则。自由主义的过去与现在的形式之间存在着重要差异：换言之，新自由主义创新了解释的策略，改变了基本原则的风格，适应了新的需求。波彻尔主张，它们的共同之处在于："都关于一个问题，即竞争的、乐观的市场关系和行为在何种程度上能

够成为一个原则，不仅限定政府的干预，而且也使政府自身理性化。"(Burchell，1993，p. 270)

　　戈登认为秩序自由派有能力产生"市场"的新含义，"市场"被看作是治理术的形式。例如，他强调在新自由主义治理术的形式之下，市场不再被认为是自然的或者自发的机构，这种观点与哈耶克的观点相反。[3]确切地说，市场被看作是演进的社会构造，必须得到保护，因此，市场要求有明确的机构、司法的框架，这样，企业的功能才能完全发挥。波彻尔清楚地指出，新自由主义的各种形式与自由主义早期的各种形式的不同之处在于："它们不把市场视为早已存在的准自然的现实，处于某种经济储备的地位，在空间上受到国家的划分、保护和监管。确切地说，市场存在并且仅能存在于某种政治的、司法的和机构的情境之下，这些情境必须由政府积极地建构。"(pp. 270-271)

　　在早期的自由主义中，政府的限度与受到监管的个人自身的自由行为的合理性相联系。相比较而言，对于新自由主义来说，"理性的原则——规范和限制政府活动，应当被这样决定，即依照经济—理性个人的自由的、经营的以及竞争的行为，这些行为是人为的安排或者人造的形式"(p. 271)。波彻尔仿效唐泽洛特(Donzelot)的研究，把新自由主义描绘为促进"社会自治状态，对不受其活动约束的行为来说，通过新的准经济行为模式的干预和增殖得以实现"(p. 274)，并且，通过列举英国保守主义政府统治之下的教育的例子，他清楚地说明了自己的用意。这个例子与此处的目的密切相关，值得大段引用：

在教育领域，例如，个体学校和其他教育组织被不断要求依照某种竞争的"市场"逻辑——在被创造出来的、各种形式的机构体系和实践中——来运作。一方面，它们在中央政府设定的框架之内依旧发挥作用。例如，中央政府依照国家程序对政府所属的学校直接拨款，对学生必修的国家课程进行定期测试，政府批准学校管理的行为和体系，学校的管理必须符合复杂的法规体系和行政命令，政府必须公布每个学校的测试成绩，等等。然而，另一方面，每个学校被要求越来越独立地实施准企业的管理并与其他学校竞争。在"市场"之内，学校被鼓励努力争取特殊的地位或者形成特殊的价值观来体现学校的服务。它们必须自我宣扬，这是为了吸引更多合乎要求的学生，这样，学校能够在测试中取得更好的成绩，于是，它们将从"父母—顾客"中继续吸引好学生，进而，学校就会不断地获得来自政府和其他私人来源的款项。(Burchell，1993，p.274)

他得出这样的结论："对于行为的所有形式，'企业形式'的普遍化……构成这种管理风格的基本特征——企业文化的宣扬。"(p.275)

戈登评论道，对于秩序自由派来说，"主要问题……不在于市场经济反社会的后果，而在于社会反竞争的后果"(Gordon，1991，p.42)。戈登所指出的新自由主义所有的三种版本，在或大或小的程度上，责成企业规则制度化——对于把社会作为一个整体的组织来说，它成为普遍化的原则。在所有的版本中，这个特征被看作是采取了个人主义的某种形式，即把一个人的生活塑造为自我的企业。戈登评论道，个人成为"他或者她自己的企业家"（Gordon，1991，p. 44）。依照新自由主义的法国版，这个概念被探究，它强调"自我的关爱"，尤其涉及"永久的重新培训的权利"。这个概念也在美国版人力资本的解释中浮现出来，工作按照两种要素被建构：遗传的天赋和后天的习得，其中，后者是私人对教育投资的结果，等等。

戈登认为美国版最为激进，这体现在它的主张"经济形式重新描述全球社会"上。有必要大段引用他的解释：

> 对经济对象的一系列重新界定，不断扩大了经济理论的领地，由此，这种操作起了作用，从新的古典规则出发，即经济学关注所有行为的研究，其中包括为达到可选的目标对短缺资源的配置。如今，人们提出，经济学关注所有有目的的行为，其中包括策略的选择——在可选的路径、手段和工具之间选择；或者更加宽泛地说，在所有理性的行为(包括理性思想，连同理性行为的多样性)之间选择；或者，最终，所有行为，无论是理性的还是非理性的，都不是对环境随意的反应，或者，都在"确认现实"。(p. 43)

这种"不断扩张"是以众所周知的经济人的行为假设为基础的，经济人是现代对古典自由主义经济学主旨的重新发现，人们在他们所有的行为上都是理性效用最大化者。换言之，在政治和其他行为领域中，个人不断寻求更多的自身利益(按照净财富的状况加以界定)。

在此基础上，新自由主义政府论证道，确定个人在消费方面的权利，小政府最大限度地使所有供应商公平地参与竞争或者比拼，这是一种手段——把垄断权力尽可能降低到最小，最大限度地影响商品质量和所提供的服务类型。我们很容易看出它在教育上的应用。虽然它背后的理论不总是十分明显，但是它从新自由主义的视角清楚地宣告，在所谓的转移或者让渡责任的举措之下，改革教育管理，同时，增加地方学校和父母这一教育的个体消费者的权力。因此，公众选择理论构成了教育的"主流"，个人选择是其核心价值观，通过这个核心价值观，知识成为商品，并且提倡类似市场的配置——其为企业文化的基础，在此之中，人类自身转变为市场的个体。

企业文化的概念，是为20世纪90年代的后工业主义经济所设计的，用后结构的词汇来说，它可以被看作是元叙事的创造(Lyotard，1984)——整体的和统一的叙述，使经济增长和发展的前景合法地建立在三位一体的科学、技术、教育之上。这种大叙事映射出国家意识形态的影像，有别于过去的"叙述"。它并不企图重写过去，重新渲染权力的不平衡或者社会经济的不平等，也并不以此为基础。与社会—民主的抉择不同，它不采用机会平等或者多元文化主义等词语。平等和社会正义的问题在经济的需要之下节节告退。这种新的元叙事以未来的新景象作为基础。为支撑这种景象所使用的语言是"卓越"、"创新、改进与提升"、"以最少的收获最多的"、"通晓科技"、"信息与电信的革命"、"国际营销与管理"、"技能训练"、"绩效"、"效率"以及"企业"。

企业和企业文化是代码词语，它们是这种新话语的主要表现。同时，它们提供分析的手段和变革的法规：在促进国家经济竞争优势和未来国家繁荣方面，教育是关键的部门。过去，教育体系过多地强调社会和文化的目标，对经济目标则强调不足。自此，我们必须加大对教育的投资，通过重新制定体系，使教育成为未来经济增长的基础，由此，满足商业和工业的需要。经济需要高于一切。

企业文化的概念同样也赢得了关注，改变了过去流行的画面：20世纪 60 年代关于追赶苏联的"斯波尼克"辩论(sputnik debate)，20 世纪 80 年代的"星球大战"方案，以及较近的日本对美国企业构成的威胁，这些画面中萦绕的意识形态激励了美国的教育改革者。作为 20 世纪 90 年代后工业话语的一种比喻方式——在所谓的新世界秩序的时代，即冷战结束、武器削减以及和平条约缔结——关注的焦点已经从超级大国的竞争、唯恐遭到毁灭的惧怕转移到新的信息、电脑和通信技术(以及其他技术)在不断增长的国家竞争优势中所扮演的角色上。面对国际竞争，对经济可能衰退的强调，对赶超主要大国的需要，成为中心议题。

在世界经济中，国家经济的存亡和竞争的问题被日益理解为新自由主义文化的重建。依照企业重建文化，它的任务包括按照商业方式重新塑造机构，并且鼓励学习和运用企业的品质。因而，按照这种新的宏大话语，福利国家和教育体系都受到批判，人们指责它们引起了

"文化从属性"。

如果我们认同企业的概念不限制于商业，不是纯粹地按照短期的货币收益来评价，那么，我们可能会认可企业的其他类型，承认首创的、可持续的实践的概念，或者以下理念：在最原始的意义上来说只是生存。如果企业被纯粹地定义为商业，那么，教育者应该有魄力抵制这个概念及其对教育的侵犯。企业文化的概念具有多种意识形态的解释，其中一些解释可能赋予教育活力，而其他的一些解释则对教育有害。我们必须汲取前者祛除后者。

教育真的可能成为未来之星。教育被认为具有能力，它可能成为所谓的新经济的基础，提供必备的技能、能力、理解力和态度，这些都是后工业、以信息为基础的社会所必需的。虽然企业文化的概念在教育政策的话语中已经出现，但是，这个概念并没有使教育者或者商业部门阐释企业的这些模式——通过参与水平的提高、工人福利的增加(它通过集体决策和利益共享得以实现)，服务于当前社会和经济的需要。换言之，另一种选择是，企业文化可能为后工业民主建立必需的条件。我们必须认识到这些模式如何在不同的经济领域中运作，无论这些经济领域是小规模的还是大规模的，新工业还是旧工业。只有当教育者和公众更加广泛地理解企业文化的益处，这个概念才可能值得进一步认真思考。

实际上，企业文化的概念在最狭窄的经济意义上得到了阐释。它已经成为新的元叙事的重要组成部分，用修辞学词汇，向我们展示了未来的景象——以经济增长的前景为基础。这种叙述仍然把教育与科学和技术一道分派到首要位置，它同样也反映了新右翼对后工业研究的"创造性"挪用。本质上，话语与其被理解为"后工业主义的反应"，还不如说是对后工业主义所固有的社会—民主的可能性探究。

注　释

[1]　Michel Foucault. (1984). The Order of Discourse. In M. Shapiro, (Ed.), *Language and Politics* (p. 109). Oxford：Blackwell.

[2]　Julia Kristeva. (1989). *Language the Unknown*：*An Initiation into Linguistics*, A. Menke (Trans.), (p. 4). New York：Columbia University Press.

[3]　虽然哈耶克被看成是所谓的新右翼思想的主要源泉之一，但他与新自由主义的立场有明显的区别。运用反理性的方法，哈耶克强调，许多机构(它们刻画了社会特征)在没有设计的情况下出现并发挥作用："自由人自发的合作常常创造出一些事物，这些事物超越个人头脑所能完全理解的。"(Hayek, 1949，p. 70)这就是哈耶克闻名于世的概念——"自发秩序"，它是对"看不见的手"这个假设的重新解释，被用来解释市场是社会机构的范式，并且使其合法化。正是从这个基本视角，哈耶克提出了"真正的个人主义"，这个概念源于他对私有财产的保卫及其小政府的观念。私有财产的总体原则被理解为一种努力，鼓励人们追求自身的利益，尽可能多地满足他人的需要。小政府是"对所有强制的或者排他的权力严格限制"(p. 16)的结果。哈耶克有力地总结了他对国家的看法："国家是权力的体现，被特意组织起来，并且有意识地被引导。国家应当又是更加丰富的有机体的一个小部分，我们称这个有机体为'社会'，并且……前者应当只提供一个框架……在自由的、最大范围的人类合作之内。"(p. 22)按照哈耶克的观点，市场建立了可操作的个人主义的秩序，因为它确保了个人的酬劳符合以下方面所产生的客观结果：他或者她的努力，他们对于他人的价值。因此，个人必须自由选择，他或者她必须承担由他们作出的选择而引起的风险，这是"无法避免的"。因为在结果上，他或者她不是按照他们意向的好与坏而受到奖赏，而仅仅是以对他人的结果这样的价值

观为判断基础。因而，在哈耶克看来，个人自由的存留与分配正义的概念对立，并且，总体上，随着个人自由在福利国家发展阶段中不断地被加以解释，它与平等的概念对立。换言之，由哈耶克及其追随者所赞同的个人自由的概念，与20世纪的社会权利的概念是有争议的，包括公民地位的逐步扩大、个人自由的概念成为福利国家发展的基础。

/ 5. 建筑学的反抗：
教育理论、后现代主义和"空间政治学"/

我们的语言可以被理解为一座古代的城堡：迷宫般的小街道和广场，错落交织的新旧房舍，各个时代对房舍的修补；这座古城被众多新的市镇环绕，这些市镇具有笔直齐整的道路和整齐一致的房屋。

——路德维希·维特根斯坦[1]

我们知道，19世纪的重大困扰是历史：发展和悬置的主题，危机和周期的主题，过去长期积累的主题，死去之人的重大影响，世界冰蚀的威胁。19世纪的基本神话学于热力学第二定律中被发现。当今时代也许将会首先是空间的时代。我们处在同时性(simultaneity)的时代：我们身处并置(juxtaposition)的时代，近和远的时代，并肩的时代，分散的时代。我相信，在这样的时刻，我们对世界的体验与其说是在时间中的生命经历，还不如说是网的经历，这个网本身有点与面的连接。

——米歇尔·福柯[2]

引言

教育理论受到诸多因素的支配，诸如时间、历史上的理论、时代的比喻、变革和进步的概念。例如，无论是在个体心理学(如认知、道德)还是在现代化的理论中，变革和进步的概念都完美地体现在"发展阶段"。大多数社会学或者人类学的理论被教育家用来作为解释的框架或者范式，这些理论是欧洲不同的思想学说，曾受到 19 世纪历史循环论(historicist)假设的渲染。简言之，"现代"教育理论几乎忽视了空间的问题、地理的问题、建筑的问题。在社会批判理论的整个学科和领域中，同样的批判被广泛地开展。

自相矛盾之处在于，结构主义和宽泛的欧洲形式主义运动与"普遍的结构"的关系十分疏远：宽泛的欧洲形式主义运动属于形式、结构和体系的引进问题，强调共时的分析，反对历时的分析，依照事件发生的场所(locale)、位置(place)以及地点(site)的偶然性来考虑空间，此空间是地理的、建筑的空间；而"普遍的结构"最初在列维-斯特劳斯、皮亚杰甚或诺姆·乔姆斯基(Noam Chomsky)的结构主义中得到讨论。具有讽刺意味的是，甚至后结构主义和后现代主义最初也常被视为或被解释为原始的历史循环论。尤其是法国后结构主义被解释为是对黑格尔主义、黑格尔辩证法以及历史哲学的反应。后结构主义和后现代主义两者都被视为划分时代的概念，作为思潮，在线性的年代顺序中，它们尾随于结构主义和现代主义之后。利奥塔(Lyotard，1984)清楚地对他的假设作了辩论，按照年代顺序解释了知识地位在"后现代状态"之下的变化。然而，他对于"什么是后现代主义"这个问题的回答聚焦于时间的维度，按照康德庄严的、呈现不可呈现的方式进行了描述。对于实在论(realism)的攻击，利奥塔的后现代"不是现代主义的终点，而是处于初生的状态，这种状态是持续不断的"(Lyotard，1984，p. 79)。然而，用后现代的概念指称后现代文化和后工业社会却存在歧义，因为它有可能把后现代文化看作是气质(ethos)、风格或者态度，而这些是现代的部分。后工业的社会学概念似乎暗含了划分时代之义。当然，用后工业划分社会时代概念的做法启迪了阿兰·图海纳和丹尼尔·贝尔(Daniel Bell)的研究。

在这些概念中，占统治或者支配地位的叙述是那些聚焦于时间维度的概念，空间的维度或多或少地受到了忽视。在福柯的研究当中，空间得到了政治上的认可，它理应如此。他在一篇重要的论文中宣布："空间在共同生活的任何形式中是基本的；空间在任一权力的行使中是基本的。"(Foucault，1984a，p. 252)这些不是空洞的话语，不是戏剧上的修辞手法。福柯细致地用各种文献证明了不同机构的空间的历史：诊所、监狱以及学校。例如，在《规训与惩罚：监狱的诞生》(*Discipline and Punish：The Birth of the Prison*)一书中，福柯注意到"规训的权力"如何依赖于"空间的政治学"。

由此就出现了一个很大的问题：一个建筑物的建造，不再仅仅是为了被人观赏(如宫殿的浮华)或是为了观看外面的空间(如堡垒的几何设计)，而是为了便于对内进行清晰而细致的控制，使建筑物里的人一举一动都可以彰明。更通俗地说，一个建筑物应该能改造人，即对居住者发生作用，它提供一个抓手来控制他们的行为，正好对他们实施权力的影响，它有可能知晓他们，改变他们。（Foucault，1979，p.72）（依据刘北成、杨远婴的译文修改。米歇尔·福柯：《规训与惩罚：监狱的诞生》，195页，刘北成、杨远婴译，北京，生活·读书·新知三联书店，2003。）

规训的权力以监视、裁决和检查的工具为基础，靠着机构的建筑物而成为可能。机构的建筑物被设计用来实施完全监视：医院建筑物被组织为"医疗行为的工具"，监狱被建造为"囚禁的空间"，学校的建筑物被修建为训练个人、个人主义的空间机构。

这一章从福柯那里获得灵感，尝试着克服批判教育理论的本质：与空间性脱离。为此，我回顾了批判地理学家和批判建筑学家的最新研究成果，并以此为开场白，以此，提出批判教育理论——它严肃地考虑空间和空间政治学——的一系列理论关注点。

地理学的空间：教育的后现代化

对于批判地理学家爱德华·索亚（Edward Soja）来说，"与空间无关的历史决定论"与"资本主义的第二次现代化，以及帝国时代与商业寡头的入侵恰好相吻合"，在非政治化的空间（depoliticizing space）中，它非常成功，"以至于解放的空间实践出现的可能性消失了将近一个世纪"（Soja，1989，p.4）。在索亚看来，仅在20世纪60年代后期，随着"由危机引起的第四个现代化的肇端"，这种历史决定论重新出现，成为社会批判理论的对象，并且由此重建。索亚论证道，在此期间，统一的批判理论围绕着许多"会引起争论和令人困惑的词语"——后现代性、后现代化、后现代主义——变得支离破碎。回顾历史，这些词语"如今似乎是描述当今这种……重建的合适的方式；似乎重新强调空间的适当方式，空间与这些词语复杂地交织在一起"（p.5）。他提倡激进的后现代政治计划从一开始就是空间化的；这个计划建立于这样的意识即空间是权力行使的基础之上。对空间的这种重申不应当简单的是一种"隐喻的重写"，而应当包括对历史决定论的批判和批判理论"在每一个抽象层面上，包括本体论"的"解构和重建"（p.7）。

索亚对社会批判理论中的空间角色的评论给我们清楚地指明了全球背景下的教育理论。在后现代化背景之内的教育被认为在"新经济"——以所谓的知识密集型工业为基础——和社会整合方面扮演了重要的角色。按照当今先进社会转变的主要理论——后工业理论、后福特主义和后现代社会——教育逐渐地开始行使领导职责。例如，这三种理论都涉及知识的重要性，从而使教育得到凸显：教育既被看作是生产（研究）又被看作是知识的再生产（传递）。社会自身依照知识的生产、分配以及再生产被加以分析。尤其是科学知识，经常地被看作是对其他知识形式的替代品，作为一种新的力量和生产部门而出现，使权力结构(技术政治的争论)和阶级构成发生变化,并且产生了以科学和教育政策作为基础的政治行为新形式(Böhme & Stehr, 1986, p. 8)。

在大多数对后工业社会的描述当中,鲍里斯·弗兰克尔(Frankel, 1987, p. 168)在回顾他称为的"后工业的乌托邦"时,注意到教育在未来将被勾勒为最大的产业,要求高水平的投入。这被典型地认为与教育再训练和就业机会的扩大有着直接或者间接的关系。"乌托邦者"[即阿尔文·托夫勒(Alvin Toffler)、伊万·伊利奇(Ivan Illich)、鲁道夫·巴霍(Rudolf Bahro)、安德烈·高兹(André Gorz)]拥护激进的去中心化或者"非学校化",强调去除批量的和"生产消费的"教育形式。例如,增田米二(Masuda, 1990, p. 44)谈到"知识网络"避免了正规学校教育的限制,并且专注于教育的"个人类型"和"自我学习",两者都依赖于社会电脑化的发展。他也提到"知识创造"和"终身"教育的重要性。弗兰克尔对未来的这些教育类型进行了批判,他的批判主要关注后工业社会中自由市场的各种去中心形式所造成的教育后果:教育中的多样化发展仅仅以社会不平等现象的增多为代价。这种社会不平等现象存在于不同收入群体之间、城乡之间、不同宗教之间。对于弗兰克尔来说,在去批量化和去中心化的形式下,教育市场化"是使社会原子化、隔离以及冲突升级的药方"(Frankel, 1987, p. 173)。

也许,法国理论家图海纳(Touraine, 1974)和利奥塔(Lyotard, 1984)在定位上少了一些乌托邦的色彩。图海纳采用预言性的词汇说道:"人文大学属于过去。如今不可回避的问题是大学是否将成为融合或者对抗之地。在两种情形之中,巨大的危险可能在于威胁新知识的创造。"(Touraine，1974，p. 13)据称，从历史上看，图海纳与 1968 年事件走得太近，并且过于关注法兰西学院的问题。然而，他对后工业社会的描述值得重申。后工业社会被他描述为资本积累，不再与生产本身相联系，而是比以往更多地依赖于科学和技术知识的创造。尤其是，图海纳对新的社会冲突本质的分析和对新出现的社会控制形式的分析，值得再次提及。图海纳是首批进行如下理解的社会学家之一，即个人不仅被迫参与工作、生产，而且进行越来越多的消费，并且教育日益被理解为消费文化。他也强调文化控制的形式，其中，就社会再生产方面来说，教育不再被认为是自治的公共空间，而是成为一个主要场所，这个场所能满足新的后工业的某种需求，即培养具有高级工业技能的劳动力。

利奥塔(Lyotard，1984)就后工业时代"最发达国家"的转变进行了描述，他的出发点同样也是科学知识。他论证道，领先的科学和技术——控制论、远程信息学、情报学等——显然全部都是以语言为基础的，并且它们转变了知识的两种主要功能：研究和传递所习得的知识。在这种转变的普遍背景之下，知识被改造。在知识体系构建中的任何东西，如果不能转化为大量的信息，就会被遗弃，换言之，知识就失去了其"使用价值"。就知者而言，知识成为外在的东西，并且，就身份而言，学习者和教师被转变为商品关系中的使用者和供应商："知识被且会被生产，以便出售，它被且即将被消费，以便稳定新产品物价。在这两种情形之下，目标是交换。"(p. 4)

他论证道，知识早已成为生产的首要力量，极大地改变了发达国家劳动力的构成。知识的商业化将会加大发展中国家和发达国家之间的差距。它将使传统的观点崩裂，即学习在国家范围之内不受重视，并且对于国家与信息量丰富的跨国企业之间的关系，它将提出新的法律和伦理问题。在此，利奥塔最仔细地谈论了政治经济学的传统问题。知识商业化和教育市场化在空间上的后果都要求教育后现代化的批判理论，该理论的功能是批判现代化和发展理论。利奥塔的方法具有战略价值，让我们理解了知识与教育在公共权力与国内机构方面的转变效果。它提出了在后现代状态之中教育和知识合法性的核心问题。利奥塔提出的政治问题涉及那些人的权威——他们决定什么算真实的、科学的和正义的。在后工业社会中，知识和权力向我们显示出同一个问题的两个方面，双重合法化的问题必然涌现出来："在电脑时代，与以往相比，知识的问题如今更加是政府的问题。"（Lyotard，1984，p. 9）实际上，在资本主义的技术—科学、理性和大学之间，利奥塔正在绘制一幅复杂的历史与政治关系的场景。

　　这些问题具有内在的空间视角，可以部分说明为什么地理学者在众多学者当中对这些问题的研究最有建树。一般来说，批判地理学家倾向于强调后现代性和/或后现代化的背景，把其作为适当的空间并在其中界定和描绘问题。在很大程度上，后现代化可能最好被理解为现代化基本过程的延续——差异（涂尔干）、商品化（马克思）以及理性化（韦伯）——尽管这不该暗示对现代主义的元叙事或者整体理论的认可。大卫·哈维（Harvey，1989，p. 328）作为一名批判地理学家，从马克思主义的视角对现代性—后现代性进行了区分，认为最近所发生的转变仍旧在历史唯物主义的掌控之内。他假定，自 1972 年以来，我们在政治和经济实践中经历了"翻天覆地"的变化，在晚期资本主义的机构中，政治和经济实践与"时间—空间压缩"(time-space compression，简称时空压缩)紧密相联——尤其是，更加灵活的资本积累方式的出现成为后现代主义文化形式兴起的原因。

哈维(Harvey，1989)用整本《后现代的状况》(*The Condition of Postmodernity*)来研究"空间和时间的体验"，最初引用丹尼尔·贝尔的主张，即空间的组织已经成为 19 世纪中期首要的美学问题，并且采用鲍德里亚的词汇刻画了现代主义的特征。他指出"空间"经常被自然化，并且援引亨利·列斐伏尔(Henri Lefebvre)的研究，又指出空间是如何成为社会权力的基本来源的。按照哈维的观点，空间的实践从来都不是中立的，它们总是表现出一定的阶级关系或者社会关系，并且通过商品生产被界定出来。哈维详细叙述了启蒙运动的时间和空间，并且论述了时空压缩与现代性(作为一种文化力量)崛起的联系。尤其是随着参考的体系——欧几里得空间和透视空间——的消失，他描绘了空间表象变化的轨迹。哈维的论点基础在于，所谓的后现代的状况是对新一轮时空压缩的表达，随着从福特主义到灵活积累的转变，新一轮的时空压缩产生了。

在此背景中，谈及曼纽尔·卡斯特(Manuel Castells)的《信息城市》(*The Informational City*)最为合适不过。这本书也运用了马克思主义的方法，对 20 世纪 80 年代资本主义的重建提出了质疑。卡斯特论述道资本主义重建的新模式与他所称的"发展的信息模式"有关，他主张

"发展的信息模式"可以依照两个视角进行描述：技术的视角和组织的视角。卡斯特用文献证明，新的信息技术群在实施资本主义重建过程中通过以下方式起决定性作用：增加利润率，评估国家干预中积累和支配功能的权重，以及使世界经济国际化。他采用三个基本过程描述了资本主义的重建。第一，生产过程中剩余份额明显略高的资本配置，通过基本工作过程的重建和劳动力市场的重建得以完成。其中，在此提到的一个重要的空间特征是生产的去中心化，生产移至这样的地区或者国家——具有较低的工资和解除管制的商业环境。第二，随着从政治合法化功能、社会重新分配功能到政治支配、资本积累的转变，国家干预模式的实质性变革开始出现。这第二个过程包含了解除管制与私有化政策、财政紧缩与福利国家的倒退。第三，所有经济过程的国际化加速，既是为了增加利益，也是为了开辟新市场。

资本主义的国际化具有清晰的空间视角——时间和空间的瓦解或者哈维所谈到的时空压缩。在西方自由资本主义国家中，新保守主义对教育的重建已经出现并且正在进行中，这可以从哈维和卡斯特的研究中看出来。由于对人力资本理论的重新关注，由于对人力资本投资政策的更新，教育的重建被推动。与教育市场改革联手，西方政府手中的人力资本政策以这样的观念为基础，即教育自身不仅是生产的因素，而且增加了信息的影响，鼓励了更高速度的创新，提高了人力资源的生产力。例如，经济合作与发展组织（the Organization for Economic Cooperation and Development）所倡导的人力资本政策，按照这个政策，教育被理解为"关于科技和社会变革的灵活性和敏感性的源泉"

（Marginson，1993，p.48）。教育被重建为经济的一部分。它不再被视为普遍的福利义务，更多地被认为是一种投资形式和投资技能的发展，以便提高全球竞争力。这种对人力资本的投资假定了完美的竞争和政府补贴的缩减：换言之，它假定用自由市场的框架进行教育改革。教育中的重建过程反映了工厂的改革和劳动力市场的改革。在国家和国际层面，它具有明显的顺序和空间特征，就信息经济中所出现的劳动力分工来看，它可以从中清楚地反映出来。

建筑学的空间

1982 年，在与保罗·拉比诺(Paul Rabinow)的会见中，米歇尔·福柯对自己的主张作了这样的评论，即在 18 世纪，出现了一种特殊的政治话语，它认为建筑物发挥"社会管理的目标和技术的职能"(Foucault，1984a，p.239)。城市和建筑物成为管理理性的空间模式，成为实施社会控制和操纵的空间模式。例如，学校的模式成为规训的建筑物形式，表明了在抽象水平上，教育空间和特殊的规训政治理性的形式——它产生了个体化的主体——之间存在关系。

在这次访谈中，福柯也谈到了 17 世纪知识空间化在认识论上的转变：在自然历史中，里内斯(Linneas)的分类法在字面上涉及分析对象空间化。吸取这个模式后，人们可能争论道，20 世纪晚期包含了新的知识空间化和教育空间化，它们以信息模式为基础。新的电子通信形式使信息得到交换，不再受传统的现代时空观的约束。在后现代的时代里，知识的空间化和教育的空间化是以网络这个"软建筑物"为基础的，它日益规定着我们的机构和我们的主体性本质。在电脑或者网络通信方面，我们愈加把我们自身界定为主体，并且愈加如此作为。[3]在此章节中，我从福柯那里获得启发，考查了建筑物的空间、话语以及比喻对于教育理论的重要性。我尤其关注后现代建筑学，最终，我将会得出批判后现代教育理论的基础。

从历史上讲，查尔斯·詹克斯(Jencks，1987，pp. 26ff)注意到，建筑学是第一种把后现代运动具体化的艺术。现代建筑学和现代化之间存在亲密的和悲剧的联系。当其他各种艺术直接反对现代化及其影响，反对工业化与市郊化、城市化，反对大规模发展的后果，反对环境污染和地方文化的毁灭时，建筑学就已经热忱地进入现代实验了。现代国际风格接受欧几里得的几何学原则和宇宙空间设计的原则，在此基础上，它与大规模的发展和先进资本主义的企业本质携手共进。詹克斯主张，直至 20 世纪 50 年代晚期，现代建筑学和现代化之间关系的破裂才为世人所知。后现代运动的兴起与对现代主义房产在社会中的失败的批判有关：1972 年，在圣路易斯(St. Louis)的布鲁特-伊果(Pruitt-Igoe)①房产被炸毁象征着现代建筑学的设计走向死亡。[4]

在这些术语中，我饶有兴趣地想到利奥塔的一种尝试，利奥塔借鉴意大利建筑学家维多利亚·格里高迪(Victorio Grigotti)的观点，想

① 布鲁特-伊果是美国圣路易市的政府房产，为低收入者而设计，当时被认为是二十世纪五六十年代现代主义的代表作。它的设计师是山崎实也(Minoru Yamasaki)，他也是纽约世贸大楼的建筑师。后来这些房产因为被认为不适合人居住而被炸毁。——译者注

要辨明后现代概念所蕴含的三种争论。用利奥塔的话来说，这位建筑学家主张"在建筑学的设计和社会——历史的进步——表现为大规模地实现人类解放——之间不再有任何紧密的联系。后现代建筑学，在其所继承的空间中，注定要产生多种小转变，注定要放弃对整体空间——被人类所占据——最后重建的设计"(Lyotard，1989，p. 7)。

按照利奥塔的观点，由于这个原因，"普遍化的地平线不复存在"。进步的观念——详尽描述了普遍的、自由的和抽象的空间——已经消失。海因里希·克洛茨(Heinrich Klotz)似乎赞同利奥塔的原则。他确定了后现代建筑学的诸多特征，直接击中要害：

> 地区主义代替了国际主义。
>
> 虚构的表现……替代了几何的抽象。后现代主义不依赖于机器的象征价值，不依赖于构造的象征价值，不以此来定义建筑学的进步，而是依赖于意义的多样性。
>
> 诗歌替代了技术的乌托邦主义。后现代主义从想象世界中汲取营养，而不是从"勇敢的新世界"的精神中汲取营养，在这种精神中，速度与发展等同。
>
> 我们不再视建筑物为自治的、普遍有效的几何形式。如今，借着历史的、地区的和拓扑的情境，我们可以使其相对化，也可以欣赏独定方案与众不同的个性。英雄主义作出让步、妥协，公平对待新旧方案，尊重既有的环境。(Klotz，1988，p. 421)[5]

在对现代主义的早期批判之中，修正主义者(the revisionist)试图用地点的概念代替抽象的空间，这种理论举措如今受到推崇，肯尼斯·弗兰普顿在批判的地方主义中发展了这种理论举措。这个词是弗兰普顿(Frampton，1985，p. 20)从亚历克斯·佐尼斯(Alex Tzonis)和丽莲恩·莱夫维(Liliane Lefaivre)那里借用的，他们警告人们这个词的危险与界限，但是已然主张，这个词是未来人文主义建筑学的媒介。过去，地方主义与各种改革运动相联系，但是有时它也被证明是压迫的工具。弗兰普顿把批判的地方主义作为先驱，即"公正地远离启蒙运动进步的神话，远离反动的、不现实的冲动，回归到昔日前工业时代的建筑技术的形式"(p. 20)。他论述道："批判的地方主义的基本策略是调解普遍文明(universal civilization)的影响，普遍文明的元素间接地脱胎于一个特定地点的独特性……它可能在一些事情上获得管理的灵感，如当地白昼的范围和特性、源自特定结构模式的建筑、既定地点的地形。"(p. 20)

批判的地方主义是一种调解的文化策略：一方面，它是一种实践，涉及再次调解、世界文化谱系的解构；另一方面，通过综合矛盾，展现对普遍文明的批判。弗兰普顿从保罗·利科(Paul Ricoeur)那里获得线索，把悖论看成是生成现代并且回归现代的一个源头。解构正在远离世纪末的折衷主义，"它占用异化的、奇异的形式，为了使疲软社会的表达重焕活力"(p. 21)，我也认为它涉及对地方文化的来源和资源的批判性反思，地方文化的来源和资源是重新肯定集体精神形式的基础。双重策略的另一个部分涉及那些普遍技术的调解，这"包括对工业和后工业科技最优化强制地设定限度"(Frampton，1985，p. 21)。当地的或者区域的位置—形式在地理上和历史上都是暂时的，对抵制普遍的无处可依的现象——它是现代建筑学和国际风格的特征——具有批判上的优势。抵制位置—形式的概念是由弗兰普顿提出的，他参考了海德格尔的"建造、栖居、思维"，反对具体的、有限的以及特殊的空间/地方——与古代对抽象空间的本体论的思考有联系，古代对抽象空间的本体论的思考又与西方抽象的、"工具的"理性具有内在联系。有界限的领域泊靠在存在问题(the question of being)上，它为被建造的形式(the built form)提供了"绝对的前提"，以此反抗强加于人的普遍的(欧洲的)空间——其在形式上是"无止境的大都市涌流"(p. 25)。弗兰普顿形成了有界限的位置—形式的概念，在其公共的空间内，根据汉娜·阿伦特所定义的术语"人类出现的空间"(Arendt，1958)，"合法权力的演化总是以'城邦'的存在为基础，并且以可以比较的制度和物质形式的单位为基础"(Frampton，1985，p. 25)。

　　批判的地方主义能够更直接、更迅速地建立与自然的辩证联系，而现代建筑学通过传统的形式、采用抽象的空间来解决普遍的居住问题，进而陷入了这样的困境，即"在技术统治的态势中，追求绝对的无固定居所的状态"(p. 26)。地形、背景、气候、光线以及建筑形式等问题能够直接表述出来，并且，最终，位置—形式的"触碰弹性"(tactile resilience)提供了额外的抵制策略。人们可能概括地说，批判的地方主义强调文化上具体的、地方的、特殊的被建造形式——其位置——反对现代建筑学的元叙事，现代建筑学的元叙事信奉普遍的和抽象的空

103

间。批判的地方主义的位置—形式具有资源和潜力去反抗"全球现代化的无情冲击"(Frampton，1985，p. 29)。

在最近的出版物中，弗兰普顿(Frampton，1989)对原来的论点进行了修订，进一步说明并修饰之。为此，他清理了他的理论的演变方向，他把其描述为起源于德国批判思想的两条线索—— 一条来自于黑格尔和马克思，完善于葛兰西和法兰克福学派；另一条发轫于尼采和胡塞尔，包含了现象学和存在主义，包括海德格尔和阿伦特的研究。这是他想对批判建筑学的话语进行论证和建设的基础，以此反抗"当今建筑物的商品化，即建筑物沦落为可消费的商品"(p. 75)。对詹克斯和保罗·波多盖希(Paolo Portoghesi)来说，这似乎是终点并且反对之，他们公开藐视哈贝马斯对不完善的现代性方案的信奉，弗兰普顿发现解放的和批判的建筑学处于"外围，而不是处于所谓的晚期资本主义发展的中心"(p. 77)。他补充说道：

> 批判的地方主义并不意味着任何一种具体的风格，当然也不是我头脑中任何本土化假设形式的复兴，也不是任何一种未经反思的、所谓的自然产生的草根文化。相反，我希望使用此词汇，是为了唤起真实的和假设的情形，于此中，建筑学的批判文化在特殊的地方得到自觉的养育，在鲜明地反对文化霸权中得到滋养。至少在理论上，它是批判的文化，不排斥现代化的冲击，但是与此同时，它反对完全被现代化吞并和销毁。(p. 78)

然后，弗兰普顿进一步发展和修正了他对于批判建筑学的六个要点，它们是后现代表述发轫的基础。在此，我不会在这些要点上纠缠，我只想说，我大致同意弗兰普顿的观点，即批判文化为"创造位置"的建筑学提供资源，它既是反男性中心的，又是反欧洲中心主义的。按此标准，美国后现代主义建筑沦为表面的影像，并且"被导向销售性与社会控制，最终走向建筑物的生产和消费的优化"（Frampton，1989，p. 87），在此我也同意弗兰普顿的这个观点。那么，德米特里·波菲里奥斯（Demetri Porphyrios）指出批判的地方主义是保镖，"通过多元主义的策略防止与传统的联合"，因为"一旦传统和文化不再被道德力量激发，它们就分解为虚假的、空洞的想象"（p. 90）。

弗兰普顿的六个要点走向了反抗的建筑学，它为重新思考学校的 ¹⁰⁴现代建造形式、研究机构的现代建造形式、研究技术学校和大学的建造形式提供了基础；的确，更一般地说，在后现代的网络方面，它为重新思考教育的地点/空间提供了基础。

控制社会的网络空间

菲利普·韦克斯勒（Wexler，1992）描述了教育中持续出现的企业主义的浪潮：通过一系列校企自愿合作，第一次浪潮导致了教育的商品化和私有化，第二次浪潮以"丰田学校"（Toyota school）为代表，公共机构对教育与经济生产之间的调解消失殆尽，并且，被重建的学校明显反映出后福特主义（a post-Fordist）工作制度的需求。韦克斯勒论证道，新的企业主义重塑教育的危机并把它看作设计的问题，这个问题以更加灵活的需要(反映出灵活的增长)作为基础，依据网络得以解决："通过建立互相关联的网络，教育控制得以重新组织，重新组织的教育控制会使'设计'功能更加集权化(centralization)，同时，在受控的设计网中，设计自身要求更大程度上"创新'的、定制的以及'灵活的'(最重要)社会组织和学校文化。"(Wexler，1992，p. 8)

韦克斯勒对灵活积累制度的方式感兴趣，这需要对学生的主体性进行重新构造和重新定位。对于外克斯勒来说，在设计和控制的层面，学校这种机构的重组融合了复杂的新企业主义，具有更加灵活的教学惯例，由此，学校机构的重组重新界定了学校知识和学生的主体性。他采用了人种学的研究，调查了在新企业主义之下学生的认同如何被重组的问题，从理论上来说，这种人种学的研究在我对空间政治学重要性的理解中表现出来。借助吉尔·德勒兹(Deleuze，1992)的控制社会的概念，在理论层面上，它们也被极好地论述过。

德勒兹(1992)采用"控制社会"这一词语来表示一套新的自由控制的力量和过程，福柯将其预见为即将到来的未来社会的基础。正如在18世纪规训的社会接替了王权的社会，并且在20世纪早期达到了顶峰，控制的社会也接替了规训的社会，这种发展在战后加速。德勒兹就福柯的观点展开争论，规训的社会能够被区分出来，这依靠这样的事实，即它们创建了"广大的封闭空间组织……个人从未停止过从一个封闭的环境移向另一个封闭的环境，每一个封闭的环境都有其自身的法则：首先是家庭；然后是学校('你不再处于家庭之中')；然后是军

105

营('你不再处于学校之中')；然后是工厂；还不时地穿梭于医院；偶尔可能光顾监狱，它是封闭环境的极佳例子。"(Deleuze，1992，p. 3)

德勒兹宣布，在这个历史时刻，我们处在一个普遍危机的时代，我们所处的所有环境都是封闭的环境。机构在封闭空间的模式上得以建立，现代性机构——学校、家庭、监狱、工厂以及诊所——都是完结了的，尽管人们用尽所有的努力去改革它们。封闭的体系、封闭的空间和机构在其聚合与分散的过程之中得以建立，它们被开放的体系取代，而开放的体系以网络的控制模式为基础。德勒兹评论道："封闭是模具，是不同的铸件，但控制是调节器，就如自我变形的铸件，从一个时刻到另一个时刻不断地变化，或者像筛子，其筛眼无处不发生改变。"(p. 4)

通过对工厂和企业的薪酬进行换算，他说明了薪酬方面的问题。在工厂中，工资(最低的)与生产(最高的)之间的比率的平衡被打破了；在企业中，按照业绩对每一次薪水进行调节，从而，过程起作用。

> 工厂构建个人为单一的主体，使老板双倍获利，老板检查工人内部的每一个分子，工会动员工人抗拒；但是企业不断地出现无情的竞争对手，竞争对手被看作是良好的效仿形式，竞争对手是最佳的动力，这就反对个人之间的相互对立和相互倾轧——使得双方在内部分崩离析。"按照业绩定薪酬"的调节原则并非没有对国民教育产生吸引力。的确，正如

企业替代工厂，终身的训练取代学校，不断的控制将取代考试。这是将学校交付给企业最可靠的方式。（Deleuze，1992，pp. 4-5）

控制社会的显著特征是编码，其行使密码的职责，进而控制人们接近信息的途径。个人和大众的两个极点标志着规训社会，这两个极点已经消失。在控制社会中，个人已经成为"可分开的部分"，是市场的统计数字，是一个样品的部分，是数据库中的项目。两种社会之间的区别在货币体系的差异中显现出来：金本位的准则与流动兑换率的控制(其以本位货币为基础)。在此，与社会类型相匹配的主导机器是电脑，这表明，它不同于19世纪以来的资本主义——以集中的逻辑和工厂(封闭的空间)为基础。在当今情形中，资本主义不再卷入生产之中，而是通常委派第三世界的国家来完成。它是高阶生产的资本主义，以销售服务为基础。它以消费者为导向，其中市场的运作成为控制的工具，并且，控制虽然是短期的和快速的转向，但也是持续不断的以及没有界限的。它购买成品或者组装部件，改变产品而不是进行专业化生产。工厂让位于企业，因而，根本逻辑不是集中的逻辑，也不是封闭的空间，而是分散的逻辑，其以电路或者网络为基础。德勒兹论证道："家庭、学校、军队、工厂不再是具有独特性的向拥有者聚集的相似空间，拥有者不再是国家或者私有权力，而是被编码的形象，并且是可变形的和可改变的。单个企业的拥有者如今仅是股票持有者。"(p. 6)

在此基础上，德勒兹宣布机构的危机，所有封闭系统的内部空间的危机，它们刻画了规训社会的特征。在这个转折时刻，我们所见证的是"新控制体系渐进地和分散地建立"(Deleuze，1992，p.7)，它以开放的体系为基础，其中的任何元素在任何特定的瞬间都能被确定。

批判教育理论与空间政治学

这一章刚开始就对教育理论工作者作了一个请求，请求他们认真地思考空间问题。我们应该看到重申空间的重要性是因为它对教育理论进行了重要的理论思考。根据索亚的研究，首先，应该批判地质疑历史循环论并对历史循环论的假设损害教育理论的方式提出批判的质疑。

其次，应该认真地理解空间如何成为权力行使的基础。学者们论证，对此的理解涉及对广阔的历史转换的批判性评价，广阔的历史转换如今正在发生——转换为先进社会，必须在企业资本主义全球体系之中进行。就空间政治而言，根据福柯和德勒兹的观点，在此，这些转换已经从理论上被阐释为从规训社会到控制社会的转移。

这样的分析完全与当今争论的论题相吻合，如"后现代主义""后现代性""后工业主义"以及"后福特主义"。的确，新的空间意识把后现代批判当作批判的对象，包括教育上人力资源的概念化——它成为主要的政策手段，影响着"新"经济的转变，由此，新的空间意识获得利处。这种对国际空间地理上的批判将不仅涉及教育的企业化和新的教育分权的市场形式，而且，就社会不平等方面，还涉及不同地区和群体之间的空间影响。我们也需要更加认真地关注跨国企业的兴起，关注它们与较小的民族国家尤其是与第三世界的国家相对的位置关系。政治发展的空间影响，或者国际不平等——通过世界经济的日益国际化而系统地产生——的空间影响，尚且没有被给予充分的关注。

再次，在上文描述的背景下，随着对教育企业化和教育形式分权化、个性化、市场化的强调，我们需要重新审查国家与教育之间的关系。在此，在公共领域和私人领域的界限被重新划分的控制社会中，更多的注意力应该集中在新自由主义政府自我限定的形式上。这样的强调或许能够得到福柯充分且强有力的支持，福柯（Foucault，1991a）开创的"文化治理术"研究强调：规训是政府的反省形式，在各种惯例中实现，与各种程序和技术相联系并使之有效（最新的研究，请参见 Burchell，1993；Rose，1993）。

最后，或许也是最重要的一点，我们需要着手开发理解和分析的模式，这些模式受到我所称的空间政治学的激励。对于这种类型的概念的界定，我能想到的更好的着入点是弗兰普顿，无人能出其右。他提出批判地方主义，废黜普遍的、自由的和抽象的空间，强调当地的、本土化的重要性。以此为基础，批判地方主义在特定时空中安身立命。在教育理论和实践中，批判地方主义自身并不反对新的和自然出现的国际主义形式，而是对文化、历史的背景敏感，并且认识到当地文化和传统对抵抗之网提供了规范的推力，抵抗全球现代化进程中不成熟的攻击。

注　释

"建筑学的反抗"这部分标题选自肯尼斯·弗兰普顿(Frampton，1985)论文的标题，《走向批判地方主义：关于抵制建筑学的六个观点》("Towards a Critical Regionalism：Six Points for an Architecture of Resistance")。对于这个标题的原初含义的再研究，请参见弗兰普顿(Frampton，1989)的《关于后现代主义和建筑学的一些反思》("Some Reflections on Postmodernism and Architecture")。

[1] Ludwig Wittgenstein. (1972). *Philosophical Investigations*，G. E. M. Anscombe (Trans.)，(p. 8). Oxford：Blackwell.

[2] Michel Foucault. (1986，Spring). Of Others Spaces. *Diacritics*，16 (1)，22.

[3] 马克·波斯特(Poster，1990)出版了《信息的模式》(*The Mode of Information*)一书。他探究了新的通信技术群和后结构主义理论之间的交叉点，并以此作为理解新主体构成的基础，他也许是作此探讨的最完美之人。在他的《福柯、马克思主义和历史：生产模式与信息模式》(*Foucault, Marxism and History：Mode of Production versus Mode of Information*)(1984)一书中，他指出他与历史唯物主义范式的差别。请参见斯蒂芬·福尔(Pfohl，1992)《帕里斯特咖啡馆里的死亡》(*Death at the Parasite Cafe*)。

[4] 查尔斯·詹克斯(Jencks，1987，p. 270)参考布鲁特-伊果房产的拆毁，发明了"现代主义的死亡/后现代主义的兴起"的比喻。他指出这是"象征的组合"——甚至在开天辟地的时代——几乎每一个人都接受它，把它作为真理。后现代主义是社会的和建筑的运动，詹克斯主张，后现代主义运动在对社会需要的应答中发展起来，其根源在于"社会上广泛地反对现代化"。詹克斯(p. 41)假定后现代经典艺术的五个传统，依照新的准则，它们可以被总结为：不协调的美或者破碎的整体；以风格多样为基础的文化和政治的多元主义；差异的胜利、"他者"以及不可简约的异质；都市背景主义，其规定新的建筑物应该适应并且扩展现存城市的构造；神、人同形同性论，与其说这是

新的人文主义，不如说是对身体的比喻、完整的有机体的认同，是设计和装饰的基础；历史的延续，其与过去与现在不无关系，它解释了戏仿、怀旧、临摹以及前世记忆(anamnesis)的诸多形式；"回到内容"向多种解读敞开；通过对反讽、含糊和矛盾的运用，双重编码被建立起来；多种价值性，以过去的暗示为基础，以相邻的参照和回应为基础；对传统的重新解读，惯例被替代；新的修辞手法的发展，以似是而非、矛盾修饰法、含混以及双重编码等作为基础；"回到不在场的中心"——没有中心只有联系(如网络)。

[5] 我摘录了那些能够表明克洛茨赞同利奥塔对格里高迪论述的文字，除此之外，我删除了克洛茨所论述的其他特征。克洛茨所谈到的其他特征有：

> 虚构表现的倾向已经游离了现代后期的倾向——仅仅从功能上看待建筑物。虚构表现的倾向视建筑物为建筑艺术作品，认为其属于幻觉的王国。
>
> 后现代主义反对贫乏的信念，即工具与建造临时地、自发地得到不断的改进。后现代主义不努力争取不可触摸的完美，相反，它崇尚躁动和瑕疵，如今这被看作是生命的种种迹象。
>
> 现代主义寻求从历史中得到解放，并且使建筑纯粹地变为当今的事物，而由于后现代主义，我们重获记忆。我们宁愿不用历史来达到有趣的结果，我们如今把自己交托于反讽的精神。
>
> 主流风格具有成为教条的倾向，与主流风格相反，大量的词语和富有风格的语言相依共存。后现代主义否认现代运动的自我参照的发明，而歌颂参照的多元化。
>
> 后现代主义重新建立了生活与美的距离，而不是确定具有生命的建筑学。小说就是小说！(Klotz, 1988, p.421)

关于后现代建筑学，请参见大卫·库伯(David Kolb)的《后现代的精妙：哲学、建筑与传统》(*Postmodern Sophistications*: *Philosophy, Architecture and Tradition*)(1990)，以及约翰·惠特曼(John Whiteman)、杰弗里·凯布尼斯(Jeffrey Kipnis)与里查德·伯戴特(Richard Burdett)编纂的《建筑学思维的策略》(*Strategies in Architectural Thinking*)(1992)。马克·第亚尼(Marco Diani)和凯瑟琳·英格拉哈姆(Catherine Ingraham)所编纂的论文集《重构建筑学理论》(*Restructuring Architectural Theory*)(1989),其中,对与德里达思想有关的建筑学理论进行了很好的讨论,包括德里达和彼得·艾森曼(Peter Eisenman)的文章,同时还有对利奥塔的访谈以及许多批判性的论文,它们讨论了后现代主义、历史循环论和结构主义/后结构主义。

/ 6. "奥斯威辛之后":
伦理学与教育政策/

引言

　　人们可能辩论，当今的欧洲氛围具有不祥的征兆，即社会科学对历史自身的反思没有从根本上充分强调、公布或者帮助阻止当今法西斯主义的出现。有证据表明新纳粹情绪及其元素的复兴，这令人不安。例如，在德国和奥地利，对外国移民和后天免疫力缺陷综合征的受害者进行攻击；在德国，新纳粹军国主义不断地演变和稳固发展，并且，斯特拉瑟主义(Strasserism)盛行(请参见，如 Husbands，1991)；在法国，国民阵线(the National Front)和勒庞(Le Pen)①的盛衰；国民阵线

---

　　① 勒庞是法国极右翼的国民阵线领袖，他这样概括自己的政治立场："从社会的角度上说，我是左派；从经济的角度上说，我是一个右派；从国家的角度上说，我是法国派。"(Socialement，je suis de gauche，économiquement，je suis de droite；nationalement，je suis de France.)——译者注

在英国形成、变化和分裂；1989 年之后，欧洲选举中的极右派(the far right)势力得到加强，在远离欧洲的几个西方国家中，所谓的新右翼占据主流，最后但并非不是最重要的，在东欧，正在进行令人恐怖的种族清洗政策，在曾经叫作南斯拉夫的地方，人民遭到大规模的灭绝，幽灵回荡在村庄和城镇。

看待这些当代所发生的事件不能脱离欧洲的土壤。它们不能被忽视或者不被理论地探讨。它们表现了不能逃避的历史责任和种族责任，而 20 世纪晚期的社会科学家，无论身居欧洲还是澳大利亚，必须以此为己任，探讨这些认识的产生和政策的形成。它们突显了这个问题：伦理学何以可能并且在何种形式上吸收文化后现代性？

当今道德话语状态反映出(甚至在我们的文化当中)，没有大家普遍认可的、能解决道德问题的框架，并且也没有迹象表明会有一个框架出现。法国后结构主义家利奥塔(Lyotard, 1984)从传统的现代主义元叙事的合法性危机方面描述了这些事态，传统的现代主义元叙事为知识、道德和美学提供了基石，也为以它们为基础而建立的文化机构提供了基石。利奥塔论证道，元叙事已经崩溃：文化后现代性的特征是"对元叙事的怀疑"——一种无药可治的怀疑，它怀疑所有宏大的、笼统的元叙事在行使合法职能时蒙上了权力—意志的面纱，把他者的权益排除在外。

按照文化后现代性的这种分析，当今仅存在不同的伦理观点，它们建立在不可通约的前提——各种道德语言—游戏(language-games)①

① 维特根斯坦提出了 a language-game(德文是 Sprachspiel)这个哲学概念。维特根斯坦反对语言独立于现实，认为语言是对现实的反映，语言是生活的形式。——译者注

的异质性上。此外，哲学不再被看作是提供基础的主要学科；按照这种说法，它不是一种元语言，互相竞争的语言游戏的主张和需求不能借其得以转译和解决。由此多元主义出现并被视为文化后现代性的特征，在康德和韦伯那里，它被解释为价值领域分化的扩大，每一个价值领域都有其自身内部的逻辑。据称，西方文化正经历着文化加速分化的过程，尤其是自第二次世界大战以来。自由主义的普遍文化的神话或者普遍生活形式的神话，原本起到同化差异和同化他人的作用，但现在已经分裂为亚文化和群体——它们的数目仿佛在无穷无尽地增加。本土文化重新焕发活力，这被视为是这种分化过程的重要部分。至于传统文化新的整合方面——由于道德力量(在历史上源自于非殖民地的诸多哲学)的重要性不断增强，这一方面被勉强提出来——西方自由主义政府开始了这样的过程，即安抚以往的不满，承认不同于自身的语言、认识论、美学和伦理学。

总体上，"理性的危机"和基础主义的危机不仅是获得知识和道德的基本途径，而且也是机构得以建立的基础。它们一方面影响了知识和伦理学的关系，另一方面影响了政策制定和公共机构。的确，对于一些评论家来说，这个危机恰好在社会科学和公共政策的接触点上最明晰地表现出来。在此，一旦新的社会运动的领导者、激进的女权主义者、本土文化、宗教领袖、福利的网状体系和失业人群开始质疑自由主义政府标准框架的整体，并且从文化上挑战主流价值，知识、道德和政治之间的边界就会变得十分脆弱。的确，当代新自由主义是政府自我限定的形式，其令人着迷的部分在于它把一系列市场技术运用于政府自身的程序中，由此回避团体压力和自利的官僚体系所引发的综合问题。

　　我的讨论正是定位在这种普遍的背景中。我选择用一个寓意深刻的比喻"奥斯威辛之后"彰显这一章的主题，集中探讨社会和人文科学在公共政策发展中，尤其是在教育领域中所扮演的角色。"奥斯威辛之后"这个短语强调批判的方法，我会在社会科学中采用这个方法来研究公共政策。根据阿多诺和利奥塔的研究，我用这个比喻标志历史的分水岭，即批判地理解社会科学自身成为现代性文化的一部分（请参见Bauman, 1989）。这一章的第一部分简短地探讨了最近对大屠杀记忆（Holocaust memories）的苏醒，这主要集中在奥斯威辛，同时也探讨了众所周知的"历史学家的辩论"；第二部分对阿多诺和利奥塔运用这个比喻象征性地标志"对元叙事的怀疑"进行了考察；第三部分查验了已故德国社会历史学家德特勒福·珀凯尔特充满争议的观点——关于"社会—福利教育"的历史，并且考察了它对第三帝国（the Third Reich）发动"最终解决"的作用。在对奥斯威辛历史的理解和在这些事态下叠覆教育政策的研究中，珀凯尔特主张向"生物政治学"的范式转换。在结果讨论部分，我认为珀凯尔特的研究和纳粹德国的生物政治学范式类似于福柯的双生概念"文化治理术"和"生物—权力"，它们在当代新自由主义政府中得以应用。我得出结论，在新自由主义的民族国家中出现的持续不断的现代化进程中，对伦理学、知识和公共政策之间关系进行思考时，奥斯威辛不能被回避。

大屠杀祭奠

劳尔·希尔伯格(Hilberg，1988)是权威性著作《欧洲犹太人的毁灭》(*The Destruction of the European Jews*)(1961)的作者，他论证道，纪念大屠杀是一种反抗行为。他详细地描绘了同盟国(the Allies)官方所采取的沉默政策，并且记录了西方和共产主义国家不断地湮没这个事件的方式。希尔伯格主张，甚至纽伦堡大审判(the Nuremberg Trials)都没有公正地面对纳粹杀害犹太人的事实。与这种"遗忘"的背景相对，祭奠，一种反抗行为的祭奠，首先在以色列出现了，然后在美国开始。经历了十余年的沉寂之后，1977 年，美国首先开展了大规模的调查，希尔伯格论证道，调查的主要原因是越南战争幻影的破灭和随后年轻一代对"旧道德确定性"的探寻。在此背景下，大屠杀成为"不道德的新量杆"，并且祭奠的过程极为诚挚。

近十年之后，美国的表率被加拿大效仿，1985 年，它还开展了一次官方调查。1986 年和1988 年，澳大利亚和英国也分别仿效。美国人谴责战犯在移民和入国籍的过程中撒了谎(他们所犯的罪不是他们所承认的罪行)，而加拿大、澳大利亚以及英国都向前迈进了一步，修改了国内刑法，允许对战犯所犯的罪行进行起诉。事实上，几十年来，人们对号称有数以千计的纳粹战犯存在的说法表示淡漠与无动于衷，在这之后，西方民主政治最终开始采取行动。这种转变的原因是复杂的和多种多样的。首先，冷战期间难民的移民和定居恰好处于这样的时刻，即西方情报局当时挖空心思想寻找机会发起反共产主义的行动，其中包括积极招募亲纳粹分子（Aarons，1989，p. xxv）。在凶恶的反共产主义的气氛下，通敌者可能利用冷战恐惧谋私利。直到 20 世纪 80 年代中期，冷战的坚冰开始融化，到 20 世纪 80 年代晚期，共产主义的"威胁"不复存在。

其次，按照埃弗拉姆·祖罗夫（Zuroff，1989，p. 2807）的观点，纳粹战犯确认问题是至关重要的，因为战争结束后，同盟国几乎把全部注意力都集中在德国籍的纳粹身上，把最终的解决办法主要寄托于德国—奥地利纳粹的后代。在美国的审判中，公众注意力第一次被引向了当地通敌者起到的致命作用。祖罗夫注意到几乎所有的澳大利亚、加拿大和美国的战犯一律都是具有东欧血统的通敌者。再次，美国人民证明，战犯在他们犯下罪行一段时间之后，仍能被宣判有罪。最后，调查研究、历史记录以及祭奠活动，与媒体所扮演的角色和一致的公众教育运动一同推进了这种逆转发生。

几乎可以确定地说，这种转变也受到一系列政治事件的推波助澜，如对克劳斯·巴比（Klaus Barbie）和伊万·狄曼注（Ivan Demjanjuk）的审判①，库尔特·瓦尔德海姆（Kurt Waldheim）②的启示以及牵涉里根（Reagan）总统的比特堡事件的新发现。这些事件和西方民主国家更改国内刑法的决定，与 1986 年在德国爆发的知识争论相呼应，这场争论

---

① 前者被称为"里昂的杀手"，后者被称为"可怕的伊凡"。——译者注
② 联合国第四任秘书长、奥地利前总统。1939 年应征入德国军队，先后担任翻译和传令官。1942 年受伤后退役，重入维也纳大学学习法学，后获法学博士学位。——译者注

就是众所周知的历史学家之争，或者称为"历史学家的争论"。这场争论是关于保守主义者企图改写历史并且视纳粹主义的历史为德国和欧洲历史的另类插曲。汉斯·莫默森是著名的德国历史学家，他解释道："国家社会主义的历史被要求'赋予历史意义'，这是一种隐匿的企图，妄图使那些与此有牵连的人部分上与纳粹统治的罪行相对立——用他们特有的绝对尺度——特别是把纳粹的罪行与斯大林主义的罪行等同起来。"(Mommsen，1991，p. 10)

保守主义的联邦共和国领袖在第二次世界大战临近尾声时，筹划了在比特堡的一场祭奠仪式。这是一种有意识的行为，企图重新制造德国的过去，通过选择性记忆的策略救赎德国的过去，即将注意力集中在反共产主义的情绪上，同时淡化法西斯主义的过去，尤其是奥斯威辛，以此凸现历史的连续性。在比特堡的这场祭奠仪式，为德国和美国之间提供了象征性的和解，埋葬了两个权力大国在战争时代的对抗，纳粹的罪行也随之一同埋葬。然而，这种保守的修复德国过去的举措——一种新的叙事，使当今政策合法化——却后院起火，据披露，希特勒的 49 名纳粹党卫军成员被安葬于比特堡墓地。

比特堡事件证实了科尔(Kohl)和里根政治上的主要窘境，这个事件成为一个标记，对于保守主义者企图改写德国历史掀起了更加热烈的争论。例如，恩斯特·诺尔特(Ernst Nolte)为第三帝国的正常化和历史化辩论。在他的眼中，纳粹主义应当被去魔鬼化。这不应当被视为特别的、历史之后的事件。诺尔特(Nolte，1985)论证道，奥斯威辛并不是欧洲历史上的新鲜事，这是第三帝国得以正常化的基础。他援引了一些先例，其中如第一次世界大战期间美洲人的灭绝。诺尔特扩大了查证的范围，回溯到 19 世纪，直至最近的波尔布特(Pol Pot)政权。他得出这样的结论，即大屠杀既不是独特的也不是唯一的历史事件，而仅仅是系列"灭绝疗法"之中的一个，"灭绝疗法"由政府设计来应对工业革命的病垢。查理斯·梅尔(Charles Maier)非常有力地总结了这场争论和攸关存亡的事件。"如果奥斯威辛被公认是可怕的，但是可怕的仅仅是有计划的灭种和屠杀的标本……那么，德国仍旧能够重新获得其他国家的认可。但是如果最终解决是不可比拟的……那么，过去永远不可能'尘埃落定'，未来永远不能正常化，德国这个国家将永远可能有污点，就像中了永不能治愈的毒。"(Maier，1988，p. 1)

哈贝马斯(Habermas，1989)深深地卷入这场争论当中。他争辩道，德国的编年史显示了"认错的倾向"。他尤其谴责保守的历史学家企图使最终的解决方法"正常化"和"相对化"，谴责新的国家主义和保守主义从中寻找"有用的过去"。在接下来的争论中，大量的讨论集中在奥斯威辛这个历史事件的单一性上，忽视了哈贝马斯对新保守主义的批判。保守主义者，包括迈克尔·斯图末(Michael Stürmer)(曾经为科尔撰写讲稿)、安德烈亚斯·希尔格鲁伯(Andreas Hillgruber)以及恩斯特·诺尔特，对哈贝马斯的观点作了回应。他们质疑哈贝马斯的资料来源和学识，因此，他们认为哈贝马斯忽略了争论的实质问题，企图使这场争论回复到封闭的专业历史圈子之内。哈贝马斯在结语中总结道，从这场争论中，他思考了联邦共和国对政治自身的理解。他主张：

114

> [它]导致了对另外一种政治的清晰阐明……一个群体对历史的公共用途从功能主义的角度去理解；他们散布标语，采用自相矛盾的权力政治学阐述政见，对北大西洋公约组织（NATO）效忠，并且通过"民族的意识而非负疚感"来加强内部凝聚力。与这种"历史政治学"相反，另一个群体维护启蒙运动，从总体上反对操纵历史的意识。（Habermas，1989，p. 247）

哈贝马斯在后来的一篇论文《历史的意识和后传统的认同：联邦共和国对西方的定位》（"Historical Consciousness and Post-traditional Identity：The Federal Republic's Orientation to the West"）（1989）中清楚地指明，他所赞成的国家主义和民族认同的概念是建立在普遍主义的价值观之上的，这些价值观坚固地停靠在启蒙运动的传统之中。用哈贝马斯的话来说，对西方政治文化的定位被认为是战后联邦共和国知识上最伟大的成就。在此，哈贝马斯呼吁启蒙运动的价值观，这与他对后现代主义的评价有关——他视后现代主义为新保守主义的一种形式（Habermas，1981a，1990b），尤其与后现代的历史编纂问题有关。查理斯·梅尔清晰地阐明了这一点。"于尔根·哈贝马斯可以被视为是联邦共和国杰出的发言人，因为他提出了或许可以被称为自由民主的或者社会民主的'之后的叙事'：知识实质上反映了现实世界，它是累进的，并且能够改变政治和社会。"（Maier，1988，p. 168）

然而，梅尔承认后现代主义的政治纲领不必是反动的。的确，正是由于他的这个观点，修正主义对奥斯威辛的论述不是后现代历史编纂的例子。相反，用他的话来说，它们是"后现代的历史敏锐性弥散的产物"(Maier，1988，p.170)，而这发生在被剥夺了法国精神的后现代理论的国家中。结果是西德的后现代历史倾向于采取"天真的"复兴形式，并吸引大家注意到"记忆"是社会建构的行为，且这种行为能够为某些政治目的所利用(例如，把纳粹的过去相对化，使其显得不那么令人反感，或者重新叙述过去，使当今的政策合法)。令人感到荒谬的是，当德国的修正主义历史学家想要最终解决正常化，强调它与以往和当今有计划的种族灭绝和杀戮具有相似性时，阿多诺和利奥塔却强调奥斯威辛的单一性和独特性。

奥斯威辛之后：阿多诺、利奥塔以及现代性 *115*

阿多诺的主张是正确的。没有什么比《否定的辩证法》(*Negative Dialectics*)更能清晰无误地论述阿多诺的见解了。在《否定的辩证法》中，阿多诺认为文化

> 憎恶恶臭，因为它发出恶臭——因为，正像布莱希特(Brecht)用华丽的诗句所叹息的，狗屎的庄园。这句诗被创作的几年之后，奥斯威辛不可辩驳地证明了文化的失败。这可能发生在哲学、艺术以及科学的启迪等传统之中，而不是说这些传统和它们的精神缺乏权力去控制人们(men)(原文如

此)并且改变他们。这些领域自身不是真实的，强力地宣称它们的自洽(autarky)也不是真实的。所有的后奥斯威辛文化，包括它强求的批判，都是垃圾……谁为这种根本上有罪的和卑劣的文化求情，谁就成为帮凶；当人们(man)(原文如此)对文化说不，人们就直接进入了野蛮主义，我们的文化本身也会呈现为野蛮主义。(Adorno，1973，pp. 355-356)

在这段复杂的论述当中，在某种程度上那条帮助我们理解阿多诺哲学的主线是他的动机：阿多诺是文化保守派，强烈地受到美学的、高雅的现代主义的影响[尤其是荀白克(Schönberg)和贝克特(Beckett)]；如其他人一样，阿多诺重新发现了他的犹太血统，并且他是一个左派黑格尔主义者。阿多诺在说"奥斯威辛之后的文化是垃圾"之后，他以各种形式重复这个主张——"奥斯威辛之后的诗歌创作是粗野的"[《七色光》(*Prisms*)，1981]——他指的是(高雅)文化丧失了产生启蒙的权力和功能。在这个意义上，文化是高雅的现代主义的文化，这在德国的环境——教化概念流行，其内涵是教育具有自我构造的义务——中被加以理解。在如今著名的霍克海默公式中，阿多诺争辩道，在资本主义之下，尤其是在"文化工业"之下，文化最终屈服于生产过程的逻辑：交换价值消除了文化商品原有的使用价值，使用价值居次位，或者使用价值被代替。从而，启蒙运动瓦解为神话，神话崩塌为启蒙运动。在此基础上，资本主义文化发生转变，个人被制造为顺从；主体被完全整合。

大屠杀被完全公开之后，阿多诺开始认识到他的犹太背景的全部意义。正如杰伊所注意到的，事实上，奥斯威辛几乎使阿多诺完全沉迷，尤其是他曾于1953年终于回到了他的故土上——回到了德国不愿意面对和探讨的"不可掌控的过去"（Jay，1984，p. 19）中。杰伊对大屠杀之于阿多诺的意义作了如下评论："事实上，阿多诺从大屠杀中所得出的主要教训是，反犹太主义与极权主义思维之间的联系。如今他逐渐认识到，犹太人被视为是最顽固的人群，他们是另类的、不同的、不能得到认同的，20世纪的极权主义正是要清算这类人。他冷峻地总结道，'奥斯威辛证实了纯粹同一性哲学的死亡'"（p. 20）。杰伊补充道，阿多诺拒绝阐明乌托邦的选择，这是犹太人禁止给上帝画像或者描绘天堂的结果。

阿多诺是左翼黑格尔主义者，这个身份比较容易引起人们的疑问，至少让人感到矛盾。毫无疑问，对于阿多诺来说，黑格尔和辩证法是事物的中心，然而，同时阿多诺对黑格尔的整体理性进行了批判，用尼采反对黑格尔，事实上，这导致了评论家留意到阿多诺与后结构主义者之间的联系。对黑格尔的这种矛盾心理，让阿多诺把有限的否定强调为普遍的方法，这一点在《启蒙辩证法》（*Dialectic of Enlightenment*）中清楚地表现出来，《启蒙辩证法》最初是由霍克海默于1947年在奥斯威辛的阴云笼罩之下完成的（Horkheimer & Adorno，1972）。在《启蒙辩证法》中，霍克海默和阿多诺提出了一个见解，即现代科学借着逻辑实证主义达到了顶点，因此，现代科学抛弃了对理论知识的所有断言，只倾向于严格的技术效用——工具理性，它被剥离法律或道德上的任何基础，与纯粹的权力相似。那么，在文化现代性中，理性已经与技术权力相似，因此，没有能力谈论价值问题。这就是当今著名的公式，它具有工具理性的批判形式。在此，奥斯威辛可怕的画面被施了咒语，唤出了冷酷的技术效率，由此，纳粹与其帮凶组织和实施了如此大规模的挑选，还谋杀了上百万的犹太人、吉普赛人以及其他民族的人们。科学，"杀人的科学"，尤其是以基因为导向的人文科学之中的人类学、教育学以及精神病学，都被国家社会主义在实行鉴别、剥夺以及灭绝的过程中最有效率地加以利用（Müller-Hill，1988；Danuta，1990）。

在此，尼采精神暗流涌动，不仅潜伏在工具理性的批判之下——权力意志在支配的形式中展现——而且，更加一般地说，也潜伏在对意识形态自身批判的怀疑之下。对于阿多诺和一些法国后结构主义思想家来说，尼采精神的影响和对尼采的调度是很平常的事。例如，利奥塔为了达到使后现代状况理论化这个目标，直接调度阿多诺。但是利奥塔(Lyotard，1974)批评辩证法概念的地基。他并不简单地认为，政治、哲学或者艺术的立场被抛弃仅仅是因为"扬弃"。按照利奥塔的观点，如下的观点是不正确的：立场的经历意味着不可避免的枯竭，意味着必须走向另一个立场，而在另一个立场中，前一个立场既被保存又被压制。

在《延异：有争议的词语》(*The Differend：Phrases in Dispute*)中，利奥塔分析了阿多诺如何利用奥斯威辛，让奥斯威辛成为某种"准经历"的模式；并指出，在这里，使用辩证法是不可能的：

117

"奥斯威辛"模式将任命一种语言的"经历"，其使思辨的话语止步。"奥斯威辛之后"，后者不再受到追捧。在一个名字"之内"，思辨的思想将不会发生。因而，它不会是黑格尔意义上的名字，不会是这样的记忆形象：确保所指及其意义的永久性，即使精神已经摧毁了其标记。这将是没有思辨的"名字"的名字，不能扬弃为一个概念。(Lyotard，1988，p. 88)

在书中的其他地方，利奥塔选取了合适的名字，它们都能够把现代历史和政治的评论悬置。他写道："阿多诺指出，奥斯威辛是一个地狱，黑格尔思辨的哲学风格似乎消失了，因为'奥斯威辛'这个名字使这种风格的先决条件失效，即所有存在的是合理的，所有合理的是存在的。"(Lyotard，1987，p. 162)

在他最近的文稿中，利奥塔鲜明地采用奥斯威辛作为现代性终结的象征("思辨的现代性")，把自己直接置于哈贝马斯的对立面："我认为现代性方案(普遍性的实现)并没有被抛弃或者被遗忘，而是被摧毁了，'被清算了'。有几种毁灭的模式，有几种名字象征着它们。'奥斯威辛'可以被看作是典型的名字，描绘出'现代性不完善'的悲剧。"(Lyotard，1992，p. 30)

这个主张和主题被以各种形式复述着。所谓的现代性方案的清算——由奥斯威辛象征，意味着普遍的历史不是必然地向着更好的发展而运动，历史没有普遍的结尾(p. 62)，当然这与康德和黑格尔相反。追随阿多诺，利奥塔使用"奥斯威辛"这个名字"来表示最近西方历史是如何贫瘠的——从'现代'人性解放方案的角度"（Lyotard，1992，p. 91）。"奥斯威辛之后"是一个充满寓意的短语，强调事件的单一性，它是后现代对元叙事不信任的征兆。对于利奥塔来说，它象征了这样的信心，即西方在人性总体进步的原则上要有所作为，进步必须根植于"这个信念，即艺术、科技、知识以及自由的发展将惠及整体的人性"（p. 91）。

奥斯威辛与社会—福利教育

历史学家与哲学家都处于对纳粹主义重新理解的最前沿，在这个研究领域，政治和道德的风险很高。最近，探讨的问题从法西斯主义概念转移至更加具体的关注点，即在第三共和国时代，德国的机构组织和政策制定被注入了"生物政治学"的方式。例如，蒂姆·梅森评论道，在纳粹主义的研究方面出现了新的共识，即出现了"广阔的纳粹生物政治学领域……并且发明了机构来实施它"（Mason，1993，p. 258）。新的历史理解的范式把纳粹主义视为生物政治学的表现；珀凯尔特作为一名社会历史学家，其研究充满了矛盾，但他对新的范式的建立提供了富有洞见的创新性贡献。

珀凯尔特争辩道，"最终解决"的新鲜之处是"这样一个事实，即它产生于宿命的法西斯物力论，其在人文/社会科学中显现"（Peukert，1993，p. 237）。他清楚地指出这个物力论如何从实质上把人类的方方面面归结为"有价值"的、"没有价值"的，系统地"遴选"和清除那些被认为对国家"躯体"没有价值的方面。他写道:"这里显现出来的是一个抽象的遴选过程,它以人为的种族主义概念、全体的国家实体为基础;并且这里显现出来的是一个高科技的'解决'方案——它建立在成本效益分析的基础上。"(Peukert,1993,p. 237)

基于这些领域的最新研究——第三帝国的精神病学、基因学、优生学、医学、社会政策、人口和教育进展,以及对这些领域的叙述——强制绝育的历史、"不合群"的群体和外国工人的处置、犹太人和吉普赛人的迫害,珀凯尔特尝试对纳粹种族主义的起源作出无所不包的纲要性解释。他争辩道:"在人文/社会科学的专业和学科领域,普遍的种族主义因素是按照民族的'价值'有差别地评价和对待各民族,在此,'价值'的标准源自于标准的、肯定的人民主体(Volkskörper)模式,人民主体是集体的实体,并且'价值'的生物学基础被认为是个人基因遗传。"(p. 237)

珀凯尔特回顾了世纪交替时期种族主义思想在人类科学历史中起到的作用,其时,科学方法第一次实现了对人类和社会问题进行研究。在理论和实践领域,他为社会科学的话语发展提供了典型观念的叙述,并且,在综合解决社会问题的方式中,也提供了典型观念的叙述与社会福利机构和实践发展的联系。用同样的方式,医学成功地战胜了流行性疾病,心理学和教育也是如此,它们为科学消除无知和社会不适应提供了希望。依靠最终解决来解决社会问题,这个乌托邦梦想的实现似乎只是时间问题。大众健康以新的社会卫生学和教育范式为基础,这意味着医学和社会福利不仅照料个人的躯体,而且照看国家的集体

119

躯体。通过将去除死亡作为日常事物，人口统计学向现代死亡率模式转换，以婴儿低死亡率和预期寿命增加为主要特点，对躯体的健康的强调——个人的和集体的——得到了认可。随着世俗化慢慢惠及大众的进程，各门科学逐渐成为基础并用来建构日常生活的意义。然而，尽管躯体被理想化，但崇尚年轻——现代性事实上认同年轻——的各门科学不能解释死亡（宗教可以做到这一点），也不能提供永生或者对个人的拯救。

珀凯尔特主张，这个答案就是把个人短暂的躯体与可能永存的大·众·(Volk)或种族的躯体分离开来，个人短暂的躯体成为科学研究的目标："只有后者（大众或种族的躯体）——尤其是在基因编码形式中永恒的物质基础——能够确保科学自身永远的胜利。"（Peukert，1993，p. 241）这个抽象的和典型观念的解释在科学家的实际著作中以偏祖的、混合的形式体现出来，并且，受到珀凯尔特所说的历史交易轮回的制约，即在科学增长的时期，天真信仰的发展得到最完全的表现，同时，在危机时代，种族主体的乌托邦前景以否定的和受限的词汇被界定。在这种情形下，"此刻，关注的中心点成了辨别、隔离以及处置那些不正常的或者有病的个人"（p. 241），从大众健康到大众灭绝的巨大转变发生了。

这个由珀凯尔特提出的纲要式理解，标志着向生物政治学范式的转变。人们可能争辩道，从哲学上讲，它与《启蒙辩证法》或者与福柯（Foucault，1979）的《规训与惩罚》站在相同的基础之上。然而，人们不必完全接受珀凯尔特对社会—福利教育领域的历史研究，他的研究只是众多社会—福利教育研究中的一个代表。

由于他的缘故，社会—福利教育领域兴起并成为对现代工业社会矛盾在政策上的回答。它专注于服务青年的领域，并且旨在矫正社会的不正常问题。珀凯尔特在几个截然不同的阶段回顾了社会福利教育体系的演进。他把这个公认的问题以及一套期望的解决方案置于 19 世纪 80 年代至 19 世纪 90 年代，这个时期是德国的科学和社会改革的进步主义时期。接下来是制度化时期(1890—1922 年)，在此，国家干预的目标是保证每一个儿童有权利得到"智力上、身体上的健康"。接下来在 20 世纪 20 年代晚期至 30 年代早期，进入了常规化和信任危机的时代，其时，在财政吃紧的情况下，教育改革者对可教育性的限度和教育的限度进行了争辩。在福利国家发生普遍危机(1928—1933 年)的背景下，包括缩减开支和平衡成本—效益，按照价值标准，或者那些接受教育服务之人的价值标准，教育项目受到了削减。魏玛共和国(the Weimar Republic)的最后几年见证了新的范式——筛选那些有价值的，隔离那些价值较小的——取代先前的普遍性范式。珀凯尔特主张，

当纳粹于 1933 年登上权力的宝座时，筛选和根除的范式早已占据了支配地位，是绝对化的。新出现的东西不是范式本身，而是这个事实，即它的批评者被迫三缄其口。此外，通过自愿的、先发制人的顺从行为，种族主义的术语被提升为人类科学和社会福利领域中的通用语言。并且，依旧出现

的另一个变化，即现代思想的一个单一的分支——种族主义，得到了国家最大的支持，还被允许在较大范围内测试其理论，进而在实践中实行。(Peukert，1933，p. 244)

正如早期的范式一样，筛选和根除的范式本身碰到了限度问题，这导致了乌托邦种族主义激进地走向反面，并不断地把注意力集中在连根拔除上。照此，随着战争的爆发，最终的解决方案得以圆满实现。珀凯尔特清楚地指明，它是

种族主义优生学的、种族卫生学的变种，为大规模的杀人机制提供了关键的组成部分："没有价值"的概念，消除那些受到疾病困扰之人的种族身份；就遗传的特征方面(在此情况之下有大量似是而非的观点)，对受害者分类的匿名过程；长久存在的行政实践优先，包括种族隔离机构；以及，最后，对谋杀工具自身建造的科学和技术的投入。(p. 245)

在接下来的阶段中，人类和社会科学参与到整个社会、教育、福利和健康政策的种族主义的重建之中。

珀凯尔特主张，在国家社会主义所走的这条道路上，没有什么是必然的。他提出，事实上，在乌托邦的梦想——科学战胜社会问题(大众贫困、无知、疾病)——被改造(它被改造为"大规模的毁灭，乌托邦种族主义的种族主体得以净化，这是通过对'较没有价值'的生命'斩草

除根'而实现的")之前，需要几个关键节点或者策略上的变化，它们包括从个人向社会的、国家的躯体转换，从关怀贫困之人到筛选那些有价值之人、根除那些没有价值之人的转变，从功利主义的观念(为最大多数人获得最大程度的幸福)向最大程度获得成本效益的领域的转变，以及从"对技术和科学的盲目崇拜到高科技灭绝机制的自我生产"的转变(Peukert，1993，p. 246)。

奥斯威辛之后：研究型政府

一些令人感兴趣的和伦理上重要的问题，笼罩着奥斯威辛之后的德国对人类和社会科学的定位。珀凯尔特注意到，对于绝大多数的专业学者来说，奥斯威辛之后是要恢复常规，一如既往。在纽伦堡，对学者的审判中，只有极少的科学家因为卷入到战争的罪行而受到了起诉。但是，对于绝大多数的专业学者来说，他们在大学、研究机构以及政府部门中继续担任着研究和教学的职位。对于他们来说，恢复到日常研究的常规之中、回到危机之前的思想状态是不成问题的。珀凯尔特写道：

> 甚至那些保持着正直诚实却受到纳粹迫害的科学家和学者，包括一些教育改革者，都对过去所发生的筛选方式妥协。这或许是因为这里可能有一种共犯的感觉，或许是因为有一种软弱无力的感觉。由于科学等职业中存在着纳粹的同情者

和迫害的牺牲品，因此造成的结果是妨碍了任何有系统的分析。总体上，他们的职业与纳粹的历史纠缠在一起，尤其与国家社会主义缠绕不清。(Peukert，1993，pp. 248-249)

对于珀凯尔特来说，前行之路依赖于重建意识，意识到过去实际所发生的。他主张，在经过四分之一个世纪的正常化之后，在经过社会和人类科学信仰重建之后，我们再一次面对限度。他认为，这种紧迫的危机感，迫使我们对这个历史关头——纳粹种族主义高涨——提出问题，这势在必行。他争辩道："对过去的事件，纯粹从事实上重建是可能的，只要我们同时参与到理论的争论当中，对人类和社会科学的学科和专业的过去、今天的选择与机遇参与争论。"(p. 249)

他注意到，面对新的纳粹情绪的增长、对移民的攻击、"种族隔离话语的不断复活——它没有被历史本身意识到"，西德出现了一股不断增长的怀疑主义，提出"我们与他人交往的道德范畴，明显与我们自身的道德范畴不同"(p. 249)。

在上述讨论的基础上，人们可能争论道，这种情形——社会和人类科学与种族主义话语的出现和发展纠缠不清并深陷其中——与当今新自由主义政府之下的知识和政策之间的相互关系无关。这种争论的策略可能是希望保存社会科学的完整性，它强调从历史上、地理上与政权分离或者与政权绝缘。在此基础上，人们有可能进一步论证道，当今新自由主义政策实际上缘自于经济和政治理论的体系，就市场方面，它强调政府的限度，因而，与国家福利主义的政府相比较，新自由主义政府之下的社会和人类科学与政府具有十分不同的关系。的确，人们可能争辩，从历史上讲，在经济自由——既保护政府的合法性，又让政府限制自己——的基础之上，如何创建政府的问题恰恰被国家社会主义的经验弃绝，并且被警示。依此观点，国家社会主义不是离经叛道，而是一系列反自由主义政策产生的必然结果，这些反自由主义政策还导致了政府的过度增长（参见 Burchell，1993，p. 270）。因而，这种争论有可能得出这样的结论：由于历史本身不可能重复，因此，新自由主义政权下的社会和人类科学具有准自治的性质，这能预防它们成为意识形态的婢女和无所不包的政府在政策上的臂膀。

简单地说，我对这种走向的回答是实行并且发展"研究型政府"的理念，这个理念建立在一个框架之内，这个框架以福柯的文化治理术和"生命权力"的概念作为基础（参见 Marshall & Peters，1995）。我将用概括性的词语勾勒福柯孪生概念中的头一个概念与这个问题的相关性。首先，在福柯的著作当中，文化治理术指的是最宽泛意义上的政府的理性，"行为的行为"，理性的"做事情的方式"，对个人起作用的行动（Foucault，1988）。福柯在其晚期的著作中，对政府的观念有一个清楚的理解，此理解与福柯早期在《规训与惩罚》（Foucault，1979）当中对权力的分析不无联系，并且对其进行了扩展，规训被重新描述为权力的"科技"——它预设那些被行使的自由，并且影响个人的行为方式。在此，"政府"这一概念强调，规训是政府的反思形式，作为惯例得以实现，也就是说，规训与各种程序和技术相联系，这些程序和技术使规训实行。在福柯晚期的著作中，在对文化治理术的概念作出明晰的介绍时，福柯在更具体的意义上使用了这个词语，它具体指的是政治领域的"规则的疑问"(Rose，1993)，它关注既定领域的事件次序和群体控制。福柯把第二种更加具体的意义描述为触点。在这里，统治技术或者权力技术与"自我的技术"被整合为机构的组织和惯例。自我的技术让个人对自己的身体和灵魂施加影响或者实施某些操作，以便重新建构和改变自我，从而达到如下某种状态：智慧、完美、纯洁，甚至幸福(参见 Peters & Marshall，1993，pp. 32-37)。

123我并不想赞同福柯的立场或者详细地讨论他的术语。我仅仅想证明，就社会和人类科学方面，他的概念在对自由主义的分析，尤其是对自由主义新形式的分析上，开辟了丰富独特的方式。本质上，正如波彻尔(Burchell，1993，pp. 269ff)所评论的，福柯对自由主义的分析，独特之处在于从政府理性的角度进行分析，把自由主义看作是一种行为，而不是一种理论或者一种机构：

> 对于早期的自由主义来说，适当的管理包括固守这样的原则，即政府理性地对被管理的个体自身的自由行为的理性做出行动。也就是说，政府的理性行为在本质上一定与自然的、私人的利益相联系，而自然的、私人的利益受到个人自由的、市场交换行为的激励，因为个人的这些行为的理性恰恰是能使市场依照其本性发挥最优职能的那些东西。

> 相比而言，对于新自由主义来说，规范和限制政府的理性的原则必定被这样规定：依据人为安排，或者依据经济——

理性个人的自由的、企业的和竞争的行为方式被设计出来。
(Burchell，1993，p. 271)

就这个尚有疑问的规则来说，自由主义被理解为政府理性的形式。罗思(Rose，1993，pp. 290ff)勾勒了它的特征，如下：

    1. 自由主义开创了政府与知识之间的新关系。

    2. 自由主义依靠规则主体的新规范，并把它作为政府中的活跃因素。

    3. 自由主义政府本质上与专业的权威相联系。

    4. 自由主义开创了对规则自身行为的持续质疑。

在自由主义之下，政府和知识如何紧密联系，或者前者如何依赖于后者，对此，我认为我不需要劳神费力，其情形已经被许多学者清楚地阐明了。阿尔文·古尔德纳(Gouldner，1971)辩论道，二十年前，现代社会科学一直与福利政府充满矛盾并深受这种关系的影响；由于依赖于政府拨款的关系，现代社会学对其探究的领域作出限定以适应改革者的策略。我认为，那些有趣的和卓有成就的研究和发扬福柯见解的研究都注意到新自由主义的力量在于这样的事实：它成功地把一系列对福利的批评，如成本、官僚体制的复杂程度、集权化程度、家长式作风，转变为对政府的批评，即技术上的问题。罗思评论道："无处不是如此，不仅在专业方面，而且还在专业政府就'高级自由主义'

形式提出的问题方面……'高级自由主义'政府需要采取一套工具，寻求重新创造政治机构形式的决策和其他社会行动者之间的距离，并且通过塑造和利用他们的自由，以新的方式对这些行动者施加影响。"(Rose，1993，pp. 294ff)

对于罗思来说，高级的自由主义政府因而需要建立专业与政治之间的新关系，诸如"人类行为的实证知识的计算制度为会计和财政管理的计算制度所取代"(p. 295)。按照罗思的观点，高级的自由主义政府同样也需要新的复数形式的社会科技，并且就"由于客户(client)权力的增加，客户成为顾客(customer)，(顾客)用新的形式规范了规则主体"(p. 296)来说，也需要新的政府主体(the subject of government)的规范。

最后，就"生物权力"与政府的关注点之间的联系作一下说明。福柯(Foucault，1990)在《性史》(*The History of Sexuality*)的第一卷中，相当详尽地讨论了这个概念，他区别了发展的两个端点：第一个端点，"人类身体的解剖政治学"，它关注于其能力的最优化和与经济体系的整合；第二个端点，关注于物种的躯体。如他所述："躯体被浸润在生命有机体中，是生物过程的基石，繁殖、出生与死亡、健康水平、寿命与预期寿命，所有的境况都能引起他们的改变。通过一系列完全的干预和管理控制、人口的生物政治学，它们的管理得以实现。"(p. 139)

在近来第三帝国的历史编纂学中，珀凯尔特的观点、新的生物政治学的范式，对福柯的著作有一种怪诞的回应。的确，福柯的性的谱系学及其对 19 世纪晚期权力如何行使的解释，都依赖于"血统的主题"，它相当清楚地说明了现代种族主义的发展。他写道：

> 种族主义在这点上（现代意义上的种族主义："生物化的"、统计学的形式）得以成形：当时，整个村落的政治、家庭、婚姻、教育、社会等级以及财产——它们伴随着对身体、行为、健康以及日常生活层面上的一整套稳定干预——都认可他们的肤色、他们的正当性。这种正当性来自神奇的关心：保卫血统的纯正并确保种族的胜利。纳粹主义无疑是最狡猾的和最天真的（因为后者，所以前者），因这它把血统的幻想和规训权力的间歇发作合并起来。（Foucault，1990，p. 49）

我认为，在新自由主义之下，生物—权力并不十分明显地存在于统计学的形式中，统计学的形式本质上被商品化、分散化以及零碎化——甚而，这种形式被主动地实现，主要是通过社会和人类诸科学，*125*
而它们已经成为当今新自由主义的政府形式不可或缺的部分。

我认为可以得出结论：奥斯威辛组建了不可逃避的领域，因为要考虑在新自由主义国家—政权持续不断的现代化过程中伦理学、知识和公共政策之间的联系。后结构主义教会我们识别和尊重差异（利奥塔），注意到话语的个体化（福柯），同时，承认事件的单一性。强调奥斯威辛的单一性就正好避免了历史的某种泛化，它主张使奥斯威辛相对化的企图是另一个"灭绝疗法"。同时，有可能在纳粹德国谈及生物政治学的范式，或者在当代新自由主义政府谈及生物—权力以及人类和社会科学对种族主义话语起作用的方式，例如，人类资本——在民族和阶级方面使教育主体分类化和标准化——这些话语在历史上具有特殊的形式，正如政府理性自身的话语已经从历史上得到特殊的解释一样。

对教育政策和伦理学之间的关系不能给出一个普遍的公式——这个公式本身外在于历史和话语；此关系也是历史上的特殊关系，具有不同的形式。这种关系是话语的关系，它的形成部分依赖于更大的话语网络——那些意识形态的参数，而这些网络由政府、更宽泛的人类和社会科学所建立。

/ 7. "信息社会"的科学与教育/

我们正经历着一场运动，从机体的、工业的社会转向多
形态的信息体系——从一切为工作到一切为戏耍的致命游戏。

——唐娜·哈拉维(Donna Haraway)[1]

引言

20世纪90年代是个奇妙的学术年代，学术氛围的特点是好奇，概念和理论——它们在20世纪60年代和70年代首次被提出和发展——在普遍的思想体系中再次流行，它们出现在当今的政策争论中，这将会对先进的工业经济的未来发展产生很大的影响。我所记得的第一个例子是"后工业主义"的例子，与其相联的或者相关的发展是"信息社会"，以及最近的"信息高速公路"。这里不想论证这些观点和理论被原封不动地或者毫无改动地重新照搬。的确，在许多情况下，与早期的版本相比，原来的概念变得更加复杂。有些概念已经为经验所检验。另外，也有证据清楚地表明，原来的概念以基本假设的面貌出现，作

为既定的东西被接受，从未受到过认真的怀疑或者检验。

后工业主义的观点最初由亚瑟·彭蒂（Arthur Penty）提出，早在1917 年，他就是一位行会社会主义者（参见 Rose，1991）。从 20 世纪60 年代早期开始，这个概念得到复苏并被许多经济学家和社会学家广泛使用。20 世纪 60 年代早期是一个乐观主义的时代，当时，人们认为，增长没有限度，或者，持续的"长期繁荣"的潮流不会止步。在 20世纪 70 年代中期，人们开始感到，这种乐观主义和经济持续不断增长的观念——乐观主义依赖于这个观念——似乎是错误的和天真的。在20 世纪 70 年代中期的石油危机之后，经历了世界范围内经济衰退的痛苦，乐观的情绪和话语逐渐转变为危机的情绪和话语并强调对经济持续不断增长的前景持怀疑态度。在这个时期，生态学的观点开始受到瞩目，政府开始挣扎于"限制工业化"和经济下滑的问题，后工业社会出现的景象既是遥远的也是不负责任的。

然而，在那个时代，新的后工业理论被提出来，它们以新信息技术群的采用和影响为基础。在 20 世纪 80 年代晚期和 90 年代，它们瓜熟蒂落；如今，它们支配着当前的争论。也许，它们比 20 世纪 60 年代的后工业理论更加谨慎，但是却同样乐观。虽然它们并不认为未来毫无问题，但它们仍旧牢固地持守着这样的观念，即先进的工业社会正在经历着一系列相互关联的变化，其重大意义正如农业社会向工业社会的转变。

最近的政策文件（如经济合作与发展组织于 1991 年颁布的有关文件）强调信息技术运用后的深刻变化，尤其是从单机仪器及其使用转变为以电脑为基础的网络和新的信息服务。信息网络被看作是新的经济服务的基础，它是对变化的市场环境在策略上作出的回答。此外，网络被看作是所有经济活动全球化趋势的支撑，既对工业的场所和结构具有重大意义，也对未来国际劳动力的分工有显著意义。

　　然而，在20世纪90年代，信息社会的概念已经大量失去了它曾经所具有的社会的、乌托邦的希望。早期的理论家（如Masuda，1981）和国家远景规划都提出了信息社会出现之后引发的社会和政治问题：向参与式的民主转变的潜力，新的、更宽泛的福利形式，社区的性质，以及价值和伦理标准的变化。今天，围绕着概念的政治学已经被淹没，在经济理性主义的推动下，它一直以来都由政治家和政策制定者把持。在这种新秩序下，旧的社会民主改革的话语——从理论上，论证了政府是经济需要与公民社会需求之间的调解者——已经让位于经济理性主义，并取代了政府所扮演的协调角色，而转之赋予市场。同时，这已经包括了经济体系从社会—文化体系中的松绑。普西(Pusey)以澳大利亚为背景作出了这样的评论，在结构改革和理性化的过程中，形式的模式压倒了实际的内容，然后，经济体系获得了独立、客观性和自治，如此，公民社会被看作是与"经济"相抗衡的理想对手。"文化和认同消解为个人任意的选择，进而，机构的随意性不再是失败的迹象，相反，它被极其严肃地提出来，在调控层面上，它是自洽体系平稳的、合理运作的必要条件。"(Peters，1991，p. 21)科学、教育和技术在这个新的秩序中具有特殊的地位。它们被重组或者完全理性化，按照如今人们熟悉的原则，如竞争性、灵活性、用户买单以及成本效益，在不断提高国家竞争优势的名义下，公益科学和国家教育已经被商业化和商品化。正如利奥塔于 20 世纪 70 年代晚期的言论："知识被并且将被生产出来，以便于出售，它被并且将被消费，以便于稳定新产品的物价。在这两种情形中，目标是交换。知识本身不再是最终的目的，它失去了'使用价值'。"(Lyotard，1984，pp. 4ff)

在信息社会中，知识和教育被假设为首要的生产力，极大地改变着劳动力的构成。在由新的信息技术所铸造的转型背景下，知识成为对于经济而言不可或缺的信息商品，并且是未来国际竞争优势的基石。经济理性主义的话语重新组织了公益科学并且把其复原为经济体系中的主导部门(连同教育)，重新塑造了政府和公民社会之间的关系，这导致了作为经济体系一部分的科学和文化之间的断裂。在这种观点下，公民社会被看作是一种障碍，妨碍了与信息相关的创新机会，并且机构的僵化被看作是规章制度和结构改革的需要。

这一章考察了信息社会的概念，目标明确，就是要突显信息社会所提出的政治问题，尤其关注在新自由主义国家中科学和教育的重新形成。这一章的第一部分简短地考察了信息社会这个概念的历史，它缘自人们对后工业主义的争论。第二部分以斯蒂芬·图尔明以及其他学者的研究为基础，描述了后现代科学。这些学者表示科学"重施魔法"或者"宇宙哲学回归"，一方面，是为了反对盛行于 19 世纪的启蒙运动的科学观——它们曾经是演绎的、机械的、统一的和以单一方法为基础的——并且，另一方面，是为了支持与社会、政治以及伦理密不可分的科学观。第三部分进行了拓展，通过考察在后现代情形下后结构主义对科学的叙述，强调政治，尤其把注意力放在米歇尔·福柯和约瑟夫·罗丝(Joseph Rouse)对福柯的解释上，同样也关注了利奥塔的《后现代状况》。最后一部分就科学和教育成为国家的理性进行了简要思考。这部分讨论的总体走向是在经济理性主义的意识形态——在经济需要高于一切上，它建构了未来——之下，国家的科学和教育机构不再被认为是独立的疆域。它们的目标也可以被分解，它们被涵盖在经济体系之中，并且服务于经济体系。这种观点为重新组织国家和社会，进而创造经济增长所必备的条件提供了合法的来源，同时也提供了深层次的理论基础。

后工业主义和信息社会的历史

从一开始，信息社会的概念就在经济方面被加以研究，主要关注经济中的知识生产角色的转变。第一代理论家关心的是在所谓的知识制造职业中就业增长的影响。例如，弗里茨·马克卢普(Machlup, 1962)在原始的统计数据的基础上，得出这样的结论，即在美国职业结构的变化上，从1900年至1959年，就业的模式显示出了一种强劲的运动——从体力劳动到脑力劳动或者知识生产劳动的转变。他推断美国面临着脑力劳动和体力劳动的工资差距逐步扩大的问题，或者失业率不断向上攀升的问题。他认为，这种困境通过教育改革，进而提高总体的成绩水平，就可以被克服。

其他学者唯马克卢普马首是瞻。他们在修正分析计算的同时，倾向于承认从工业社会向信息社会的总体转变，信息社会有时被描述为后工业社会或者知识社会（如 Parker & Porat，1975；Porat，1977）。埃德温·帕克和马克·波拉特（Parker & Porat，1975）研究了由这种经济潮流所引发的问题，他们辩论道，要将更大的注意力放在信息部门的投资效率上。由此，他们得出结论，提高生产率的最佳机会是投资于研究与开发以及教育方面，并且，他们主张四个普遍的领域需要从政策上进行考虑：国家（层面上的）科学、教育、科技以及图书馆。

第二代学者把注意力集中在后工业社会的概念上，强调理论知识的中心点是中轴，新的科技、经济增长以及社会分层都围绕着理论知识而组织起来。丹尼尔·贝尔（Bell，1973）提出了后工业社会的概念，以此力图明确社会结构的变化，他从以下三方面对此进行了描述：在经济部门，从制造业到服务业的转变；以新的科学为基础的科技工业成为中心；以及新的科技精英的兴起和新的社会分层原则的端倪。他绘制了新出现的中轴原理，该原理被认为是后工业社会的组织机构。他尤其明确了理论知识的核心地位，理论知识取代了私有财产而成为中轴机构：信息取代了资本，成为新经济中最一般的操作者。同时，工业社会中主要的经济问题是资本的问题——创建存款，把它们转化为投资——在后工业社会中，主要的问题被认为是科学组织，主要是大学机构和研究机构。主要的政策问题是政府对科学和高等教育资助的性质和范围，它们的政治化，以及科学研究团队的组织问题。

贝尔（1973）注意到，现代文化的中轴原理，即自我的现代文化，敌视功能理性，而功能理性支配着科技知识、行政知识的应用。因而，在后工业社会中，社会结构和文化之间的分裂日益明显。有趣的是，20世纪70年代早期的著作受到战后凯恩斯主义的影响，贝尔评论了经济功能对社会目标的"历史上的"从属，与位居首位的政治秩序相呼应。这点使得他强调工作领域中意识形态的平均主义，在公民的权利（包括基本服务和收入）中也同样如此。这种观点与当今盛行的经济理性主义形成对照，在经济理性主义之下，经济秩序至高无上，政治领域和公民社会居于从属地位。在这种情形下，传统的关注，如对机会平等、社会公平和正义的关注，在国际竞争需求中居于次要位置。

法国社会学家阿兰·图海纳于1969年出版了《后工业社会》（*La société postindustrielle*）。他是第一个向如下假设提出挑战的人：随着新经济组织模式的转变，传统的阶级概念和阶级冲突的概念将会消失。在20世纪60年代晚期躁动的时代里，图海纳撰写著作（Touraine，1974），预言新的社会运动的出现，以及它们在亚机构的、超议会的抗议形式中重要性的不断增加。他对即将形成的新型社会进行了思考，留意到了变化，还用后工业的概念说明了这些变化。他同样也采用"技术统治"和"程序"的词汇分别表示了当今盛行的权力类型和生产方法的本质。对于他来说，资本积累和经济增长不再与生产本身相联系，而是源自于整个社会和文化的复杂因素，尤其是那些与科技知识创造有关的因素。这促使他强调社会生活领域——包括教育、消费和信息，都正在逐渐地被整合到生产领域。他的关注点是大学在未来可能成为整合或者冲突的场所（locus for integration or confrontation）。

　　贝尔和图海纳的观点已经成为样板，随后的争论对其进行了稍微改动。一些学者用赞美的言辞描绘了后工业主义；另一些学者则更加关注批判，以及通向更加解放的和可持续的社会的方法。对于前一个群体，理查德·巴德姆主张工业社会和后工业社会的差别在于一系列明显的对比："制造业和服务经济之间；蓝领和白领之间；商业公司控制和大学控制之间；增长的观念和社会福利观念、有品质的生活之间；一边是以工厂为基础的阶级冲突，另一边是集权化的技术统治者……与普通大众的互惠对抗。"(Badham，1986，p. 77)

　　前一个群体，连同贝尔一起，包括一些理论家，如彼得·德鲁克(Peter Drucker)和阿尔文·托夫勒，以及一些机构，如经济合作与发展组织。后一个群体总体上赞同这样的画面，认为这些发展确切地说是工业社会的派生物，而不是后工业社会真正的形成，其中，后工业社会与地方分权不断增加、科学被剥离神话色彩以及大众参与不断增加相联系。第二种观点以对如下这些概念的诉求为基础，"欢乐的"生产(伊万·伊利奇)、"选择的工业主义"[西奥多·罗泽克(Theodor Rozak)]、"中间的"、"选择的"，或者"适当的"科技[E. F. 舒马赫(E. F. Schumacher)]。

　　在很大程度上，这种反面的思考类型仍大量地存留在当今的争论之中，与第三代理论继续展开争论。第三代理论，我认为特别指的是利奥塔和他的奠基之作《后现代状况：关于知识的报告》(1984年)。我把利奥塔的著作称为奠基之作、第三代的代表作，有如下几个原因：首先，我认为，它代表了全球争论的显著的观点。其次，这场争论尤其是一场哲学的争论，它使人们开始关注一些重叠的主题、与先前完全不同的作品。虽然利奥塔的主题是在高度发达的西方社会中科技的地位变化，且这一主题关注知识和信息的控制，但他的哲学视角强烈地受到了法国后结构主义的影响，这使得他能够重新提出在后现代状态下，科学和教育合法性的核心问题。他的分析具有策略上的价值，让我们看到知识转变对于公众权力和公共机构的影响，并由此对主流的概念构成了挑战(参见 Peters，1995a)。

后现代科学

　　如今，毫无疑义，现代科学和后现代科学之间出现了象征上的和认识论上的断裂。这种断裂——传统科学观与后现代科学观之间的断裂——被众多学者承认。传统科学观强调对知识进行无历史的、基础的描述，以一系列二分法为基础，如理论/观察、事实/价值、大纲/内容等的区分；后现代科学观强调历史在理解科学研究中位于首要地位，同时也承认众科学并不构成统一的逻辑体系，而应当被视为生活的形式，被视为诸多群体——由约定俗成的惯例所构成，受到价值观的引领。机械的、简约的和统一的科学(以单一的方法为基础)与整体的、有机的和多元的科学概念(采用不同的方法)并存，但是两种科学概念截然相反。同样，在科学探究的范围和科学进步的概念上，人们也承认它们具有较大的差异。斯蒂芬·图尔明是维特根斯坦哲学的信奉者，对于这种情形，他道出以下言辞：

对于科学活动，对于我们科学进步的概念，进而，对于科学政策，后现代科学的出现具有几重含义。第一重含义是旧实证主义的观点不再可行，旧实证主义认为所有的科学必须以唯一的一套方法作为基础。另一重含义是科学家不再作为观察者，也没有这样的假设，即科学是价值无涉的或者科学家对他们的研究成果不承担社会后果。后现代科学必定日益与社会、政治和伦理学的思考相联系。(Toulmin，1985，p. 29)

　　盛行于 19 世纪的启蒙科学观倾向于用无历史的、普遍的方式看待科学。科学被看作是以单一的方法为基础，科学等同于理性本身。因而，科学被认为是价值无涉的，与政治问题或者伦理问题距离遥远。在 20 世纪 20 年代，随着维也纳学派(the Vienna school)的形成和逻辑实证主义(the logical empiricists)的出现，这种科学观受到了进一步的强调和引导。正是这个闻名于世、通俗的"实证主义"的观点，在一种形式或者另一种形式之间摇摆不定，直至新一代思想家——卡尔·波普尔(Karl Popper)、托马斯·库恩(Thomas Kuhn)、保罗·费耶阿本德(Paul Feyerabend)、威尔弗雷德·塞拉斯、斯蒂芬·图尔明、玛丽·黑塞(Mary Hesse)、理查德·罗蒂以及其他学者——开始拆毁它。

　　例如，布鲁诺·拉图尔(Latour，1987，pp. 153-157)关于科学实践的政治学论述讲述了一位科学研究者和她的导师的故事，她的导师主持着在加利福尼亚的实验室。这位科学研究者认为自己在寻求纯粹的科学——从事一种叫作实球藻属(pandorin)的新物质的研究——不受广大社会和政治利害关系的干扰。她的导师是实验室的领头人，与她相反，大部分时间参与到政治的活动中去。例如，在很典型的一周，他与主要的制药公司协商可能存在的专利问题；他与法国健康部门会面，就成立新的实验室进行讨论；与国家科学协会见面，就科学的新分类展开争论；参加杂志《内分泌学》(Endocrinology)的委员会议，为他所从事的领域争取更多的版面；参观当地的肉类加工厂，谈论新的宰杀羊群的方式，从而不破坏视丘下部；参加大学里的课程例会，主张开设更多的分子生物学和计算机科学方面的课程；与到访的科学家商议检测缩氨酸的仪器在瑞典的进展；最后，他在糖尿病协会上作报告。

过了一段时间，导师的决定、会议以及提议开始影响实验室里的科学研究者。艾伦·查尔默斯(Alan Chalmers)回忆道：

> 我们发现，她已经能够雇用新的技术人员，因为从糖尿病协会那里得到了款项。她新招了两名研究生，这两名研究生修了由她导师新开发的课程，之后进入这个领域中。她的研究从清洗器的样品，以及新的、高灵敏度的仪器中受益匪浅。她从屠宰场那里得到清洗器的样品，而仪器是她最近从瑞典的同事那里获得的，这提高了她测试大脑中的实球藻属的微小痕迹的能力。她先期的研究成果在《内分泌学》新开辟的栏目中刊登出来。她正在考虑法国政府提供给她的职位，这个职位涉及法国实验室的建立。(Chalmers，1990，pp. 120-121)

查尔默斯(Chalmers，1990)指出，实验室里的科学研究者在她的观念上发生了错误，即她是在从事纯粹的科学，不受到广泛的社会和政治事件的干扰。的确，她从事研究的必备物质条件得到了满足，但这是通过她导师的政治活动才获得的。毋庸置疑，科学实践不能与服务于其他领域的实践相分离。进一步展开来说，有可能要对所有科学实践的社会品性进行讨论。事实上，我的主要论点是：恰当地说，在托马斯·库恩(Kuhn，1970)的《科学革命的结构》(*The Structure of Scientific Revolutions*)之后，科学的论述在当代发生了历史的、社会学的转向。事实上，托马斯·库恩在1969年撰写的后记中，突出了科学实践的社会品性，他极力强调科学共同体的概念——他采用这个概念作为他早期研究的基础。科学共同体包括实践者，他们经历了相似的教育和专业启蒙。这些实践者汲取了相同的技术文献资料，并且，当年他们在学校一争高下时，总体上为一套共同的目标而孜孜以求。通过高级的学位、专业的团体、阅读的期刊等，科学共同体的会员资格得以获得(1970)。同样也有一些学者认可库恩的阐释，并且详尽论述之，如玛乔丽·葛林(Grene，1985)提出了新的科学哲学，以此来对照旧的科学哲学。她的论述被称为"生态学的实在论"，强调用生物学的方法来认知和观察(参见 Reed，1992)。库恩和葛林都对我所说的"后现代科学"(postmodern science)做出了贡献。对于后现代科学，至少有两点论断：第一，它强调了"宇宙哲学的回归"，科学与哲学重新联合；第二，它担负起批判当代科学的责任，强调科学"官僚政治的合理化"，强调科学成为政府理性、为经济发展服务的方式。两种论断都寻求从历史上理解科学，认为科学是社会习俗的一部分，属于文化。两种论断都采取了这种普遍的见解，在某种程度上，它们都把科学勾勒为变化的事业或者制度，反映着变化的历史情境。在这个程度上，两种论断都可以被解释为对那些被驱逐出科学的人或者为此而遭受苦难的人的同情与悲悯。

斯蒂芬·图尔明于 1982 年撰写了《宇宙哲学回归：后现代科学与自然神学》(*The Reture to Cosmology：Postmodern Science and the Theology of Nature*)。在此书的第三部分，图尔明清晰地说明了后现代科学的主题体现为宇宙学的回归。在这点上，他写道：

> "现代"世界如今是过去的事情。我们自己的自然科学今日不再是"现代"科学。相反……它迅速成为"后现代"科学："后现代"世界的科学，"后国家主义"政治的科学，以及"后工业"社会的科学——就这个世界是什么方面，这个世界仍旧没有发现如何界定自身，而仅在它如今恰好不是什么方面作出了界定。在一定的时候，显然，从现代科学到后现代科学的转变将会与哲学和神学方面的相应变化相匹配；自然科学家如今正在辛勤耕耘"后现代"的立场和方法，这对于可能要发生的自然科学与自然神学的重聚具有特殊意义。(Toulmin, 1982，p. 254)

图尔明从神学家弗里德里克·费雷(Frederick Ferré)那里借用了

"后现代"这个词语，费雷经过一番努力，为后现代世界投映了一套新的价值观和制度。图尔明的论证十分直白：他争辩道，19世纪和20世纪早期，科学和自然宗教分离，这是科学专业化以及随之而来的专门化的结果。劳动分工不断细化，在这种情形下，比较宽泛的传统宇宙哲学消失了。同时，科学家的角色逐渐地被定位为纯粹的观察者的形象，他们被期望客观地对自然世界进行报告。观察者所具有的知识观在于信奉科学的"价值中立"，如此，科学就不再被认为能对道德、实践以及宗教问题加以说明了。笛卡尔久负盛名的几何学尤其成为典范，完美地表现了理性的本质。笛卡尔的几何学建立了知识的等级，宣扬处理普遍现象的科学，贬低那些处理特殊事件的研究领域。进而，也许更为重要，"笛卡尔的二元论成为教义，使得我们对世界的洞察一分为二，这个教义具有这样的后果——理性思考的人类高于随意的、没有思考的自然，因而，在一个'精神物质'相对分离的世界里，人类智力登基为王。"(Toulmin, 1982, p. 238)

传统的宇宙哲学，在17世纪向现代科学转变之前，受到伽利略(Galieo)、开普勒(Kepler)、牛顿(Newton)、培根(Bacon)以及笛卡尔的影响，行使了许多各种不同的职能，既是实践的也是理论的，既是象征的也是表现的。在后现代科学中所体现出来的宇宙哲学的回归，寻求人类重新嵌入自然世界。图尔明提及古典时代晚期的斯多葛哲学(stoicism)，这是西方历史上最后一个这样的时代，即在单一的设计或者宇宙之中，人类和自然被认为是互为补充的元素。他认为绿色哲学(green philosophy)是(非学院的)当代的斯多葛哲学，因为它以加深对人类和自然相互依存的理解为己任，把人类与自然结合在一起，加强科学元素和哲学元素或者伦理学元素的结合。

在随后的出版物中，图尔明(Toulmin，1985)强调多元主义和责任，它们是后现代科学的特征，在此，科学家作为参与者(the scientist-as-participant)，这鼓励她们①把自己看成是研究的自然过程中的一部分。至此，科学家承认她们的角色是参与者，图尔明争辩道，她们将会促进形成一种世界观，即少一些机械的、简化的、决定论的世界观。最近，图尔明(Toulmin，1990)的研究回溯到17世纪，重新发现理想的社会是"大都市"，这种社会具有理性的秩序，正如牛顿的自然观一样。例如，这种观点在霍布斯的《利维坦》(*Leviathan*)中得到体现，在当时为大家所理解的科学方法的基础上，这本书详细地论述了社会的概念。图尔明重新考察了现代性的标准及其缺陷，反对基础主义对知识的论述——其特征是呼求"科学理性主义"。按照17世纪理性主义的观点，仍旧自我赞扬的科学，或者使自己合法化的科学，必定被赋予人性化，并且必定为这样的科学概念所取代，这种科学概念自身服从于公民和社区的需要，同时，重新评价实践哲学(隐含在启蒙运动的人文主义中)的目标和价值。

其他学者具有与图尔明相似的观点，这些学者主要有：戴维·博姆(Bohm，1980，1985)、鲁珀特·谢德瑞克(Sheldrake，1991)、查尔斯·伯奇(Birch，1988)、伊利亚·普里高津和伊莎贝尔·斯唐热(Pri-

---

① 作者用了女性的人称代词来表示作为参与者的科学家的整体。——译者注

gogine & Stengers，1985)、大卫·格里芬(Griffin，1988)、波阿凡图拉·德·苏泽·桑托斯(Santos，1992)、波林·罗斯诺(Rosenau，1992)。例如，罗斯诺(1992)提出了"肯定的"后现代主义的概念，她以此来针对"怀疑的"后现代主义。前者是这样的一种观点，由图尔明揭示，由格里芬进一步发展为"建设性的"或者"修正的"后现代主义，格里芬声称，"这包括科学机构、伦理机构、美学机构以及宗教机构的新的统一。它拒斥的不是科学，而是科学至上主义，在此主义中，现代自然科学被认为单独地对我们的世界观的建构出力"(Griffin，1988，p. x)。

格里芬对图尔明建立在后现代机体论(a postmodern organicism)基础上的"科学的魔力"的称呼作出了清晰的应答，他与罗斯诺都把这种观点与怀疑的后现代主义或者解构的后现代主义相对比，认为怀疑的后现代主义或者解构的后现代主义受到尼采、维特根斯坦以及海德格尔的启发。正是这种叙述，为法国后结构主义思想家德里达、福柯和利奥塔，以及其他学者所发展。正是这种观点关注了知识的政治学，对当代西方科学——在自由资本主义社会中被实践——起到了主要的批判作用。

走向科学的政治哲学

自由主义对科学从认识论上进行解释时的标准是，人们普遍接受的知识和权力之间的关系。我们可以把这种关系概括为：知识和权力之间所有的交往都是外在的，这意味着权力能够影响我们所信奉的，同时，权力之物与我们信以为真的信念完全无关，与被判断为具有知识身价的东西完全无关。换言之，正如约瑟夫·罗丝对此关系的简短的表述："知识要求它在认识论上的地位独立于权力的运作。"（Rouse，1987，p.13）按照这种普遍的描述，为了获取权力而使用知识，或者权力可以被用来阻止获取知识，或者知识可能把我们从权力的影响下解放出来，但是权力不能对知识所取得的成就做出建设性贡献。这种标准的观点依赖于权力概念具有的三个特征：它由特殊的行动主体拥有和实施；它在我们的表现上运作，而不是在被表现的世界上运作；最后，它从根本上是专制的（p.15）。仅在第二点上需要解释：我们对于世界的信念可能受到改变，或者由于权力的运作而强加给我们，但是权力的运作不能够保证我们信奉的是真理，也不能改变世界的本原。

人们普遍接受的知识与权力之间的关系已经受到了严肃的挑战。例如，实用主义向这样的主张发起挑战，即权力外在于知识，因为真理是科学团体达成共识的产物，并且，除了我们通过探究的实践所达成的东西外，对真理没有认可的标准。在此观点下，如果真理标准自身是探究的产物，那么，权力之物是认识论的构成部分，并且，传统认识论的问题——区分正确与错误的信念——被转化为"政治问题，区分自由的探究与受到权力约束、曲解的探究"（p.19）。这种观点受到批判理论的主要代表者哈贝马斯的强烈辩驳。

哈贝马斯（Habermas，1971）提出了这样的论点：所有知识是政治的。在此，他的意思是，知识总是在人类兴趣的基础上被组成，而人

138

类的兴趣是在社会和历史的情境中发展起来并于其中被塑造的。他将构成知识兴趣的主要类型划分为如下三种：技术的兴趣，为自然科学所特有，产生工具的(目的—手段)知识，旨在预测和控制；实践的兴趣，为人类科学所特有，被意义的理解、解释所支配，进而产生知识；最后，解放的兴趣，为批判的社会科学所特有，以自由和理性自治的价值观为前提。进而，新的经验论者[希拉里·普特南、拉里·劳丹(Larry Laudan)、玛丽·黑塞]向一系列区别下战书，而这一系列区别支持人们普遍接受的(自由主义的)知识和权力之间的关系：事实/价值、理论/实践、纯粹/应用、纲目/内容。他们也反对把科学理论解释为表现性的或者符合论的。在他们看来，成功的理论与对世界精确的表现毫无关系。成功的理论是那些能够提高我们处理世界能力的理论，那些我们能够从技术上控制世界的理论，并且，"技术上的控制、干预和操纵自然事件的权力不是先前知识上的应用，而是形式——科学知识如今主要采取的形式"(Rouse，1987，p. 20)。

在一个十分有影响力的论述上，我们将要讨论牢不可破的组合——"权力/知识"(Foucault，1980)。福柯重新思考了现代权力的性质，在人类科学诞生的过程中，在相关的自由主义的机构——诊所、监狱以及学校中，追踪了其发展。现代权力的新机械论与人类科学的诞生形影不离。现代权力是生产性的而不仅仅是专制的；它是毛细血管，这体现在它是在日常社会习俗中运作，而不是通过信仰运作；最后，它既是地方的又是持续不断的。真理、知识和信仰是"话语机制政治学"的产物，存在着无法比较的多种话语机制，在历史上相互取代。

权力/知识是话语的机制，由习俗的母体组成，它界定自身独特的探究对象、真理标准、制度认可等。"权力/知识"这组词汇，正如南希·弗雷泽所注意到的，"以一个单一的概念涵盖了万事万物，而万事万物被归至属于库恩的两个独特的概念之下，即范式和规训的母体，但是，与库恩不同，福柯把这组词汇赋予了政治的特征。对'权力'这个词语的使用和对更加敏感的'机制'的使用，两者都传达出政治的色彩"（Fraser，1981，p. 274）。139

话语机制在社会习俗——它包括各种约束的形式——的基础上发挥作用：一些话语的价值形成于另外一些话语的价值之上；"一些人在制度上被授权，被允许提供知识—主张，同时拒绝其他人被授权；强迫从一些人和群体中获取信息，强制获取一些人和群体的信息；等等"（p. 274）。尽管福柯并没有把他的见解直接应用于自然科学，其他学者却这样做了。例如，约瑟夫·罗丝利用福柯的见地，提出了政治的科学哲学。他写道：

> 权力关系弥散在科学研究最为普通的活动中。科学知识源自这些权力关系，而不是与它们对立。知识是权力，权力是知识。知识深嵌于我们的研究惯例之中，而不是全然抽象于理论的表述中。理论在它们的用途上被加以理解，而不是在它们与世界不变的符合上。随着权力在科学中被生产出来，它不是特殊的行动主体的拥有物，也不必为特殊的兴趣服务。权力关系构成世界，我们于其中发现行动主体和兴趣。（p. 24）

这种知识与权力关系的观点也是利奥塔对后现代状况进行叙述的基础。利奥塔唯一的出发点是科学知识，他试图以此描述和绘制西方社会向后工业时代转变的图景。他论证道，主导的科学技术——控制论、远程信息学、情报学以及计算机语言的发展——都以具有重要意义的语言作为基础，并且，它们一起转变为知识的两个首要职能：研究，以及习得知识的传递。

在这种普遍的转变背景下，知识被改变或者被重新界定。在被建立的知识体系中，任何不能被转译为信息量的知识将会被抛弃。换言之，知识失去了其"使用价值"。科技的转变受到知识机构——不断地小型化和商业化——的锻造，它将进一步改变学习获得的方式和学习分类的方式。关于知者，知识被外显，学习者和教师的身份被转变为供应者和使用者的商品关系。正如利奥塔所论证的："知识被并且会被生产，以便出售；它被并且即将被消费，以便稳定新产品的物价。在这两种情形中，目的是进行交换。"(Lyotard, 1984, p. 4)知识早已经成为首要生产力，改变着最发达国家中劳动力的结构和构成。

140　　知识商品化愈发加深了发达国家和发展中国家之间的沟壑。它使传统的理论瓦解，而传统的理论认为，学习处于政府的职责之下，就政府与信息充斥的跨国企业之间的关系，它提出新的伦理学的—政治学的问题。利奥塔承认，这个情境不是原创的，或者甚至不必是真实的，但是它具有策略上的价值，让我们看到知识转变对于公共权力和公民机构的影响，并且它再度提出合法性的核心问题：谁来决定什么是真实的或者什么被认为是科学的、属于科学共同体的话语？在后现

代社会中，知识和权力被简单地认为是同一问题的两个方面，知识合法性的问题则必然地处在风口浪尖上。知识的问题如今远不止是政府的问题(Lyotard，1984，p. 9)。

作为国家理性的科学与教育

科学已经成为国家的理性。与以往相比，现代发展观，与进步、竞争以及国家主义的含义之间联系更加紧密；科学和教育成为国家理性，它们服从于一种新的理性，旨在对体系有不俗的贡献。利奥塔辩论道，科学，在另一种规则的摇摆下，在科技的摇摆下，日益沉沦。技术规则与科学相对立，科学的目标是真理，而技术规则遵循最佳性能的原则(最大化的产出，最小化的投入)。技术规则的目标或者标准是效率，而不是真理或者正义。

科学已经成为国家的理性，与国家发展的政治相联系，这不一定是近期的现象：在第二次世界大战期间及其后，科学与发展的关系被加以巩固，这种关系在冷战的政治中发挥了引人瞩目的作用。令人争议的是，现代科学被认为是国家的理性：无疑，培根认为科学是战胜自然和(为国君服务的)人类的力量。自第二次世界大战以来，科学、教育和技术在社会经济发展中逐日发挥着基础性、决定性的作用，并且这一点得到了公认。有如下一些因素加强并凸显了这一点：新的跨学科的基础科学和新兴的通用技术(如电子学、信息与交流、高等材料和生物科技)之间的关系；在驱动新的经济发展的康德拉杰夫(Kondratiev)"长波"①中，这些通用技术所扮演的角色；随后需要国家资助面向未来的、以基础任务为主导的计划，或者投资策略上的研究，以及外部变化的"有限情形"。在此情形下，科学研究体系如今必须运转，因为科学已经进入了"稳定的状态"（Ziman，1994），这对公众责任提出了要求，并且，必然意味着"为金钱的价值观"在资助的配置上具有更大的选择性，用更加系统的方式来制订规划。

自 20 世纪 80 年代中期以来，在自由资本主义国家里，我们见证了采纳公司化、解除管制和私有化的策略，这些策略成为审慎的政治方案的一部分，牵涉到核心的、边缘的公共部门的大规模重建。这些变化引起了政治哲学的显著转变，它假定这样的社会：自由的个人在市场中按照共同约定的行为准则，使自身的利益最大化，从而，自由的个人也同样最大化地利用信息和资源，以使整个团体受益。

在此观点下，信息和知识的传递正居于市场机制的核心。对市场竞争加以强调，因为它是极好的文化适应，能够加速知识的获得和交流，而不是强调技术本身。市场被看作自由社会的本质，因为据称，它提供了评判胜负的客观体系；胜者和败者的出现是一个必须被接受的事实，它是自由社会建立的结果。政府的角色在这个概念上是有限的：建立清晰的行为规范；确保信息的自由流通；通过税收，提供公共商品和服务——它们不能由市场提供；以及监管社会上的不良做法。

---

① 在现代资本主义经济体系中，康德拉杰夫长波又称长波或 K-波，是一种以 50～60 年为一循环周期的经济现象。一般将长波分成两段：上升的 A 阶段与下降的 B 阶段。长波之名源于苏联经济学家康德拉杰夫。——译者注

就两个关键的信息服务——研究和教育——来说，国家必须谨慎地避免由自由经济秩序不正当的干预带来的威胁。在这些领域中，如同在福利服务的领域中，国家必须避免受到传送体系的支配，从而不会歪曲信息的自由流通，也不会向个人伦理责任妥协。对教育的追求必须不受到统计学——在机会平等的关注下，特殊的人群获得特殊的结果——的干扰。国家福利服务的供给应该被降低到最低比例——降低至最低限——以便不会歪曲市场秩序的功能，也不会减少对人们福利应承担的必要责任。

由于这个原因，国家收入的重新分配以及对社会正义的追求、国家企业以及商会与国家的合作被看作是政府不应负责的领域，否则便会阻止个人接触到信息。以这种新自由主义哲学为基础的政策结局，在历史上的高失业率水平中清楚地表现出来。高失业率既是结构性上的痼疾，又使阶级、种族、性别裂痕加深。

在很大程度上，为科学和教育政策的重建提供基础的潜在原则，反映出克里斯托弗·胡德(Hood，1990)和其他学者所称的新公共管理(New Public Management，NPM)的东西。新公共管理转变的特征是：从政策发展转变为管理；公共服务机构从集中走向分散(分散的财政、国内市场以及竞争)；从有计划的和公共服务的社会福利主义走向对成本缩减和劳力训练的强调；从过程走向产出控制和绩效机制(性能评估)；从不变的公共部门的生产转变到期限合同和私有部门的传送(Hood & Jackson，1991，p. 178)。围绕着竞争、用户选择、透明和激励的结构，伴随着20世纪80年代时兴的"企业文化"的要素，新公共管理合并了"新的制度经济"(公共选择理论、委托—代理理论、交易成本理论)。它表现了泰勒的科学管理的发展，并且已经成为新右翼意识形态的工具；它强调避免政府的直接管理，相应地，对于紧缺的公共资源的配置，倾向于采取类似市场的安排。更进一步来讲，胡德(Hood，1991，p.3)注意到，新公共管理与这些尝试相联系：放缓或者撤销政府在公共经费和工作人员方面的增加；向私有化和准私有化转变，脱离核心的政府机构；发展自动化，尤其是发展信息技术和公共服务的生产与分配。

很明显，与新的管理哲学一样，科学政策的重构已经发生了，它的原则体现了政治的意识形态。因此，科学将逐渐在一套特定的意识形态参照物中进行。科学实践能与公益科学拨款的问题相分离吗？科学实践能与政策背景相分离吗？这里的政策背景阐明研究目标关涉的是研究的整体方向，强调它对经济表现的贡献，尤其是经济部门的研究——它早已具有竞争优势或者能够增加价值。在未来，科学的实践将独立取代国家的优先研究主题吗？在我看来，这些问题的答案相当清楚。

在许多自由资本主义的国家，国家政策实际上放弃了这种可能性，即平衡劳动力市场在供需两方之间的不平衡；并且，新自由主义对公共部门的改革祛除了传统的手段——适当地追求完全就业的政策，因为随着所有的长期社会成本的支出，结构性失业问题似乎有可能会加剧。在这些情形下，强调新的信息技术群具有创造就业可能性的乌托邦后工业思想家所详细阐述的前景，"电子村舍"(electronic cottage)的增长(阿尔文·托夫勒)，第三产业潜在的就业形势，或者甚至，通过自雇新形式形成非正式部门的策略，这些都需要最仔细的审视。

对信息社会评价的论题必须与大多数版本的科技决定论达成一致。在这种叙述中，科技由毫无疑义的词语表述为某种自动的、本身具有生命的，以及驱动现代化进程的东西。这种观点与非线性的发展概念的意义一起，极大地限制了政策进程中的想象力。在技术的形式和方向的选择上、在与国家发展问题的关系上，它不仅模糊了权力的问题，而且阻止了对选择进行反思；还起到了这个作用，即挫伤公众参与标准——这些标准被用来进行公共选择——讨论的积极性。

技术决定论的后工业理论假定，新经济的存在源于对新的信息技术群在驱动经济发展、对新技能需求方面所扮演角色的简单假设。一般来讲，他们把这些发展解释为中立的、自然的和市场逻辑的必然结果。这种决定论是更宽泛的发展话语的一部分，具有不同的形式。线性发展理论构成了西方现代化的基础，近来，它受到了批判，因为在西方种族主义发展范式的基础上，它被错误地表达为普遍主义的、无历史的以及目的论的。按照所谓的聚合理论，所有的工业社会在结构方面日益变得相似起来。然而，许多学者指出，日本和新兴工业化国家似乎与欧美具有十分不同的发展模式(参见如 Suginmoto，1990)。

统一的现代化进程的假设以一个范式作为基础，如果对后工业未来前景进行讨论，这样的假设是一个很大的错误。把特定未来的多种可能性同质化，在这个意义上，这样的假设是一个错误，从国家层面来讲，不仅要考虑世界经济的国际化发展，而且还要考虑地方的状况和倾向性的选择。即使在经验论的层面上，即使在一些后工业发展轨迹十分不同的国家中，如美国、德国和瑞典，这个假设似乎是错误的(Esping-Andersen，1990)。杉本博司(Sugimoto，1990，p.59)主张，一个解决的办法是假定多线性的(或者多中心的)社会变革模式，这就有可能明确欧美现代化模式之内的差异，其他完全不同的模式(日本、新兴工业化国家)亦是如此。这种方式有可能妨碍国际政策机构的观点，这经常发生在所谓的无差异发展模式中，无差异发展模式以欧美范式为基础，并被假定为同质性的。

注　释

144　　　第七章是在我的两篇论文的基础上修改而成的：一篇是《新西兰就业前景与信息社会的政治》("Employment Futures and the Politics of the Information Society in New Zealand")(1993)，被收录在理查德·哈克(Richard Harker)与保罗·斯庞利(Paul Spoonley)编纂的《科学与技术：20 世纪 90 年代的政策问题》(*Science and Technology*: Policy Issues for the 1990s)中，由威灵顿的研究、科学与技术部以及教育研究与发展中心(Wellington: Ministry of Research, Science and Technology & Educational Research and Development Centre)出版；另外一篇是《奥特亚罗瓦的后现代科学？保护、宇宙哲学与批判》("Postmodern Science in Aotearoa? Conservation, Cosmology and Critique")，这篇论文最初于 1992 年 12 月 5 日在威灵顿(Wellington)保守主义学会(the Department of Conservation)的研讨会上宣读，并于 1993 年出版，出版在埃莉诺·里莫尔迪(Eleanor Rimoldi)编纂的《毛利教育研究组·研究专著系列》(Research Unit for Maori Education Research, Research Monograph Series)(1993)。

　　　[1]　D. Haraway. (1990). Manifesto for Cyborgs. In L. Nicholson (Ed.), *Feminism/Postmodernism*. New York: Routledge.

/8. 瓦蒂莫、后现代性与透明社会/

引言

　　很明显，对"后现代主义"的争论非常有可能论及当代意大利思想。例如，在建筑领域，保罗·波多盖希和维多利亚·格里高迪(以及其他人)对国际范围内的讨论做出了独特的意大利式贡献。对于波多盖希(Portoghesi，1982)来说，汲取利奥塔(Lyotard，1984)著作中的养分，提出后现代是与现代主义的"决裂"，绝不是简单的方向改变，也不是一个求同倾向的标签。对宏大叙事的不信任加速了理论的合法性危机，按照波多盖希的观点，这种不信任同样也向现代性建筑的基本原则提出了挑战。波多盖希并非毫无批判地汲取新的电子科技——它调节了向后工业社会的转变，他乐观地谈及历史形式的回归，还谈到了组合系统是建立交往建筑的一种方式，其前提是把主体的角色恢复为社区使用者。至于格里高迪，他一字不差地相信利奥塔，他认为："在建筑的方案和在更大规模地实现人类解放的社会—历史进程之间，不再具有任何紧密的联结。后现代性建筑受到谴责，因为在它所固有的空间之内出现了多种细小的变化，以及它放弃了人类所栖居的整体空间的最终重建方案。"

很明显，由于上述表述，波多盖希和格里高迪两位学者都倾向于站在利奥塔一边，反对哈贝马斯。的确，波多盖希(Portoghesi, 1982)发表意见说，真正的"新保守主义者"——涉及哈贝马斯(Habermas, 1981a)与法国后结构主义之间的争论[1]——不是那些回归艺术的传统并以此反对现代化影响的人，而是那些不惜任何代价充当现代性守护神的人。

146在说英语的国家中，翁贝托·艾柯(Umberto Eco)最近的小说和哲学著作名扬天下，伊塔罗·卡尔维诺(Italo Calvino)的小说也是声名远扬，后者还被约翰·巴思称为"后现代者"。卡尔维诺(Calvino, 1989)的散文集《文学机器》(*The Literature Machine*)(原本是早在 1966 年所举办的一系列讲座的讲稿)，清楚地表达出对文学理解的高度原创性观点——文学与哲学和科学的关系，文学的叙述功用，以及文学的政治用途。正是这种观点，不仅从历史上意识到当代理论的发展、"太凯尔"群体("Tel Quel"①group)的作品，特别是罗兰·巴特的作品[如关于卡尔维诺的研讨专刊，参见《意大利季刊》(*Italian Quarterly*)(1989)]，

---

① Tel Quel 在英文中是"as it is"(如其是)，是一本前卫的文学杂志，1960 年在法国创刊。这个名称源自尼采的一句话："我要世界，我要它像原来的样子。"这份刊物发表了大量激进的宣言，提出了大量颠覆性的理论，新小说、新批评、新哲学、结构主义、解构主义、女性主义、后现代思潮都受益于这份刊物。——译者注

而且对它们的发展十分敏感。

艾柯在与斯蒂法诺·罗索(Rosso, 1991, p. 242)的会谈中, 同意某些学者的看法, 即后现代是精神的而不是年表的范畴——它是艺术家(a Kunstwollen)(艺术意志, a Will-to-Art)、风格的工具, 甚至是一种世界观。他主张后现代是对过去的应答, 原因在于它认可过去必须被"反讽地重新认识, 且用一种非天真无知的方式"(p. 243), 进而他用这些观点确切地讨论了他自己的作品《玫瑰之名》(Ie nome della rosa)(The Name of the Rose)。他把结构等同于开放性, 并且采用迷阵的模式, 以此来作为文本想象的基础: 经典的迷阵(阿里阿德涅之线, Ariadne's thread)有一个入口、一个中心和一个出口; 矫饰主义迷阵, 类似根部的组织, 具有许多死结, 但是仅有一个出口, 这种网状组织叫作根茎(源于德勒兹和加达里), 它"没有中心, 没有边缘, 以及没有出口"(Eco, 1989, p. 248)。

在这点上, 艾柯把他对后现代概念的讨论与意大利学者对于"理性的危机"的争论、与贾尼·瓦蒂莫所提出的"弱的"或者"软的"思想联系起来。[2]他写道: "人们过多地谈及以理性为基础的实践, 似乎仅有一个'理性'。他们发现不止存在一个'理性', (如在意大利)人们开始讨论理性的危机(美国人或许讨论费耶阿本德在认识论上的无政府主义)。在任何情况下, 如果我们谈到笛卡尔、黑格尔以及马克思的理性, 就存在着理性的危机。"(p. 244)

罗索把瓦蒂莫对意大利"理性危机"的关注描述为"首先是对占支配地位的克罗齐哲学的反应, 更加一般地说, 是对'唯心的历史理性'的反应"(Rosso，1991，p. 80)。罗索写道："近来，海德格尔的'复兴'、对尼采的研究、法国后结构主义的传播、这个世纪头几十年对维也纳文化的兴趣的重燃、对法兰克福学派一些主题的兴趣的重燃，所有这些与当代意大利的马克思主义的历史主义危机相吻合。对于大多数处于50年代和60年代的意大利思想家来说，它们具有某种共同基础，并且早于结构主义的普遍传播。"(p. 80)

　　罗索认为这种理性的危机既有点时髦，又有点膨胀。这种理性的危机还在一个论文集中得到体现，这个论文集被 A. 格尔格尼(Garga-ni，1979)命名了一个恰如其分的名字——《理性主义的危机》(*Crisi della ragione*)。在这个论文集中，所有撰稿人的开场白都是对传统理性危机的理解，他们反对"复数的理性"，包括海德格尔对西方形而上学的"摧毁"、后维特根斯坦的分析哲学。[3]瓦蒂莫认为基础主义仍旧残留于这些学说中，并且"指出解释学是唯一的非形而上学的方式，它反思语言与存在的关系，反思'超越语言'存在的问题"(Rosso，1990，pp. 81-82)。瓦蒂莫的研究浸染于海德格尔和尼采的解释，在解释学、虚无主义以及后现代性的交汇点上，他的研究得以建立。在此背景之下，瓦蒂莫最近的书稿《透明社会》(*The Transparent Society*)(1992)值得一读。这一章，在第一个部分，讨论瓦蒂莫的"历史的终结"的概念，以此作为引子，进而在第二个部分考察《透明社会》的意义。

瓦蒂莫的"(历史)故事的终结"

　　瓦蒂莫(Vattimo，1991)的论文《(历史)故事的终结》["The End of

(Hi)stroy"]关涉把后现代性解释为历史的终结和由此而提出的合法性问题，尤其关注了理性地构建批判的可能性。他一开始便指出，如果后现代性这个概念要从根本上具有任何意义，那么，它必须描述历史的终结。利奥塔(Lyotard，1984)和哈贝马斯(Habermas，1981a)都赞同这一点。对于利奥塔来说，他主张元叙事——它们使现代性的宏大叙事合法——已经消解。更贴切地说，后现代性以"对元叙事的不信任"为特征，元叙事使科学具备合法地位——通过诉求"精神的辩证法、意义的解释学、理性的解放或者劳动主体的解放，或者财富的创造"(Lyotard，1984，p. xxiii)。按照瓦蒂莫的看法，哈贝马斯接受后现代性的定义，他只是不同意我们目前身在此状态之中。哈贝马斯接手了保卫"现代性方案"的任务，不仅全身心地投入人类解放、随后的发展前景、特殊元叙事的复兴——它意味着理性历史进程的可能性——的历史事业当中；而且，在此基础上，投身于理性批判的可能性中。对于利奥塔来说，我们时代的主要事件决定性地驳斥了元叙事[4]；对于哈贝马斯来说，这些事件并不代表启蒙方案的决定性失败。

在对这些观点进行反思之后，瓦蒂莫主张，如果元叙事已经被消解了(他确实认为如此)，那么，已经完结的不仅是某种历史观，而且也是历史本身：

148

> 元叙事使我们把历史看作单一的进程，如果这样的元叙事受到了驳斥，那么，正如利奥塔所设想的，历史本身已经成为不可能。想象一下，历史，作为事件进程的历史，在不断

地行进，无论我们对我们曾经信奉过的元叙事的感觉如何，这等于假设具体的元叙事——认为历史是事件的客观进程——没有被消解；或者，换言之，历史的进程作为单一的和连续不断的事件的过程，不是"简单的"元叙事，而是对历史现实的真实描述。如今，这确实是元叙事所声称的主张，也确实是后现代意识所不再信仰的。(Vattimo，1991，p. 134)

除了引用利奥塔的"过度放纵的"论点，瓦蒂莫也引证了海登·怀特(Hayden White)的研究——历史编纂修辞学策略的本质——来重新建构过去，并且，他以赞许的口气提到了尼采对历史主义的批判和本雅明(Benjamin)的《历史哲学论集》(*Theses on the Philosophy of History*)，他提出这样的观点，即"历史，作为单一的进程已经……成为难以置信的(和不可能的)"。他说道："我们已经步入这样的状况，A. 格伦(A. Gehlen)早就把它称为后历史时代。"(p. 134)

瓦蒂莫在利奥塔论题中所发现的问题是"元叙事的消解本身是(这有点荒谬)某种元叙事"(p. 135)。他扩展了这种批判，争论道，利奥塔所主张的决定性事件驳斥了元叙事拥有这种能力，因为元叙事自身是另一个合法元叙事框架的一部分。换言之，利奥塔"仍旧采用历史程序的合法性来主张元叙事已经消解了"(p. 135)。这不是一个微不足道的反对意见，它指出了自相矛盾之处，并且，接受它不需要反对利奥塔的观点。的确，只有通过明确问题的矛盾本质，哈贝马斯的批判才得以达成，并且合法性问题才得以解决。瓦蒂莫的观点是，利奥塔不同于他的"杰出前辈们"，如尼采或海德格尔，他没有注意到他陷入的矛盾。

瓦蒂莫想让我们在这个矛盾上停留，建设性地思考这个矛盾，用海德格尔的思念(*Andenken*)和扭转(*Verwindung*)的概念重新思考它。为此，瓦蒂莫主张，形而上学是一个首要的哲学原则，这清楚地表明，它不能简单地被看作是我们不能遗漏的东西或我们自己不能轻易改正的某种错误。这种情形的存在并不是因为根深蒂固的心理习性或者文化习惯，或者甚至因为不可能创造非形而上学语言，而在于更加根本的原因："形而上学不能够被简单地克服，因为要克服它，就意味着要永远保存它的方法和结构。"(Vattimo，1991，p. 136)对于瓦蒂莫来说，遵循尼采和海德格尔，就不存在形而上学的"克服"，也不存在与现代性的决裂，因为克服的概念属于形而上学的体系，形而上学的体系刻画了现代性的特征。

离开形而上学的唯一方式是扭转，这个概念是一簇意义的集合，从"扭转"、"放弃"到"恢复"。因而，后现代性对现代性具有扭转的关系，在这个意义上，在放弃形而上学的某种病态的同时承认它，只有这样，我们才能够脱离形而上学。但是用这种方式看待事物——把形而上学的体系看作一个整体，看作一种传统，回忆(思念)其转折点，试图恢复"考古学的"传统——这些都是对目标的扭转，看待事物的方式一直受到这种追求的引导，即通过追求逻辑真理反映现实的知识法则。它是一种扭转，因为用这种方式看待传统，就是漠视权威的品性——追求逻辑真理和它的知识主张，同时，明确它主要关注的是传统，而传统在 20 世纪科技的工具理性中得到强有力的发展。

通过回忆形而上学转折点而恢复的形而上学是对存在问题的回归。瓦蒂莫写道："在形而上学传统中未被思考的是存在的本是(Ereignis)品性，存在被视为一个事件，而不是一个稳定的结构——它类似柏拉图的真正的存在(ontos on)。所回忆起来的是对存在的这种'最终的'品性的发现：对于海德格尔来说，形而上学是'系列'的时代，于此之中，存在以不同的根本(archai)形式敞开自身，每一个形式都宣称是稳定的(形而上学的)结构，同时，它是'合理的'和'划时代的'敞开；在福柯的观念中，它是某种认识型。"(Vattimo，1991，p. 137)

因而，在海德格尔看来，存在不能够被领会为在场——一种稳定的和最终的结构。首先，它不是一种新的基础。瓦蒂莫解释道，存在"只是'偶遇'……，仅能够以回忆的形式被'想起'，是某物——总是已经消失了"(p. 137)。因而，思想成为回忆，这种思想类型是一种探寻的扭转——对传统形而上学根基探寻的扭转。后形而上学思想是回忆，这与存在(被看作是事件)相吻合，它与后现代敏感性志同道合；在建筑学和文学领域，都"朝向自由的——甚至是随意的——过去各种形式的复兴"，过去的各种形式和类型被唤出，根本动机不是理解当今，而是"修辞例子集锦"(p. 138)。

扭转和思念促使我们解决后现代性的合法性问题，因为它们撕下了后现代主义理论的面纱——静止的形而上学特性，就像利奥塔的理论，他就引起偶遇的情形、引起事件进程独特解释的情形进行论证。这受到瓦蒂莫的激烈争辩：

如果我们简单假定，我们时代的事件已经完全消解，形而上学的元叙事已经被清算，并把这作为不可驳斥的事实，那么，正如哈贝马斯所说，我们确实没有给当今的理性批判留下一丁点儿机会。相反，如果我们承认，正如海德格尔所主张的，历史的终结属于存在的历史，那么，对于理性的争论和对于历史的选择，我们仍旧具有一个标准——尽管它是自相矛盾的。(Vattimo，1991，p. 139)

　　确实，这种观点牵涉元叙事，存在历史的元叙事——但是这种元叙事，与利奥塔和哈贝马斯的相反，"被认为唯一具有进步的意义……消解所有元叙事——它的意义是，消解作为一个稳定结构的存在，欢迎作为一个事件的存在"(p. 139)。扭转和思念的概念为我们提供了否定的标准来"积极地参与所有形而上学残留的解(建)构，这些残留如今总体上仍旧在哲学、心理学、伦理学、文化中存在"(p. 141)。[5]

透明社会

　　正是在《透明社会》这本书中，瓦蒂莫构筑了历史终结的论题，把它与后现代社会的诞生相联系，指出在转型时期大众传媒扮演了决定性角色。他在开篇清楚地陈述道："按照我所提出的假设，现代性终结了，此时——有几种原因——历史不再可能被看作是单一直线的。"(Vattimo，1992，p. 3)历史既累积地实现了人类解放，又完善了人类理念，确切地说，它已经存在问题，因为时至今日，它的革命的假设或者发展的假设把西方现代化进程勾画为文明的巅峰。单一直线的历史，这个观点的意识形态特征，通过盘踞于19世纪和20世纪激进的批判而暴露出来。瓦蒂莫特别提到本雅明的《历史哲学论集》，由此，他表明这种观点是以过去的关注点为基础的，因而，它具有与生俱来的政治特征。瓦蒂莫写道："没有任何一部历史，仅是从不同角度对过去的面貌进行反射。如果认为存在一个至高的观点或者综合的观点，它能够统领其他所有的观点，这是虚幻的。"（Vattimo，1992，p. 3）

但是，如果在历史的观念上存在危机，这就是双重危机，因为，向这种观念发出挑战同样也是向它所依赖的发展观提出问题："如果人类的事件不是单一直线的连续体，那么，人们不能把它们看作是朝向终点的行进，不能把它们看作是实现理性的改进计划、教育计划和解放的计划。"（p. 3）对历史观和进步观的挑战，不仅产生于对19世纪历史主义内在假设的批判中，而且，在政治实践的层面上，产生于第三世界对欧洲殖民地化和帝国主义的反抗中。

那么，现代性的消解被认为部分上是对欧洲殖民地主义和帝国主义的危机的反思。从战略上，这也许更为重要，它同样也是即将到来的"共产主义社会"的结果。瓦蒂莫用如下语句表述了他的主要观点："我在此所主张的是：首先，大众传媒在后现代社会的诞生中扮演了决定性的角色；其次，它们并没有使得后现代社会更加'透明'，相反，却更加复杂，甚至是混乱；最后，正是在这种相对的'混乱'之中，我们对解放的希望成为谎言。"（p. 4）

在提出这些主张之后，瓦蒂莫自觉地把自己置身于批判理论主要观点的对立面，尤其是以霍克海默和阿多诺（Horkheimer & Adorno, 1972）的研究为基础的批判理论的对立面。阿多诺和霍克海默在《启蒙辩证法》一书中，对大众传媒的角色和大众消费社会极为悲观。对阿多诺和霍克海默来说，在生产中表现出来的商品逻辑，在消费领域中同样被复制。文化产业，包括大众传媒，服从于市场，文化价值被生产出来，以便于出售：目标是同样的——原来的使用价值被简化为共同的交换价值。马克思的商品的观点，首先由阿多诺和霍克海默在文化领域中得以阐明，近来受到法国社会学家鲍德里亚（Baudrillard, 1983）的青睐。他利用符号学论证道：消费以对符号的积极操纵为基础。在鲍德里亚（1983）的近期著作中，符号的无休止的流通最终抹掉了现实和映像之间的区别。因而，正如琳达·哈琴所作的评论，依照鲍德里亚，大众传媒"通过各个阶段使现实变得中立：首先，它们反映现实；然后，它们遮掩并且曲解现实；接下来，它们不得不掩盖其不在场；最后，它们制造现实的隐幻，摧毁意义和与现实的所有联系"（Hutcheon, 1989, p.33）。

从阿多诺和霍克海默到列斐伏尔，直到鲍德里亚，批判理论的主流观点是悲观的，回响着奥维尔式（the Orwellian）的"老大哥"（Big Brother）的理念。

瓦蒂莫鲜明地反对这种"被普遍接受的"观点，他论述了自己的观点。对于他来说，大众传媒对"宏大叙事"的消解负有大部分责任。尽管资本在新的远程通信方面具有垄断的权力，在瓦蒂莫看来，大众传媒引向了名副其实的、不同世界观的爆炸和增殖。在"信息市场"中，152所有各种各样的群体、文化以及亚文化都能够获取"发言权"，不同文化的声音多样化意味着单一直线的历史观的终结和以此为基础的进步概念的终结。这种多样化使得任何单一的现实概念——彻底客观化——成为不可能。在晚期现代性中，以真正的尼采的方式和多样化的视角，存在着冲突的和交叉的映像和解释，这才构成了真正的现实。

就透明社会解放的理念来说，媒介被认为是客观的、可知的现实窗口。媒介"在明晰的自我意识、完美的知识方面——那些知道事情如何的知识(与黑格尔的绝对精神或者马克思的人类从意识形态中解放的概念相比较)——被塑造，这种媒介为解放的理念所取代，这个解放的理念建立在摇摆、多样性的基础上，最终建立在对'现实法则'侵蚀的基础上"(Vattimo，1992，p. 7)。

透明社会在机体上对应于透明的意识模式——它以主体为中心的理性作为基础，这个传统开始于笛卡尔和康德所奠定的现代哲学基础。在社会层面上，完美的自我意识的理念——尤其是黑格尔哲学和马克思主义的描述——成为标准，大众传媒社会与之相对照：市场或者官僚体系阻止模式以恰当的方式实现，从而导致对解放理念的曲解，或者对信息真正自由的曲解。

在瓦蒂莫所提出的替代模式之下，在遵循尼采和海德格尔的传统之中，处于历史关头的解放恰恰是"现实的迷失"：它存在于多元的和复杂的声音之中，存在于无方向之中，同时，处在辩证的解放、地方的差异和各种理性之中，而每一种解放都具有自身独特的语法和句法。

瓦蒂莫评论道："随着历史理性核心观点的退让，广泛交流的世界爆炸为多样的'地方'理性——伦理的、性别的、宗教的、文化的或者美学的——少数人群终于为自己发声。他们不再为唯一正确的人类形式——无论特殊性、个体有限性、短暂性和偶然性，这个理念都必须被实行——所左右，他们不再受到压迫，也不再被迫噤声。"（Vattimo, 1992, p. 9)

在多元化世界中，自由"在归属与迷失之间持续摇摆"(p. 10)：这一直是个问题，从未被保证能够得到解决，并且它"仍旧保持着被确认和研究的可能性"(p. 10)。尼采和海德格尔指出，这种摇摆更多地与作为一个"事件"的存在的概念、与对话的结果和解释相一致，而不是与作为一个稳定结构的存在的概念——绝对固定的结构——相一致；后现代世界日益受到大众传媒的支配，它提供了这种可能性，即重新把摇摆的遭遇定位为"一种机遇，（也许是最终）使人成为人的一种新的方式"(p. 11)。

瓦蒂莫赞同这些观点，并选择了相关主题进行进一步探讨：人类科学之于交往社会的关系；神话的重新发现与世界如何受到媒介的"虚构"；广泛交流社会中的艺术问题；从乌托邦到异托邦的转变；形而上学的消解；交往的伦理；就列举这些。尽管其余的所有章节都值得作进一步的讨论和分析，但我关注第一个主题，因为对这个主题的讨论会凸显瓦蒂莫关于透明社会论点的各个方面。

"人类科学与交往社会"这一章提供了瓦蒂莫讨论的主题：在人类科学与交往社会的有机联系中，重新铸造人类科学的重要性，并且，

153

在启蒙运动解放方案的传统中，进一步批判自我透明的理念。出发点是人类科学有限的互惠和现代社会(成为交往社会)的构成："人类科学既来自于广泛的交往社会，又促进了其发展。"(Vattimo, 1992, p. 13)信息的核心——流通和强化——与其说仅仅是现代化的一个方面，还不如说是现代化的中心过程。科技如今更加朝向信息的发展，把社会建构为"映像"，而不是在自然科学的摇摆下，机械地控制自然。信息科技既为控制论体系的整体发展提供了实际方向，也提供了潜在趋势。有人可能会说，它们为后现代化的进程提供了关键的决定因子，详细地说明了后现代世界的同时性——信息实时交换。同样，它们与乌托邦自我透明的概念发生了冲突，并且置换了这个概念。自我透明的概念既说明了现代性的社会理念，又界定了启蒙运动的真正本质。

在人类科学与解放方案的关系中，瓦蒂莫追溯了自我透明的理念如何被且已经被设想为人类科学的实质、目的和方法。在公共领域的理性完全自我透明的实现和希望之上，对自由的普遍要求被塑造。这种观点在社会批判理论中广为盛行，它对于尔根·哈贝马斯和卡尔·奥托·阿佩尔(Karl Otto Apel)献身于"未尽的现代性方案"作了解释，说明他们向康德的伦理学——就心理分析的深度解释方面，在话语层面发展起来——求助，试图实现这种方案。在话语层面上，(日常谈话所固有的)有效性主张能从话语上被实现。在"理想的言语情形"中，或者在"交流不受限制的团体"中，知识透明的完美理念大行其道，其以互惠权利的普遍性、责任的普遍性为基础，其发展不受强迫或者纯粹

154

争论力量的支配。瓦蒂莫注意到，这种浪漫的理念占据了当今交往理论的主流："交往不受限制的社会是透明的社会，在此社会中，逻辑社会主义[Peirce]的共同体成为现实。它从根本上减少了冲突的动机，在某种心理分析理念上，过程的模式很松散，由此恰恰消除了障碍和不透明性。"(Vattimo，1992，p. 20)

瓦蒂莫的问题是，与当今情形相比，这个理念的前景——自我透明的规范的理念——搁浅于经验表面。瓦蒂莫争辩道，事实是社会交往的强度和相伴随的人类科学的发展并不会简单地导致自我透明社会的发展。的确，从历史上看，自我透明的理念在技术上成为可能——它以当代新的信息和通信科技的发展为基础，恰恰在这点上，这个理念自身被揭示为一种支配，而不是解放；也就是说，它以核心主题观为基础，试图缩减事件的多样性和历史的中心点——"缩减信息被收集、统一和传递的场所"(p. 22)——把它们简化为单一的普遍历史的视角。因而，这个理念的本质最终被揭露为意识形态。

在瓦蒂莫看来，人类科学领域和普遍交往已经向着"虚构的世界"行进，而不是走向自我透明："我们从媒体和人类各门科学中所接受到的世界映像，虽然处在不同的层面上，但它们不是简单地对'被给予的现实'作不同解释，相反它们构成了世界的真实客观性。"(pp. 24-25)

就"解释学转向"和叙事概念"回归"——这体现在当今对修辞模式、逻辑叙述模式从历史和社会学角度研究的旨趣上——方面来说，这种对人类各门科学特征的概括是合理的。我认为，它同样也进一步体现在当代社会理论、文化理论的核心概念中。在表征的语言观中，意义不是被发现或者被给予的；通过话语，它们被积极地建构起来。因此，话语趋向于使语言研究历史化，又使其政治化，把语言研究的重点——强调形式的、抽象的体系——转变为强调历史特殊性，即在特殊的场所和时间里，强调被说出来的和仍未被说出来的东西。这种话语观远离哈贝马斯的普遍交往行为模式的理念，它被认为内化于言语自身之中，由此，能够使得参与者在没有曲解或者外部限制的情况下达成共识。正是这种观点，与哈贝马斯的观点——现代主义和普遍主义的"无噪音"的愿望、完全透明的交往领域——形成鲜明的对照。相反，它更加符合法国后结构主义者所提出的语言观和话语观。法国后结构主义者批判普遍语言的梦想，研究固有的差异和不透明性。他们相信，只有在排除行为的基础之上，共识才能够达成。

象征的体系被区别于神话，因为它是"历史的"，所以，它在批判、自我反省上与神话拉开了距离。瓦蒂莫写道："如果我们不(不再?)假装揭穿意识形态的谎言、冲击最终稳定的基础，那么，我们仍旧能够强调复数的'故事'，并且付诸应用，使我们脱离独白故事的僵硬、神话的教条体系。"(Vattimo，1992，p. 26)

瓦蒂莫主张，如果元叙事已经被消解了，那么，所终结的不仅是某些历史观，而且还是历史本身。他批判利奥塔对事物的方式和某种成套的事实感兴趣。他认为这是自相矛盾的，并且，他还提议，存在史的元叙事是解决这个矛盾的出路。实际上，他对"透明社会"的批判应用了这种论证：就中心主题——无历史的、普遍的主题——方面，就其与自由实现的关系方面来说，它揭开了这种以透明理性为基础的元叙事的假面具。当自我透明的理念很明显是一个规范的概念，并且的确促进了社会批判科学中交往理论的发展时，其不透明或混乱的对立概念(瓦蒂莫假定这种不透明或混乱在当今的情形下是合理的)同样也是规范的概念。

在这一点上，出现了几个问题：从瓦蒂莫对"形而上学终结"的海德格尔式的解释上看，他所提出的概念如何在历史上合法？在何种程度上，瓦蒂莫的"声音的复数"是经验层次的问题？他似乎主张，这个问题受到信息技术发展的推动，虽然他把当今世界的历史设计为当代普遍交往的社会。例如，我们如何看待下述的主张："如果我们把当今的状态与自我透明这个规范理念的前景相比较，我们就面临一系列自相矛盾的事实……总体上，人类各门科学的高度发展和社会交往的强化似乎没有促进自我透明社会的发展。甚至，它们似乎具有反面的效果。"(Vattimo，1992，p. 22)

如果这构成了经验层面上的主张，很明显，瓦蒂莫认为这的确如此，那么，证据在何处？如果不参照这种主张被提出的理论，我们如何证明或者证伪这种主张？这种理论是对存在史进行认真思考之后得出来的吗？换言之，如果瓦蒂莫的观点不可避免地与海德格尔的观点有关系，那么，在何种程度上，这种关系用推理的方式进入我们的视野？在此，史实扮演了何种角色？就存在史来说，有可能不再信奉根据区分主体—客体来认识事实？这些不是深奥奇特的问题。它们主要与理论评价的问题有关，最终，与权力问题有关——人们有可能争论道，瓦蒂莫巧妙地回避了这个问题。

在这点上，瓦蒂莫写道："当然，人们可能反对，与真正的政治解放相符合的声音是不存在的——经济权力仍旧受到资本的左右。这有可能如此：我在此不会穷究这个问题。"（Vattimo，1992，pp. 5-6）问题是，就当代交往理论来说，这个问题被许多学者孜孜以求，其中包括新马克思主义者和后现代主义者，他们主要探讨权力问题以及权力与多种文化形式的关系问题。

关于"其他文化领域"的问题，瓦蒂莫指的是内部差异这个重要问题，并且对此很关注，这个问题被看作是后现代状态下西方的特征。瓦蒂莫把这个问题搁置一旁，他认为最重要的问题是理解，这种多元化是否真的是对差异的反思——赋予新出现的社会组织发言权，代表他们利害关系的手段在以前遭到否定；或者这种多元化是否仅仅只是附带现象。

假设世界经济的国际化建立在"信息发展模式"（Castells，1989）的基础上，如今跨国企业与民族企业相竞争，尤其在远程通信战略领域上，权力的问题至关重要。由此，人们可能争论道，在传统的论述中，理性化的过程（韦伯）、商品化的过程（马克思）以及差异化的过程[涂尔干（Durkheim）]都同样被看作是现代化的驱动力量，并在当今时代继续发挥着它们的影响力。在全球信息经济中，它们促进新的国际劳动分工，因而，从结构上对第三世界的国家不利。当然，至少来说，这种观点指出，新马克思主义的方法为这样的认识提供了基础：在信息经济中，对于发展中国家来说，晚期资本主义的重构也体现了新的帝国主义形式。这并不是说，从理论上来讲，新马克思主义的方法毫无问题。例如，我们还不十分清楚，马克思主义本身是否能够脱离 19 世纪的历史主义的假设，并且仍旧持有解释的力量。瓦蒂莫不仅向我们清楚地阐释了差异哲学——在西方形而上学终结的时刻，它表明"透明社会"理念的不足，也表明透明社会根植于批判思想的传统对大众传媒进行研究，而且在广泛交往的社会中，仍旧强调权力问题，并且进行了论述。

157

注 释

[1] 正如我在《导论：理性的批判》中所说明的，哈贝马斯（Habermas，1981a，p.13）自称是他所称为的"现代性方案"的捍卫者，他回到康德和韦伯，以此来反对许多后现代思想家的"反现代的情感"。他把在早期论文中出现的"后现代性"这个词语归于法国当代的思潮，正如他所说，这个传统"经由福柯，贯穿巴塔耶直至德里达"（p.13），他把这些法国哲学家与魏玛共和国的年轻保守派对理性的批判进行了比较。哈贝马斯对后现代性最新的重新评价和对后结构主义的论述，请参见他的《现代性的哲学话语》（*The Philosophical Discourse of Modernity*）（Habermas，1990b）。

[2] 的确，艾柯（Eco，1989）与斯蒂法诺·罗索关于后现代主义的通信早于瓦蒂莫和拉瓦蒂（Rovatti，1983）的著作《软思想》[*Il Pensiero Debole (Weak Thought)*]的出版。《软思想》是一本论文集，其中，艾柯发表了文章。关于意大利后现代主义在理性危机方面的自传式注释、后现代主义以及软思想，请参见罗索（Rosso，1990，pp.90-93）。

[3] 参见蒂诺·塞尔维格尼（Cervigni，1991）编纂的关于意大利后现代主义的论文集《意大利主义纪事》（*Annali d'Italianistica*），包括彼得·卡利维塔（Peter Carravetta）所作的一篇美文《后现代主义年表》（"Postmodern Chronicles"）。也可参见安东尼奥·内格里（Antonio Negri）的论文《后现代》（"Postmodern"），它被收在《颠覆的政治学》（*The Politics of Subversion*）的子集中，

他把后现代主义解释为"新的集体主义神秘化的意识形态，粗糙但是有效地比喻了新主体的科学局限，它们在马克思主义的实际分类阶段(或者更简单地说，在普遍流通和交往的阶段)得以形成"(Negri，1989，p. 206)。

[4] 因而，瓦蒂莫总结了利奥塔的主张："(黑格尔)理性的元叙事，遭到了奥斯威辛的驳斥；社会主义革命的元叙事，则受到了斯大林和格拉斯集中营的反驳；自由市场经济的元叙事，则遭到了资本主义社会周期性危机的反驳；民主的元叙事，则受到了1968年五月风暴的驳斥。"(Vattimo，1991，p. 132)

[5] 瓦蒂莫(Vattimo，1988，p. 1)的《现代性的终结》(*The End of Modernity*)(最初于1985年出版，书名为 *La fine della modernità*)，"研究了这种关系，把尼采和海德格尔在他们各自著作中提出的结论与……关于现时代终结的话语和后现代性话语联结起来"。乔恩·斯奈德(Snyder，1988)在其英文翻译版的简介中说道，瓦蒂莫研究了战后在海德堡大学(the Universtiy of Heidelberg)任教的汉斯-格奥尔格·伽达默尔和卡尔·洛维特(Karl Löwith)，他关注解释学和本体论，并且专门研究了海德格尔、施莱尔马赫和尼采的著作。关于当前这一章尤其要参见《现代性的终结》第十章——《虚无主义和哲学中的后现代》("Nihilism and the Post-modern in Philosophy")；也可参见瓦蒂莫的《尼采与海德格尔》("Nietzsche and Heidegger")，他分析了尼采与海德格尔的关系，并得出结论："对于形而上学的克服不是反转形而上学被遗忘的存在：正是这种遗忘(虚无主义)，开始走向极端的后果。"(Vattimo，1986，p. 28)

/ 9. 控制论、赛博空间和大学：
赫尔曼·黑塞的《玻璃球游戏》与世界语的梦想/

此章凭吊比尔·瑞丁斯

　　(玻璃球)游戏的规则、符号语言以及语法构成了某种高度发展的秘密语言，它利用了几门科学和艺术，尤其是数学和音乐(以及/或者音乐学)，能够表达并且建立几乎所有学术性学科的内容和结论之间的相互关系。因而，玻璃球游戏(the Glass Bead Game)是一种玩耍模式，它嬉戏我们文化的全部内容和价值；它与它们嬉戏，例如，在伟大的艺术时代，画家可以在他的画板上玩弄色彩。在创造的时代，人类所产生的所有的洞见、高贵的思想、艺术作品和所有的在随后时代产生的学术性研究，都已经沦落为概念，并且转变为智力财产——在整个浩瀚的智力价值观体系中，玻璃球的游戏者玩耍着，就像管风琴的风琴手一样。

——赫尔曼·黑塞[1]

引言：晚期现代性中的大学

如果没有世界语言的梦想，"现代性方案"的捍卫者和那些把后现代性称为新颖、独特的美学、精神或者态度的学者之间的危机是什么？伴随着 20 世纪文化的"语言学转向"，哲学重新宣称自己是主要学科，是元语言，而所有的正反方观点都能够被转译为元语言。哲学假定自己处于主要语言的地位，它是天真的、普遍的，它声称能够提供一种手段，借此，不同的意见可以被理性地讨论并且得到解决。在今天的赛博空间里，天真的主要语言是这样一种，无噪音的或者完全透明的语言：它符合哈贝马斯（Habermas，1984，1987b）的理念，即完全理性的、对话的社会在日常的交往过程中被塑造，蕴含在日常交谈中的所谓的有效性主张仅通过纯粹的论证的力量就能够实现。

世界语言的梦想和由此而建立的主体概念，在利奥塔（Lyotard，1984，1987）对现代性进行批判——把现代性置于启蒙运动元叙事的合法性危机的背景下——之后，都出现了问题。对于利奥塔来说，哈贝马斯的概念表现了最新的，也许是最后的尝试，即建构体系的和整体化的哲学；这种哲学以普遍的、透明的交往社会中解放的愿望为基础，它令人荒谬地产生出恐怖主义和排外情绪。虽然哈贝马斯和现代性方案的捍卫者梦想世界语言建立在不受胁迫的共识这个目标的基础上，但利奥塔和那些今日对元叙事存疑或者不信任的学者却想要破灭这种梦想。他们争辩道，差异和分歧恰恰是语言核心的原则，因而，我们应该既学会查明差异(这是认知上的任务),也学会尊重差异(这是伦理上的义务)。

　　这种论点的应用和现代大学机构的理念是显而易见的。对于争论的一方来说,世界语言的梦想许下这样的可能性,即重树大学的某些经典理念;对于争论的另一方来说,由于主流文化和整体化的话语,它掩盖了对知识的愿望,排除了所有他者,在此过程中,真正民主机构的前途响起丧钟。哈贝马斯(Habermas,1987a)回顾了谢林(Schelling)、洪堡(Humboldt)和施莱尔马赫(Schleiermacher)所提出的大学的经典理念,考察了其在当代复兴的变异形式,进而探究是否还存留足够的经典理念,从而找到对现代综合大学本身的理解。例如,以认识论为中心的哲学——各门科学思辨的统一和大学机构都以此为基础——现在已经死亡,他想探究,在最近的现代背景中,是否还有些残留的经典理念,仍旧以统一的力量来建立大学机构。他发现,这样的残留存在于学习过程的概念中,并回应了他交往社会的概念,反映了他渴望通过实现重新连接现代文化和日常实践这个方案目标来保存位于启蒙运动之后的解放冲动。在这个方面,大学被认为扮演了重要的角色,重新构建社会文化的有机统一,规定生活世界并且教化机构(源自生活世界),对经济体系的纯粹职能、工具性规则设定了界限。如果现代性失败了,按照哈贝马斯的观点,它的失败在于让生活的整体性或者经验的统一性分裂为"不同话语领域的多样性",这粉碎了天真的共识。他把希望寄托于在重建的公共领域中的普遍自由,它以复兴资产阶级演化的交往习惯——印刷文化——为基础,从历史上讲,

161

这恰巧主要发生在白肤色、异性取向的男性身上。

对此，利奥塔(Lyotard，1984，pp. 72-73ff)的回应是，清理哈贝马斯所探寻的某种统一。他问道："它是受到黑格尔启发的某种机体整体呢，还是康德式的需要在认知、伦理与政治不同话语之间驰骋的认知呢?"首先，他并没有辩证地向整体性经验的概念发起挑战；其次，他的论证仅仅在后现代性对启蒙思想施加限制的情况下才发生尤其是在后现代性对主体与历史的语言一致施加限制的情况下发生。

对于利奥塔(1984)来说，传统的合法元叙事——知识的思辨统一——和人类解放的潜能都没有揭示知识和权力(它们是同一个问题的两个方面)。现代大学的机构正逐渐走向死亡，它以传统的学科为基础，并且，通过哲学的力量使这些学科统一起来。在后现代的时代里，领先的科学和技术——控制论、远程信息学、情报学以及电脑科学——已经使大学的首要功能发生改变。这些以语言为基础的各门科学和技术改变了研究和学习，共同规定了主流技术科学体系的工具性。在知识体系的构成中，任何不能被翻译为计算机语言的将会被抛弃，学习者和教师的身份被转化为使用方和供应方的商品关系。换言之，科学和技术的传统区别已经瓦解，如今，受到语言发展的推动，随着合成技术科学在历史上聚集和累进，有可能出现新的跨学科。严格地说，脱离机构的场所和权力的网状组织来谈论企业科学，不再可能。在脱离机构的场所或者广大的政策背景下，不再有可能先验地谈论科学或者脱离历史地谈论科学。简单地讲，科学已经成为主要生产力，在资本流通中运作。

雅克·德里达赞同道："一方面，人们不再区分技术和理论；另一方面，人们也不再区分科学和理性。技术—科学这个词语必须被接受。"(Derrida，1983，p. 12)在后现代性中，不可能再把理性的原则与科技的理念区别开来。康德对技术和体系的区分在历史上已经被超越。而且，军队和政府能够对任何种类的研究投资，因为通过限定手段或者"调控生产、传输和扩散"(p. 13)，控制和审查如今更加直接。此外，外部的力量干预大学。出版社、基金会、私人机构、智囊团以及大众传媒以新的、富有个性的方式闯入大学的政坛。德里达提出，信息化的概念是"最普遍的操作者，在此，它使基础与专业整合，纯粹理性与技术整合"(p. 14)。德里达的海德格尔式的解释得出了与利奥塔相似的论题，即大学目前正面临着威胁。虽然他们的出发点不同(他们获得灵感的来源也不同)，但他们的结论相吻合。虽然德里达没有像利奥塔那样明确地把他的分析与后工业社会相联系，或者，他的确没有把他的分析与后现代共有的状态(condition)相联系，但他含蓄的迹象十分明显：在关于如下方面的论述，即技术科学概念、技术科学对理性原则的历史影响、技术科学对未来大学压制—憎恨的危险中，他将各自独立的描述聚集在一起。

技术和体系之间的区分已经瓦解；科学和技术已经整合为合成技术科学，也是历史发展的一部分，它是普遍主义、理性主义哲学派生物的一部分。它体现了一种新的整体化的冲动，不仅在规则上统一，符合体系的最佳功效；而且在文化方面统一，发展以共同的数字编码为基础的社会，这种社会有不同的表述，如信息社会，或者，更加宽泛的赛博空间文化。新保守主义的功能主义的政策视角教导我们，这些最佳性能和功效的价值观是指导社会现代化进程的必备之物，通过新的信息科技，它们被给予更大的推动力。

当涉及大学政策时，哈贝马斯和利奥塔都发现了共同的敌人：新的工具理性统治了体系，这在新保守主义、普遍体系理论和控制学的合并中体现出来。它们携手共同反对尼可拉斯·卢曼(Niklaus Luhmann)所提出的理性体系类型，卢曼似乎很满意功能的操作性，并以此作为自由社会的基础。对于哈贝马斯来说，他提到，新保守主义者、功能主义者的解释目前占据着西方教育政策制定的领域。就这一点，他抱怨"大学作为体系的一部分展现自己，越来越不要求领头的教授和学生之间的融合要规范，通过体系的机制，它越来越多地自我调节，越来越适应经济和计划行政的环境"(Habermas, 1987a, p. 7)。他描述了在联邦共和国(the Federal Republic)(20世纪60年代至70年代早期)教育最大规模扩张的时期对立的意识形态如何出现，它们主要出现在同样错误的前提上："问题是更新大学的理念，还是维持大学原有的理念。"(p. 6)他主张，这种争论使得新保守主义者指出，"社会现代化的一般模式同样决定大学的发展"(p. 6)，并且，也给大学的发展提供了机会，在更具差异的科学体系中，更多地强调大学专业的功能。从这个观点来看，传统规范的大学自治可能被视为一种障碍，然而，同时，校庆提供了便利的庆祝时刻，借此，"通过华丽的言辞肯定了早期的传统，掩盖了大学体系的自治"(p. 7)。哈贝马斯主张："由于被掩盖，当今亚体系群自治功能之间[例如，大学和经济的—军队的—行政的联合体(the economic-military-administrative complex)之间]的信息流动可以被更加谨慎地共同协调。"(Habermas, 1987a, p. 7)

在当今理论的背景下, 我将要讨论世界语言的梦想, 它刻画了现代性的特征, 并最终激发了赫尔曼·黑塞的理念。他在玻璃球游戏这个比喻中详细地论述了他的理念: 大师级学者嬉戏超美学的语言游戏, 它牵涉知识和价值的所有分支, 并且能够繁殖整个宇宙的知识内容。黑塞把他的未来乌托邦小说设定在 2400 年的卡斯特来省(Castalia①)的教学领域中, 那时, 正值西方文化衰落和退化——它"一直流传……从尼采时代起"(Hesse, 1970, p. 24), 随后, 它经历了文化恢复和精神修复, 最后在游戏的发展中达到顶点。

除了《玻璃球游戏》, 我想象不出更好的能够具有所有这些寓意、教学可能性和文化预言的比喻来考察大学在象征逻辑的文化史中、在控制论中, 或许甚至在欧洲形式主义中的地位, 它为当今"信息模式"的初期发展奠定了基础, "信息模式"这个词语由马克·波斯特(Poster, 1990)概括, 或者, 使用阿尔·戈尔(Al Gore)的流行词语"信息高速公路"(the Information Superhighway), 或者, 再简单些, 使用威廉·吉布森(Gibson, 1984)创造的更具批判性的词语"赛博空间"。[2] 我们也可能想到最近出现的因特网和万维网结构。我把这些发展视为

---

① Castalia, 这个词源自希腊神话。卡斯特来是半人半神的仙女。阿波罗把她变成德尔菲神庙前的一眼泉水, 饮用者或者听泉之人能获得诗歌的灵感。泉水是圣水, 用来清洗德尔菲神庙。阿波罗把卡斯特来封为缪斯女神。——译者注

晚期现代性的方面，并且，我会用利奥塔的方式把更宽泛的后现代性的理论化理解为在现代性之内的调整，同样，我们也这样谈论音乐的主调和次调或者主题变奏曲。

我选择黑塞的《玻璃球游戏》，首先，是因为游戏的主要象征意义直接与现代主义的世界语言的梦想相关——世界语言是一种非工具性的、象征性的交换形式，受到共识精神的引导，旨在建立统一的思想和目标。在这个意义上，黑塞的游戏更接近哈贝马斯语言共同体的理念和既定的、稳定的中产阶级的主题，而不是利奥塔的差异概念和立场——多样、混杂的文化主题。其次，作为"教育小说"，它不仅属于德国教化小说的传统(也许是最后的)，而且它也以自我反省的方式参与这个传统。这不是一个意外，从历史上讲，德国教育的传统精神为教化小说所规定。这启示了哈贝马斯的人文主义教学论的概念和人文大学的理念，它们建立在主体普遍交往——知识的英雄——的稳定性基础上和志趣相投者理性共识的基础上。

黑塞的教化小说的传统——其哲学基础是德国的唯心论，以统一主体的自我发展作为基础——提供了文化上的透镜，借此，从历史上理解哈贝马斯对一种交往实践形式的信奉。对他来说，这种交往实践形式表现了启蒙运动解放方案的前途及其实现的最大希望。问题在于，虽然白肤色的、异性取向的、男性中产阶级的文化也可以设定交往实践的形式，从历史上看，在某种特定的自由、自治和个性——因而，某种特定的民主——的发展中，这种交往形式很重要；但就本身来说，这没有构成充足的理由来概括说明这种经历——高度特殊的文化形式——是自由的普遍基础，这也没有为这种假定提供良好的基础，即在大规模的远程通信时代，未来将会模仿过去。

从玻璃球游戏到赛博空间

请让我驻留片刻，详细地论述玻璃球游戏本身所具有的独特生成性和暗示性。这些特性被黑塞的叙述者在《俗人历史的普遍概要》（"General Introduction to Its History for the Layman"）一章中描述出来。我之所以论述它，是由于它与我即将要探讨的赛博空间有许多共通之处，并且，它具有某种分析的力量，能使我们评价两种比喻之间的差异。大写游戏（the Game）是高度发展的一般语言，其以音乐学的—数学的逻辑作为基础；它体现了"不灭的理念"——经由毕达哥拉斯、希腊化时代的诺斯替教徒、古代中国以及阿拉伯—摩尔人的文化，这种理念被以各种形式表现出来。黑塞提到它在经院哲学和人文主义之前的历史，这导致了"17世纪和18世纪的数学家学园和随后的浪漫主义哲学与诺瓦利斯（Novalis）具有魔幻景象的诗歌"（Hesse，1970，p. 16）。十分清楚，对于黑塞来说，算盘——计算工具的范式——和《易经》（I Ching）是意识的典型[3]，正如象棋是理性的典范一样。他还提到了大写游戏的其他模型，其中包括各种乐器——在这点上，它被描述为一种巨大的管风琴，带有音柱和踏板——并且，它与各种形式的音乐乐章(巴赫的赋格曲、协奏曲乐章)坚不可分。在比较世俗的层面上，大写游戏的历史据说与字谜和纸牌游戏有关。它部分起源于东 *165*

方，建立在中国表意文字的基础上，并且，它的音乐本质据说来自于炼金术。据我们所知，大写游戏最终的形式具有某些相似性，它同时起源于英格兰和德国，是音乐家(在新的学院中耕耘音乐理论)所使用的某种记忆练习或者训练。叙述者说道，"发明者是巴斯琴·佩罗特·考尔(Bastian Perrot of Calw)，相当聪明，是一位社交广泛、充满爱心的音乐学者，[他]用玻璃珠子，而不是字母、数字、音符或者其他图形的符号"(Hesse，1970，p. 31)。二十年至三十年以后，一旦被数学家掌握，大写游戏就被演化得更加灵活，具有更大的自我意识和升华能力。它被演化直至"通过特殊的符号和缩写能够表达数学的过程"(p. 32)；并且，随后，它被应用于经典的语文学、逻辑学、视觉艺术以及建筑学。然而，"在那些日子里，它所缺乏的是普遍性的能力，还不能提升到各门学科之上"(pp. 36-37)。每一位学者按照他们各自学科的规则，用大写游戏发展出各自特殊的语言，但是它的综合和普遍性能力的发展则须等另一个五百年——不是因为受到技术上的阻碍，或者形式上的阻碍，而是受到道德上的阻碍。黑塞的叙述者解释道："有一些人梦想新的字母表、新的符号语言，借此，他们能够阐明和交流他们新的知识经验。"(p. 36)"这种语言，就像古汉语，应该能够从图形上表达复杂的事物"，一位来自巴塞尔(Basel)的瑞士音乐学家奇库莱特·白斯林思(Joculator Basiliensis)致力于此问题的研究，他发明了一种新的语言规则，从而使得"数学和音乐可以被还原为共同的特性"(p. 37)成为可能。因而，大写游戏的众多游戏逐渐具有精神上的地位，其发展也逐渐达到了顶峰，接替了艺术和思辨哲学的角色，成为一种新的世界语言，借此，用某种神圣的统——法律与自由、个人与群体，游戏者能够和谐地表达之前对立的价值观。在这点上，我们得知："玻璃球游戏的符号和规则，从结构上、音乐上以及哲学上与世界语言的框架合并。它们受到所有科学和艺术的滋养，并且，努力获得完美、纯粹的存在、现实的丰满。"(Hesse，1970，p. 40)

在黑塞的大写游戏的概念中，我们所获得的是对自我和社会的控制论的概念：这个概念以一套有限的数学—音乐的规则作为分析的基础，规定了柏拉图式不灭理念的世界。正是这种世界语言的游戏规则把所有各门学科简化为共同的特性。这个游戏规则，仅有一些天资聪颖的人能够掌握；在游戏的过程中，这些人在道德层面上得到转变，逐渐体现出超越个人的美学理念和文化理念。大写游戏具有发展的历史、技术进步与改进的历史。它是最高级的符号，具有普遍性和综 *166* 合——科学与艺术的综合——的趋势。把大写游戏看作是一台机器或者仅仅看作是一台机器，就会忽略其符号论的基本方面，然而，它准确无误地预示了现代计算机的特征——这个特征由西奥多·齐奥尔科夫斯基(Ziolkowski，1965，p. 289，p. 291)大约在一个世纪前指出，他把大写游戏与符号的逻辑相联系，并且，把大写游戏看作是 IBM 机器时代的"恰当的符号"(引自 Antosik，1992，p. 44，n. 35)。斯坦利·安托斯基(p. 35)谨慎地进一步谈论"乌托邦的机器"，把莱布尼茨(Leibniz)的普遍文字与黑塞的玻璃球游戏相比较，从而，提出"对于现代计算机，两者都具有惊人的相似性"。莱布尼茨被诺伯特·威纳(Norbert Wiener)看作是控制论的守护神，也被黑塞的叙述者引用，成为大写游戏的先驱者之一。安托斯基对莱布尼茨的"乌托邦的机器"和黑塞进行了如下的比较："两者的概念都随着普遍符号的逻辑而定，普遍符号的逻辑在计算机的世界里起到普遍运算法则的作用。无数的程序源自这个理想的运算法则，且程序能够分析和综合任何学科内的知识，以及学科之间的关联点和相似之处。"（Antosik，1992，p. 38）

安托斯基注意到，这些乌托邦机器与现代计算机之间在结构上类似，具有同等的记忆、外部资源库和中央处理器，由此，他得出结论："黑塞的机器可能优于莱布尼茨的，因为黑塞的机器显示了一些特征，这些特征类似于理想的模拟计算机，而不仅仅是数字计算机。"（p. 39）莱布尼茨和黑塞这两位现代柏拉图学者都预言了人工智能的发展。他们的乌托邦机器都建立在符号逻辑、表意的符号体系的基础上，他们的乌托邦机器最终都体现了柏拉图的心灵形式（Form of Mind）。两个概念之间最大的且唯一的区别在于：玻璃球游戏虽然范围普遍，但不旨在发现新的知识。这个游戏只是保存和控制了过去的精华，如理念、影像、价值观、声音，是一个永恒的过去；对于黑塞来说，这驳斥了进步的观点，而不是符合进步的观点（p. 40，p. 42）。

游戏规则的概念是语言、哲学以及文化的比喻，它也被维特根斯坦和索绪尔使用。维特根斯坦强调语言游戏规则的多样性和复数的游戏规则；黑塞仅谈论一种游戏——玻璃球游戏，在鼎盛时期，它拥有巨大的整合力量，有能力综合整个文化——东方/西方、科学/艺术、存在/形成、艺术/科技、科技/宗教，同时，使得深奥的精神和智力合二为一。在这方面，黑塞这样写道：这个相同的永恒理念，对于我们来说，已经在玻璃球的游戏中被具体表现出来了。它引发了心灵每一次运作都走向知识综合的理想目标，走向每一个柏拉图学园，走向每一个知识精英联盟，走向严谨的学科和更人文的学科之间的每一次修复，走向科学和艺术或者科学和宗教之间调整的每一次努力（Hesse，1970，p. 16）。

对于黑塞来说，玻璃球游戏体现了自中世纪以来的欧洲文化中，知识发展的两条互相矛盾线索的最高顶点：理性的解放对所有权威形式的斗争，尤其是教会的权威，进而寻找新的手段来"授予自由合法性，寻找源自理性本身的、新的、充分的权威"（p. 19）。值得注意的是，他把他的叙述放置在 20 世纪 30 年代前后欧洲文化衰落的背景之下，当时回响着尼采和斯宾格勒（Spengler）的主题。[4]黑塞把这个时代称作"通俗小说的时代"。当然，大致在这个时代，黑塞开始写小说，或者主要从事写小说，同时，国家社会主义兴起。[5]

虽然黑塞的玻璃球游戏的比喻预示了现代赛博空间的发展，但它并没有超越中产阶级人文主义主体的稳定性和透明性，也没有超越语言与主体的关系问题。它仍旧停留在"学徒式小说"的传统中，而这种小说是以白肤色、异性取向、男性的个人形象为基础；他具有独特的和排外的性格，在从学徒到主人的转变中，忠于内心和精神完满的路径。然而，黑塞的世界语言的梦想强调综合的权力——能够把字母元素、图形元素和声音元素重新排列为唯一的共同特性，这样，它与最近的某些主张就具有家族相似性。这些主张由理查德·拉纳姆（Lanham，1993）或者乔治·兰道和保罗·德拉尼（Landow & Delany，1993）提出，它们代表了赛博空间和新的电子媒介交流形式，使得人文学科具有更大的综合性，这是多学科大学课程的基础。

教化小说、卡斯特来与大学

借着叙述者宣布他信仰"现代的"诗歌，黑塞自己不仅有意地用教化小说的风格写作，而且也采取它早期的德国形式，以此教育本身成为小说。从个人主义和人文主义方面来看，教育小说描绘了独个英雄的线性的、渐进的以及毫无问题的发展。用巴赫金的话来说，黑塞从总体上深思了教化小说的问题之后，他的小说表现了"形成过程中人的形象"(Bakhtin, 1986, p. 19)，在所表达的时空复杂变化的背景下，重新塑造了自我认同的主题。例如，在黑塞的遗著中，三个虚构的生命或者个人(是诗歌训练的一部分)，清楚地表明与早期自传形式决裂。在这点上，叙述者说道："我们现代人对英雄的反常或者家族的历史不感兴趣，也不对他的魄力、他的消化以及他如何睡觉感兴趣……对于我们来说，一个人是一个英雄……仅当他的本性和他的教育让他的个性几乎完美地融入古代传承中，同时又没有丧失有力的、鲜活的、令人羡慕的冲劲——这构成了个人的精气神和价值。"(p. 13)

在此，也许黑塞也从控制论上切中了自我概念的要害，这个概念的准则把我们界定为品味、习惯和性情的网络。马丁·斯韦尔斯(Martin Swales)这位评论家评论道，黑塞的叙述者"站在这样一个立场上书写，其中，展露的个性令人惋惜，好像是某种前-卡斯特来的畸形"；

"我们的叙述者苦涩地批评故事里的中产阶级习俗，因为它暗示了个人自我崇拜"（Swales，1978，pp. 130-131）。当然，叙述者谈论到"个性的湮灭"和"个人融入教育者和学者的层级中"（Bakhtin，1986，p. 10）。先哲的形象或者苏格拉底的伦理学理念强调的是被看作最适当超越个人的模式（p. 12）。在学术圈中，自我湮没是基本原则，指导卡斯特来省教学意识形态的基础。然而，斯韦尔斯指出，"在小说中，历史本身一直是教学争论的来源"，并且，它是"这本书中最深层次的一个反讽，尽管叙述者把人类生活——难以驾驭的个性和历史上的自我宣扬——编入历史，但是叙述者自己超越了卡斯特来的意识形态，并且，他是卡斯特来省更新的潜在根源"（Swales，1978，p. 133，p. 136）。有趣的是，最近的研究都致力于研究教育小说，如马丁·斯韦尔斯（1978）、迈克尔·贝多（Beddow，1982）、伦道夫·沙夫纳（Shaffner，1984），以及巴赫金（Bakhtin，1986）所作的研究。但只有斯韦尔斯完全关注黑塞。[6]十分清楚，《玻璃球游戏》不仅从教育小说的传统中受益，而且于其中黑塞用游戏的、创新的方式对习俗进行了试验。斯韦尔斯（Swales，1978，p. 145）把黑塞的著作看作是对传统的固有批判。他提出，这部作品与目的论的问题角斗，卡斯特来普遍性的倾向与卡斯特来自己的特殊历史决斗，与故事主人公决斗。斯韦尔斯主张，"历史的主题（是）紧密地与自己的历史性——作为文学文本——相联系"（p. 142），为此，叙述者的论证不可避免地与时间顺序的结构有关，不仅如此，随着第三帝国的瓦解，他的论证也反映了作者在知识上的自我拷问。

因而，《玻璃球游戏》仍旧在教化小说的传统之内，与教化的主要范畴有关，与个人机体的自我形成——通过艺术的转变力量，个人努力达到美学上和精神上的圆满——相关。为此，它对传统保持忠诚，在歌德、席勒以及洪堡的完美烙印中，它界定了这些精神：奠定德国启蒙运动和现代德国教育理念的精神。在过程方面，康德勾勒了这个教育理念，它使我们脱离未成熟的状态。启蒙运动是这样一个时刻：我们对理性的使用日臻完善，我们自己不再需要屈服于传统的权威形式。十分明显，启蒙运动的理念支配了现代的认识论，赋予普遍主体特权，使其成为所有知识和意义的源泉，并且，将人文主义者的概念界定为完全理性的、自主的、负责任的自我。

卡斯特来的秩序是在 21 世纪出现的大写游戏的制度化教学。与赛博空间不同，或者，至少，与最近的主张——激进的民主化潜力和重建虚拟公共空间的前途——不同（Lanham，1993；Rhinegold，1994；Poster，1994），秩序同时是精英的、男性的、层级的和高度规训的：它体现了学院和大学的某种混合。在鼎盛时期，秩序成为贯穿欧洲和其他世界的网络，每一个国家和小的城镇都具有自己的分支机构和游戏规则委员会。在精英学校，仅有那些天资聪颖的男孩适合接受十年的训练，并且，他们被灌输清贫、独身的美德。这些男孩被认为是做好了准备的成员，并且最终走进精神的王国。仅在那时，他们才做好玩耍大写游戏的准备，个人玩耍或者群体玩耍。也许，有一天，他们参加游戏规则的一个公开仪式，这个仪式由卢迪教师（Magister Ludi）主持，他是大写游戏的大师。每一个游戏规则委员会负责自己的游戏规则档案(Game Archives)，这些委员会一起组成了一个国际学院，负责保持大写游戏的语言符号的纯洁性。

明确地说，黑塞的世界语言的梦想预先假定了普遍主体，它被描述为是与那种语言有关的大写游戏大师的语言。黑塞的世界语言的梦想作为一个理念专指男性和精英分子，把一套抽象的、自我掌控的逻辑规则等同于男性，这套逻辑规则精炼地表达了一套以欧洲为中心的价值观和一个自称是主流文化的主体立场。黑塞的世界语言的梦想作为一个理念预先假定了从学徒到大师的层级教学关系，在教导的过程中，大师给学徒提供某种类型的测试和启蒙。黑塞的世界语言的梦想作为一个理念赋予智力高于身体的特权，因而，忽视性别和性取向的问题。大写游戏本身具有综合的权力，它把所有的语言和各种文化还原为共同的特性，抹平文化差异，抹除主体立场的差异。

那些对黑塞理念的批评与法国后结构主义者对哈贝马斯观点所提出的某些批评具有惊人的相似之处。马克·波斯特解释道："把哈贝马斯与法国后结构主义者区分开来的问题是，在电子媒介通信时代语言之于主体的关系"(Poster，1992，p.573)。哈贝马斯在捍卫启蒙运动的现代性方案的冲动之后，仅仅把交往中的主体实践替代为自律的个人，从而，"把文化互动或者符号互动归纳为交往的理性……由于言语透明的、普遍的属性，交往的理性要求没有文化上的变化、没有重新构造的主体、没有重新组织的语言……利奥塔和其他学者所提出的问题不是查明对理性的捍卫，而是实现文化的差异——启蒙运动把文化差异理论化，文化的差异成为'他者'，是暴露体系的性能或者体系的理性"(Poster, 1992, p. 573)。波斯特(1992)主张，后结构主义的种种尝试之间有一个共同点：后结构主义通过把主体理论化，试图推翻启蒙运动的主体范式。一方面，在电子媒介的交往中，主体被重新构造；另一方面，"从主体之外的众多立场上，对白人男性文化进行批判"(p. 573)。

然而，即使存在着这些批评，如果我们接受黑塞的观点，他认为教化小说的传统是一套创新的策略(并且，他嬉戏这个传统)，受到特定文化和历史因素的限制；如果我们认可他加入地方上的文学传统，同时，不尝试使其他规则、其他传统合法化，也不试着让经验、组织、内容普遍化，那么，我认为我们就给文化研究留下了便利的或者可传递的启示。

在赛博空间的大学：控制论的控制或者网络的抵制?

人们可能会寻找玻璃球游戏和因特网之间的几个相似点，在当前的发展阶段(20 世纪晚期)，因特网具有共同的交流协议、传输控制协议/因特网协议，这为使用多种地方协议的网络之间的相互运转提供了共同的语言。局域网、区域网以及骨干网，这三个层级可能被认为对应于游戏委员会，并且为相互转换而设定了技术标准的志愿委员会可能被认为构成了相应的国际学院。

在这几个相似点上，人们可能会争论这种联系：大写游戏的文化机构与控制论、赛博空间中的大学理想之间的联系。我要说，与自动控制体系——由神经系统与大脑、机械的—电子的系统或者电子交流系统所构成——比较而言，我没有在科学的意义上使用"控制论"这个词语。因此，我不怀疑它能更加科学地应用于社会体系，的确，一些学者已经应用控制学理论来理解人类组织的功能。其实，考虑科学和技术的优先地位，新的经济规则已经转变为高等教育的政策，并且，伴随而来的信息技术(通过所有类型的网络)快速发展、制度化。十分明显，这种共生的发展彼此互相接合并且属于控制论的初始含义，这一观点首先在诺伯特·威纳当今的经典著作《控制论》(*Cybernetics*)(1948)中被提出。显然，在系统的层面上，在所谓的寻求目标的机器和有机体之间存在着精密的同形(isomorphism)，其中，具有反复的反馈周期的信息被看作是思考组织效率的核心概念。我粗浅地想到一个例子，这个例子也是一个清楚的控制论组织的例子，能够用来思考大学的体系及其民族形式，在技术层面上，它是一套交流的控制体系，受到财政资助和奖励之网的设计和控制，与市场环境互相作用(参见Peters, 1994)。在此，我不关注控制论这个术语在科学方面的应用。相反，我想拿回这个术语的初始含义，以此来作一些哲学和政治学上的研究。

当然，控制论这个术语的初始含义来自希腊语 Kybernetes，可以翻译为"舵手"。它的拉丁语形式是"gubernator"(总督长)，我们用英语词汇"governor"(州长)来表示。因而，在我所采用的比喻的意义上来说，控制论是"对体系的管理"，或者，更简单地说，"体系的治理，或者依靠体系的治理"。因此，毫不奇怪，在《克里斯托芬》(*Clitophon*)

中，柏拉图说道，"如同你所说的那样，对于人类的控制学，苏格拉底，通常叫作政治学"；在美国数学家威纳使用这个词之前，法国物理学家安诸·安培(André Ampère)最早使用过控制论的概念，当时他在撰写19世纪早期政府的科学，这也不令我感到奇怪。在比喻的意义上使用"控制论"这个词语，赢得了经济理性化的某些逻辑和话语，自20世纪80年代中期以来，它为西方新自由主义政府所贯彻。利奥塔和哈贝马斯对它提出了某些异议，尽管他们站在不同的立场上，但他们都反对(控制论)体系的理论和其方针应用于大学。它同样也获得了控制论的谱系，成为理性主义最卓越的认识论，"由于需要探求人工智能的控制论模式——能够消除不确定性而被组织起来"(Porush，1994，p. 4)——这种认识论建立在冯·诺依曼(von Neumann)、图灵(Turing)、威纳与香农(Shannon)研究的基础上，正如波拉什所认为的，它生产出了原子弹，并且塑造了冷战期间的文化。它与当今引入注目的认知科学凝结在一起，强调人工智能、电脑模拟人脑、对神经中枢网的研究、总体上的联结主义，甚至强调当今自我指导的学习观念。它同样也与鲍德里亚(Baudrillard，1983)模拟的第三秩序产生了强烈的共鸣。模拟的第三秩序是新资本主义的控制论的秩序，旨在控制整个体系。其中，在众多网络内的终端——信息流方面，自我被界定。

172

然而，这整体化的、令人生畏的景象必须与现存的反文化实践相斗争。共同字母表的存在，没有控制规则或者没有某种即将被创作的文学形式。[7]相比较而言，赛博空间真的是思辨的词语，它从批判体裁的科学小说["计算机朋克"(cyberpunk)]中得到恢复，尤其是威廉·

吉布森(Gibson，1984)的《神经漫游者》。威廉·吉布森的术语不仅预言了某种空间的缺失，也为这缺失的空间命名。这个他所命名的空间是可居住的三维空间，但并不存在；然而，它却成为社会想象力的一部分。换言之，它是一种比喻上的存在和寓言上的存在，但是起到了给某种特定的社会空间和文化空间命名的作用，同时，如果我采用尼采式的表达，它本身就愿意成为知识，或者它本身会潜入知识。它命名了何种空间？对于大学的机构和理念，那种空间有多重要？以何种方式，赛博空间改造了主体？这些新的组成具有什么样的政治含义？

我假设，它命名了因特网的空间——各种网络的网络；它命名了阿尔·戈尔的信息高速公路的概念。我承认我偏爱威廉·吉布森的词语，胜过喜爱克林顿政府在工程学上的比喻，因为赛博空间利用马克·波斯特(Poster，1990)所称的"信息的功效"，而不是"信息交换的重组"，含蓄地批判了对工程学的迷恋。赛博空间命名了万维网超文本的虚拟现实。它命名了完全文本环境的空间，建立在以文本为基础的计算上，这使得"虚拟文本"和"虚拟作者"的概念出现。由于关注某种新的书写形式和阅读实践，这就切中了大学问题的要害。

也就是说，简言之，如保罗·德拉尼和乔治·兰道所主张的，电子的文本处理"标志了下一个主要转变，在印刷体之后，转变为以文本为基础的信息技术"(Delany & Landow，1993，p. 6)。这个转变以数字编码的共同特性为基础。对于以文本为基础的计算，德拉尼和兰道(pp. 12ff)指出他们所信奉的一些基本特征将会塑造即将出现的数字化、网络化的信息世界，从而对大学在赛博空间中的地位具有意义。

他们关注非物质化、可操作性的特征，关注新的话语形式的出现。仅作为一条编码而存在的电子文本能够在不同的媒介中被转换，并且，在到达的各个终点被重组。我们都知道文字处理的进展是剪贴、复制和编辑文本。通过在线数据库的搜索，这些进展被向前推了一步，并且，超文本与超媒介共存，这产生了新的相互联结的多媒体文本形式。

173 网络文本的发行搅乱了印刷和出版行业对书面文本层级结构的守护，既扰乱了市场，又打乱了文本规范的传统模式。

毫不奇怪，这些发展引发了文学的和人文主义的学者，对后结构主义与新通信技术之间明显聚集的谈论。例如，乔治·兰道谈论了范式的转换，认为这个转换出现在雅克·德里达与西奥多·纳尔逊(Theodore Nelson)、罗兰·巴特与安卓斯·冯·丹(Andries van Dam)的著作中，他争辩道："我们必须抛弃概念的体系，这些概念的体系建立在中心、边缘、层级以及线性的观点上，用多线性、节点、链接以及网络的观点来代替它们。"(Landow，1992，p. 2)杰伊·大卫·伯尔特(Jay David Bolter)用后结构主义开放文本的概念解释了超文本性，他评论道："在电子媒介中，原本在出版中不自然的事情变得自然而然，并且，很快就根本不需要再提及，因为它就是这么出现的。"(Bolter，1991，p. 6)他认为电脑正在重新组织我们的书写组织，正在改变着书写文化和印刷文化的地位，并且改变着作者与文本以及二者与读者的关系。然而，对于伯尔特来说，"文化的网络"并没有导致整体化的文化一致性的综合，而是引向了兴趣群组的网络，其中，控制和解释的层级结构破裂。德拉尼和兰道(Delany & Landow，1993)采用后结构主义的理论来解释以文本为基础的计算的一些基本特征，此外，理查德·拉纳姆主张"后结构主义与一般的数字编码似乎是同一事情的一部分"(Lanham，1993，p. xi)。他对他所称的民主、科技和大学课程的奇特聚合作了评注。贾尼·瓦蒂莫(Vattimo，1992)在《透明社会》中把他的"历史终结"的论点建立于这样的基础上：把后现代社会的诞生与大众传媒在转型时期所起的决定性作用相联系。瓦蒂莫主张，一旦不再把历史看作是单一线性的，现代性就终结了。现代性的消解是"交往社会"的结果，然而，对于瓦蒂莫来说，大众传媒没有使社会更加透明，反而更加复杂，甚至更加混乱，因此，在这种相对混乱和复杂之中，我们对未来解放的希望就会成为谎言。

(网络)文本的散布挣脱了印刷文化对文本的标准尺寸和格式的要求。复制、传播、修改和操作性的便易，不仅对知识产权、版权和剽窃提出了新的法律上和政治上的问题，而且也对传统图书馆继续扮演大学中心机构的角色提出了质疑。评论家安德鲁·奥德林克(Andrew Odlyzko)指出，科技的进步将极大地影响图书馆，图书馆这个机构的核心是以印刷为基础的文化和现代大学。他预言科技将会解决图书管理员的问题——不断飙升的价格和不断增加的学术作品制造了出版业的危机——并且，科技将会消除他们大部分的工作，因为"传统图书馆的大部分职能与这个概念相关：信息被保存在纸片上，数量巨大并且昂贵"(Odlyzko，1994，pp. 24-25)。他的论证在于，以书面印刷为基础的图书馆的这个范式不再合时宜，尤其在世界范围的信息体系之内，学术信息自由地触手可及。以书面印刷为基础的图书馆的职能已经被

174

篡夺，并且，受到由这些发展而引发的问题影响的，不仅有处于现代大学核心的图书馆，而且还有大学自身，或者，至少是围绕图书馆而建立校园的大学。

人们可能会说，后现代的大学或者后现代性之中的大学，将会单独地存在于赛博空间中，而不需要大型设施、校园建筑物、图书馆、讲演教室，这种说法值得注意。也许，不需要巨大的有多个校园的大学城。简言之，每一个有多个校区的大学只要受益于信息技术都有可能通过电缆行使职能，并且，电缆连接的大学反过来更加有效，成为真正统一的信息流动和信息交换的体系。在中间阶段——很可能今后二十年——它们可能过时，并且，大学的概念或者甚至国家的大学体系(长远来说)有可能又只是一个时代错误。

第一个虚拟大学或者在线大学早已形成。约瑟夫·王(Joseph Wang)(德克萨斯大学奥斯汀分校的天体物理学家)构想并且建立了全球网络学院，这是一个网上在线大学，没有实体的校舍。课程对任何能接触到网络的人开放。全球网络学院于1994年8月完成了第一期的在线课程，它的目标是成为一所具有完全资质的大学，对参与学习的学生提供学位。

带着相似的兴致，"交互式艺术高级探究中心"的主任罗伊·阿斯科特(Ascott，1994)提议创建"星际委员会"(Planetary Collegium)，他把这个委员会描述为：

　　一个非层级的、非线性的以及内在交互式的学习组织；

在贯穿世界的赛博空间中，把人与观点整合起来，把认知与
连通性合并。什么样的比较好的创造性工具适合于我们远程
信息文化的开展？这将会是全球的社区，其中的每一个成员
在接触知识的途径，以及知识构建和知识分配的手段上具有
大致相等的力量和职权；通过合作探究和经历共享，社区关
注于艺术和学习的进步。(Ascott，1994，p. v)

"星际委员会"作为"21 世纪大学间的范式"发挥作用，但不能被
从上至下地执行。相反，阿斯科特指出："它的出现，是自下而上的，
来自网络之内的无限交往，这种出现是混乱的、非正式的，甚至是随
机的。"(p. v)对于思考学科的概念、对于新的混合话语的产生、对于
重新评价语言和交往之于主体问题的关系，这个概念开辟了新的
空间。

175

注　释

这一章以一篇研讨会的文章为基础，它起初于 1994 年 12 月 9 日星期五在
一个研究小组的会议上宣读。这个研究小组由比尔·瑞丁斯召集，围绕着"大
学和文化：机构认同的危机"("L'Université et la culture：la crise identitaire
d'une institution")进行研究。这项研究以蒙特利尔大学的英语与比较文学系为
依托。令人感到悲怆的是，比尔·瑞丁斯于 1994 年的 8 月 31 日死于芝加哥的
空难。我感谢研究小组的成员，他们每个人待我友善并对这一章提出了建设
性的意见。我也感谢让-克劳德·古登(Jean-Claude Guédon)富有启迪的建议，
他与比尔·瑞丁斯一道主编了电子期刊《表面》(*Surfaces*)，同样感谢通讯学院

的塞瑞·巴蒂尼(Thierry Bardini)。

［1］　Hermann Hesse. (1970). *The Glass Bead Game* (*Magister Ludi*), Richard and Clara Winston, (Trans.) (pp. 14-15). London: Jonathan Cape. Originally Published as *Das Glasperlenspiel*, Zurich, Verlag, 1943.

［2］　这些词语和它们的同源词具有与许多其他词汇相似的谱系，具有极大的家族相似性，兹以此名册证明之：后工业社会(阿兰·图海纳，丹尼尔·贝尔)，知识社会(彼得·德鲁克)，服务阶层社会，个人服务社会[保罗·哈尔莫斯(Paul Halmos)]，电子科技时代[兹比格纽·布热津斯基(Zbigniew Brzezinski)]，后匮乏社会[赫尔曼·卡恩(Herman Kahn)]，后资产阶级社会[乔治·利希特海姆(George Lichtheim)]，景观社会(居伊·德波)，消费管制的官僚社会(享利·列斐弗尔)，后文明社会[肖尼思·博尔丁(Kenneth Boulding)]；也许，还有后最低纲领派[平卡斯-威滕(Pincus-Witten)]，后性能(Denis Oppenheim)，后现代主义[费德里科·德·奥尼斯(Frederico De Onis)]，后现代[阿诺德·汤因比(Arnold Toynbee)]，后现代主义(POSTmodernISM)[伊哈布·哈桑(Ihab Hassan)]，后现代状态(让-弗朗索瓦·利奥塔)；毫无疑问，还包括后逻辑实证主义(玛丽·黑塞)与后康德主义(理查德·罗蒂)；同时还有后殖民地主义、后结构主义等。

［3］　黑塞于 1926 年 11 月访问了《易经》的翻译者卫礼贤(Richard Wilhelm)。在访问的一年前，他开始第一次思考自己的巨著。他宣称，在他的转折期，卫礼贤的翻译给了他"精神上"的答案，他产生了这样的倾向：同时涉及同一个问题的不同侧面(Freedman, 1978, p. 350)。请参见戈德加(Goldgar, 1966-1967)，依照日本的 Go 游戏，他讨论了大写游戏和小说的结构。

［4］　尼采与歌德是黑塞喜爱的作家，在他年轻的时候，他用他们的画像来布置自己的房间(Freedman, 1978, p. 68)。后来，黑塞写了一篇论文《索罗亚斯德的回归》("Zarathustra's Return")，明显受到尼采的概念——循环论和极性的影响。诺顿(Norton)证实，黑塞对斯宾格勒(Spengler)的《西方的衰落》(*The Decline of the West*)表现出了热忱，它"非常有可能影响了黑塞对欧洲的瓦解与重生的预言"(Norton, 1973, p. 35)。

［5］　对于《玻璃球游戏》复杂缘起的叙述，请参见雷米(Remys, 1983, pp. 1-3)：黑塞最早于 1927 年初次接受了小说的概念；到 1931 年，他写了 5 本

传记，部分人物形象用于小说中；至1934年，他完成了导言。诗歌于1932—1941年被创作出来；描写仆人[Knecht(克内克特)]生活的章节于1938—1942年完成，至此，整个小说于1942年4月29日大功告成。

[6] 例如，斯韦尔斯注意到黑塞笔下英雄的名字，"Knecht是对歌德笔下的英雄Meister(主人)的奇怪回应，Knecht成为珠子游戏的大师。而且，卡斯特来省让人清楚地想起《威廉·麦斯特游记》(*Wilhelm Meister's Travels*)中的'教学省'"(Swales，1978，pp. 139-140)。

176

[7] 我从让-克劳德·古登的比喻中受到启发。

/ 10. 单边文化主义、多元文化主义与民主：
政治差异或者认同？/

就是他们的化身。标准与价值观，即通识教育的潜在认识论，把美国的模式和价值观与欧洲的过去相联系，并且，反映了欧洲的过去。从全球范围来看，像富兰克林·德兰诺·罗斯福(FDR)这样的贤明之人或者像约翰·菲茨杰拉尔德·肯尼迪(JFK)这样不起眼的伯里克利(Pericles)毫不奇怪，虽然这种教育的主体是整个民族，但是它的对象是全世界。这种西方设计最后的伟大代理人是"美国"——但不仅仅是美国。正是美国接管了欧洲的理念，同时，与欧洲的理念相联系——美国把革命的进步理念与美和真的基本模式相融合。它是冲突与现代主义融合——现代主义与科技进步主义、新古典主义之间的融合，这种融合非常有问题——的产物。

——迈克尔·盖尔(Michael Geyer) [1]

引言

尽管单边文化主义与多元文化主义这些词语在 20 世纪晚期就具有了独特的、特殊的含义，但它们之间的争论不是什么新鲜事。它们的历史影响从一开始就与政治、经济以及社会的状况相缠绕，随着欧洲种族主义、白人优越主义以及殖民地主义的历史发展，它们导致了现代民族—国家的发展。它们的史前史与"发现"新大陆的第一批欧洲探险家和传教士的观念相关，也与随后欧洲移民的世界观与文化传统相联系。早期出现的争论被记录在 18 世纪欧洲议会与民众的争论中，如与土著居民的首次接触、西方文明的使命、土地购买问题、殖民地政府的适当手段。

多元文化主义具有的反对力量成为一个观点，部分受到历史的推动，最初源自土著居民的斗争；源自"黑人认同"的概念、各种非殖民化哲学——比如，弗朗茨·法农和艾美·赛蔡尔(Aimé Césaire)的非殖民地化哲学——以及源自马克思主义的帝国主义理论，它们一起对这个观点产生了影响。随着 1945 年联合国教科文组织的成立，多元文化主义接受了一份早期的官方全球声明。后来，1951 年，列维-斯特劳斯为联合国教科文组织准备文件时，注意到了隐藏在欧洲历史观——普遍理性的单一线性发展——中的种族中心主义，进而，他主张各种文化，尤其是各种生活方式的意义，都不能被排序，或者按照任一顺序发展。

在文化重建的重要时刻，多元文化主义/单边文化主义这对概念经常重现。在美国，一场重现的特殊争论就是关于大学课程改革的辩论。迈克尔·盖尔解释道，对多元文化主义的争论，虽然几近从学术机构中消失殆尽，但是它从两个十分不同的渠道重新登入美国的大学。

国内权利运动无疑是唯一最重要的力量，它联合了政治、社会和文化的因素，并且动员了所有其他民众来参与并发表演说。相比较而言，另一个事件的开场更为有限且不稳定，它是知识的力量，而非社会的力量。它的出现伴随着法国思想大规模地侵入，尤其是在人文学科方面的入侵。后结构主义是欧洲血统的旁枝，但是它却被赋予欧洲知识的特殊地位，堂而皇之地进入美国大学校园。这两方①鲜有混合，但是它们的成就汇聚一处。两者以各自特有的方式都推动了被湮没知识的恢复、受压迫者的奋力斗争。它们一起铸造了当代政治学表述——处于多元文化主义争论的核心——的基本问题。（Geyer，1993，p. 513）

盖尔对如下内容的估计发生了偏差：后结构主义在欧洲大陆内的影响，多元文化主义、结构主义人类学[如列维-斯特劳斯、莫里斯·

---

① 指国内权利运动与后结构主义。——译者注

古德利尔(Maurice Godelier)]以及后来的法国后结构主义者之间在知识上、政治上的联系的评价。但是，他在如下方面是正确的：他明确了当代政治学表述的两种源头，也明确了从政治上讲，发展最不稳定的公共空间是美国高等教育。我认为，在如下方面，他也是正确的，即他论证了多元文化主义和单边文化主义"既不在政治上，也不在知识上具有清楚的立场"(Geyer，1993，p. 514)，两种情况可能与补偿性的策略或者可改造的策略相联系，都试图与政治认同(identity politics)厘清立场。

也许很容易区分文化保守主义的立场与自由主义的立场，尽管它们在文化生产场所方面具有政治上的复杂性，文化保守主义支持单边文化主义的形式，自由主义则从普遍主义的基石出发，分析了大学课程改革的辩论——这场辩论的一方是"要素主义者"，另一方是"解构主义者"。自由主义者认为如此划分这场辩论过于简单，需要积极的解释。因此，多元文化主义的立场，尤其与各种术语相关的立场，诸如"后现代主义""后结构主义"，或者"解构主义"，都需要仔细地解释。后现代主义与多元文化主义在政治上具有相似性，或许，甚至是以某些方式互相依存，它们共同排斥启蒙运动的大叙事——以普遍主义的主张为基础。马克·波斯特(Poster，1992，p. 577)指出，这两者之间的关系应该被看作是"麻烦联盟"，它们十分麻烦，以至于任何一方的立场都能够游离于启蒙运动的政治学模式。

这章一开始就厘清了这些立场。首先，这一章为最近在美国高等教育中出现的文化保守主义、对多元文化主义和后结构主义的抨击提

179

供了背景。其次，它考察了新的自由主义联盟，这个联盟在艾米·古特曼(Gutmann，1994)所编撰的论文集《多元文化主义：查验认同政治学》(*Multiculturalism：Examining the Politics of Recognition*)的护佑下被召集在一起，这个论文集以查尔斯·泰勒、于尔根·哈贝马斯等其他人的研究为基础。最后，我讨论了被康奈尔·韦斯特(West，1990)称为"新的差异文化政治学"的内容，我遵循波斯特(Poster，1992)，简短地考察了多元文化主义和后结构主义之间"麻烦联盟"的本质。

文化保守主义的出现

大多数人都意识到 20 世纪 80 年代全球政治普遍向右转，新右翼的出现和新自由主义原则为基础的一套政策，一方面表现了大政府的失败，另一方面向自由市场的解决方案挺进。在高等教育领域，如同其他政策领域，这清楚地意味着体系的结盟，反映出经济的需求。从而，我们经历了新的公司管理主义形式的引进，它强调清晰的绩效组织、被委任的权威，以及公司的规划；并且，大多数高等教育引进了使用者一付费制度，同时，更多地强调学生助学贷款计划。在新自由主义下，教育考虑更多的是私人投资带给个人的利益，超过他或者她的生活收入，而不关注普遍的福利权利或者公众利益。

对这些政策认可的同时，大多数人已经具有这种高度的认识：高等教育成为 20 世纪 90 年代最具政治化的事件之一。其中的一个表现是对"政治正确"的争论[2]，它似乎轻而易举地夺得了民众的想象力。这场争论开始于约翰·瑟尔斯(Searles, 1990)，并且他在《纽约书评》(*New York Review of Books*)上发表的《席卷大学的风暴》("The Storm over the University")对此作了最佳概括；理查德·伯恩斯坦(Bernstein, 1990)在《纽约时报》(*New York Times*)上发表的《政治正确霸权的兴起》("The Rising Hegemony of the Politically Correct")也对此作了最佳概述。瑟尔斯和伯恩斯坦的观点和情绪与民众的保守主义浪潮处于同一个时期，民众的保守主义浪潮或许开始于琳恩·V. 切尼(Lynne V. Cheney)担任国家人文科学基金会(the National Endowment for the Humanities)主席后的第一份报告《人文学科与美国的希望》(*The Humanities and the American Promise*)(1987)。并且，一系列众所周知的书籍也促发了民众的保守主义情绪，这些书籍抨击自由主义高等教育的实质，把那些想要改革大学课程的自由主义者和激进主义者狰狞化，其中包括赫希(Hirsch, 1987)的《文化扫盲》(*Cultural Literacy*)、布卢姆(Bloom, 1987)的《美国思想的终结》(*The Closing of American Mind*)、罗杰·金博(Kimball, 1990)的《终生的激进者》(*Tenured Radicals*)，以及戴尼斯·迪索萨(D'Souza, 1991)的《不自由的教育》(*Illiberal Education*)。

1988 年，在美国学术团体委员会(the American Council of Learned Societies)的会议上，切尼在演讲中表明他的立场囊括了批判的一般基调和处于危险中的首要事件：

我最关心我们学院和大学中的人文学科状况的时候，不是我看到理论和观点激烈争论的时候，而是我看到它们漂亮地聚在一起的时候。我看到女性主义的批判主义、马克思主义、后结构主义的各种形式，以及其他方法，都来瞄准一个概念并且威胁着要取代它。我尤其想到了西方文明的概念既是政治上的，也是理论上的，它承受了许多压力。由于对精英主义者、性别主义者、种族主义者，以及欧洲中心主义者的攻击，维持我们教育体系、我们知识传统的核心观念目前被宣布不值得研究。（引自 Messer-Davidow，1993，p. 41）

即使人们见证了政策的变化——威胁要改变大学的基本使命，既对机构自治也对学术自由构成威胁——和新的民众保守主义浪潮，很少有人站在左派的立场上去理解 20 世纪 80 年代其间事态的发展程度，既不理解切尼有关"一个非常圆滑世故的保守主义者的政治话语"的论述，也不理解右派"借助大规模的右翼工具，对自由主义化的高等教育制造抨击，致力于激进文化变革的发生"（p. 41，p. 43）。自 20 世纪 50年代中期开始，保守主义的派别开始联合，在以后的几十年间，右翼成为顽固的力量。在相同的岁月里，右翼也极力地、有意识地扩大它的基业。埃伦·梅瑟-达维多对于右翼的组建提供了详尽的论述，"基金、智囊团、媒体、训练机构以及司法中心"在 20 世纪 80 年代"开始把它们的资源放在文化变革上"（p. 44）。

在这些发展中，最重要的是被称为"文化保守主义"的计划，它是由保罗·韦里奇(Paul Weyrich)和与他相关的保守主义小组提出来的，韦里奇是"自由国会基金会"(the Free Congress Foudation)的主席。梅瑟-达维多评论道，文化保守主义的计划"是新的美国政治的模板"(Messer-Davidow，1993，p.45)，它说明建立在文化基础上的政治学，而不是以经济为基础的政治学将会是21世纪的主流。这个计划寻求摆脱公众对新右翼的负面印象，用积极的词语来说明左派所反对的东西。它说明自己的首要因素是积极地保存传统的西方文化，在此基础上，传统的西方价值观是功能性的价值观，也就是说，传统的西方价值观在功能上被视为真理。文化改革的事宜变成了改革那些负责传递西方文化的机构。

通过由智囊团、基金、媒介、司法中心、训练中心以及基层组织组成的这个系统的清晰发声，右翼抨击了美国高等教育的自由化本质：抨击学院女性主义、抨击学术理论[3]、抨击多元文化主义。梅瑟-达维多提出，对多元文化主义的抨击是最大的抨击，这是因为"向之前被排除在外的各个种族和文化开放课程的做法与学术界和社会所作的其他努力一致，但是保守主义却反对"(p.42)，如平权法案(affirmative action)和非裔美国人与同性恋激进主义(African-American and gay activism)都受到保守主义的反对。

在保守主义的辩论中，经常被人忽视的是，美国高等教育中的单边文化主义本身是一种文化建构——在20世纪被制造出来。迈克尔·盖尔解释道：

确实，单边文化的高等教育以某种方式扎根于文艺复兴的人文主义、启蒙运动的古典主义以及人类与太空的皇家科学中，所有这些都受到了仔细的审查。但是，在美国的高等教育中，没有一样是那么古老的。在美国高等教育中的单边文化主义彻彻底底的是一个 20 世纪的建造品。而且，恰当地说，它没有传承欧洲后裔所尊称的传统；美国大学奠基的一代对所谓的(各种)传统和苛捐杂税表现出了强烈的痛恨，而这两者一起使欧洲风格的高等教育处境不妙，随后的几代移民大体上不是那些经过大学教育的人。相反，这些后续的"殖民者"采取、接管、占有，并且有选择性地保存了(即"教化了")欧洲思想并使其成为美国的文化。(Geyer，1993，p. 502)

　　盖尔(1993)论证道，对单边文化的普通教育的地点、主体以及目标的考察，揭示了美国高等教育的条件、公共性以及政治本质。他认为，普通教育和高等教育之间的合并是美国大学这个机构成功的关键——这个特征把美国的高等教育与欧洲大陆的大学区分开来，欧洲大陆的大学机构自治比较狭窄地与知识生产这个明确的使命相联系。美国大学的角色更宽泛，它为企业与政府间的"精英调整提供机构上的空间"(p. 505)，并且，美国大学的学习原则建立在实用主义的基石上，于 20 世纪 30 年代和 40 年代形成，并于 20 世纪 60 年代得到革新。单边文化原则对变化很开明，其后果体现了民族文化与福特时代普遍价值观的融合。对于这种单边文化理念的成功，盖尔论述道：

（它）与美国霸权角色的兴起紧密相联。这从意识形态上被
表现出来，一般认为，美国统一了西方，完成了西方发展的进
程，在与苏联的激烈竞争中，设立了文明的全球标准……普通
教育成为规范的知识——是迅速扩大的新的中产阶级和男性公
民文化的知识。对于大西洋主义的时代，它是高雅文化。
(Geyer，1993，p.509)

盖尔主张，在这种单边文化建设的情形下，争论高等教育是否意
味着对文化的复制或者对文化的批判，这毫无意义。相反，"问题是
现在，经过长时期的持续增长——大致从 20 世纪 20 年代至 70 年代，
今日的我们是否应该复制过去半个世纪的学院文化——在我们所制造
的影像中，回到甚至是更为古老的文化，或者回到我们所制造的更为
古老的影像，或者又一次地开始文明的耕耘，进而，产生出恰如其分
的美国元素，以此反对矛盾重重的'美国传统'"(p.503)。简言之，他
主张，这个问题正是当今关于高等教育争论的基础。

新自由主义的联盟？

新自由主义的联盟正在形成的过程中。艾米·古特曼(Gutmann，
1994)的研究集中体现了这点，她把查尔斯·泰勒关于"政治认同"的训
诫牢记于心，糅合了哈贝马斯在"民主宪法的政权"下对斗争的现象学分
析，由此，在多元文化"席卷大学"(Searle，1990)下，开始对解构主义

和要素主义发起猛攻，以便于为自由主义教育提供空间。这是场争端不断的战争，古特曼利用这场战争阐述道德的目标，在这个方面，她所考虑的是自由主义的基本民主价值观。我提到的论文集起初叫作《多元文化主义：查验认同政治学》，其最初的形成标志着普林斯顿大学的"大学人类价值中心"(the University Center for Human Values)的成立，古特曼是这个中心的主任。这是一本重要的著作，自最初的核心论文——由受人尊敬的著名加拿大哲学家查尔斯·泰勒撰写——于1992年首次出版以来，这本书的名气与声望日渐增长。随后，论文集被译为意大利文、法文以及德文。德文版包括了哈贝马斯所撰写的延伸阅读——在民主宪法的政权中，关于斗争的认同。扩充的英文版于1994年出版，其中包括泰勒最初撰写的论文和哈贝马斯的评论；还有K. 安东尼·阿皮亚(K. Anthony Appiah)作进一步回应的文章，阿皮亚是哈佛大学的教授，主要研究非裔美国人与哲学；并且，还包括由苏珊·沃尔夫(Susan Wolf)、史蒂文·C. 洛克菲勒(Steven C. Rockefeller)和迈克尔·沃尔泽(Michael Walzer)所撰写的一系列对泰勒的论文进行反思的评论文章。这些论文与艾米·古特曼撰写的"简介"一起，传递着一种不可否认的权威，建立了某种中间立场。当然，这本书所能做的远不止这些：它对"多元文化主义"这个词语在自由主义民主传统的基础上建立了政治上的解释。在某种意义上，就涉及的学者来说，在一段时间内，它为并且将为自由主义对多元文化主义的解释提供标准。从而，它值得从知识角度进行最仔细的审查。

　　在很大程度上，泰勒的论文可以被看作是对多元文化主义问题的

"共产主义的"回应，其中部分受到他自己近期哲学研究的启发。他近期的哲学研究以追寻西方文化传统中的道德自我(1990)的根源为基础，并且，他的论文部分地以他的经历———一名加拿大人面对魁北克分裂的前景——作为基础。泰勒的论文史实丰富，他考察了两种变化并提出，这两种变化一起"使现代着迷于同一性和认同且必然如此"(Taylor, 1994, p. 26)。他辩论道，当尊严的概念被荣誉的概念取代，引领着政治的认同，那么，第一个变化就产生了；第二个变化出现于 18 世纪末，由于现代文化"主观的转向"和本真概念的发展，第二个变化产生了。他把这些变化追溯到受让-雅克·卢梭(Jean-Jacques Rousseau)和赫尔德的影响。尤其是第二个变化，它修正和强化了认同，认同被看作是普遍主义和平等主义民主的基石，这种民主要通过个体化的同一性，也就是说，要依照我们自己内在本质的道德地位。两种变化具有联合的力量，共同来置换和摧毁社会的等级和源自社会的身份认同，它们是传统社会的基础。

我对这种历史上的论证毫无异议。我丝毫不怀疑泰勒的学术地位或者他得出的一般性结论，这个结论是历史史实的一部分。我所不赞成的是，泰勒极力地强调这些发展的偶然性。他似乎陷入了这个观点中：尊严概念和本真概念之间的相互关系在历史上出现是不可避免的；并且，关于同一性的概念，他快速地略过，并没有从历史史实中挖掘充分的解释，只是给出了显而易见的、中立的普通解释，好像历史史实无缘无故地为哲学结论辩护："我们总是在对话之中界定我们的同一性。"[4] (p. 33)

泰勒主张，从荣誉转向尊严成为"普遍主义的政治学"——强调权利的平等——争论的问题；他还主张，本真的理念引发了差异政治学，这种政治学的产生需要对特殊的个人或者文化群体的独特同一性产生认同。他主张，它也建立在普遍主义潜力的基础上，"这种潜力形成并且规定一个人自身的同一性，这种潜力是个人的，同时也是一种文化的"(Taylor，1994，p. 42)。据说后者有机地由前者孕育出来，但是，这两种政治模式陷入了冲突，这体现在"尊严平等的政治学"上，它主张我们以无差异的方式对待人民，而"差异政治学"则宣称普遍的无差异原则。事实上，这些普遍的无差异原则是一套特殊的、与文化有关的模式(和理论)，表现了当代主流文化在当今的高度。

这种冲突显然存在于普遍主义的原则之间——以魁北克分裂主义事件(the case of Quebec separatism)为依据，泰勒考察并且阐明了这种冲突——面对这种冲突，泰勒假设所有文化具有价值，站在这个基础上，他抛弃了程序自由主义，接受了含糊的共产主义的自由主义，迈克尔·沃尔泽(Walzer，1994)更加简单地改称为"自由主义 1"(Liberalism 1)和"自由主义 2(liberalism 2)"。[5]我说含糊的(共产主义的自由主义)，是因为泰勒是否愿意接受他自己的激进结论所产生的全部后果，这点尚不明朗。他把这两种观点描绘为自由社会不可调和的、普遍主义的观点，这表明"程序自由主义的僵化可能很快在明日世界里不被实行"(Peters，1991，p. 61)，在明日的世界中，"所有的社会正日益多元化"(p. 63)。他甚至承认，弗朗茨·法农的研究很关键——被征服的人们试图摆脱某种内部的殖民化，并且，他承认"为了女性以及非欧洲种族和文化的人们"[6]，大学和学校应当给予更大的空间，但是除了这种假设——倾向于平等对待各种文化——他自己不能够接受外，他还不确信，这种假设是否能被有效地建构为正确的理论。

泰勒的论文是一篇关于他的信仰的勇敢宣言，其中的见解既激励人心，又深入人心，但是它也是模糊的和唯心主义的，试图在两套不可调和的理念之间找到妥协。在这点上，他说道，这几乎像是离别赠言："在失真与类同之间必定有某种中间路线。一方面，这是认同它们同等价值的需要；另一方面，这是与种族中心主义的标准隔离的需要。"(Taylor，1994，p.72)

泰勒并没有充分解释这两种叙述和两套原则如何走向冲突，据说两者都是普遍主义的并且都是真理。这意味着自由主义传统的核心内部不一致吗？一方面，在说明现代同一性概念出现的时候，他称赞现代文化主观主义的、浪漫主义的回归；另一方面，他板起面孔严肃地拒绝其当代的哲学形式。他随意地、临时地提及"新-尼采哲学"(neo-Nietzscheans)(例如，"主观主义的、半成品的新-尼采哲学的理论")(p.70)，使得他没有了信誉，损害了他的论证。(他只有一次提到福柯和德里达，没有参考具体的文本，完全采用贬义词。)这体现了他粗鲁地拒绝同一性问题的"对话"基础，企图在本真的、多元文化的、自由共产主义的基础上宣布同一性问题。[7]

我认为，他的概念所面临的一部分难题是，他企图完全在自由主义传统的历史内部说明两种政治思维模式与政治需求之间冲突的原因。虽然，我十分同意他对"尊严的政治学"的论述——其涵盖了平等

185

权利的要求和欧洲与美国个人主义的各种形式的出现，但对我来说，差异政治学似乎从自由主义传统的外部清楚地出现，其发展既不能从这种传统的内部得到解释，也不能为这种传统所包含。当然，差异政治学在历史上的形成，主要不是自由主义传统之内的思想演变的结果，而是对(种族中心主义主张的)普遍主义的反应，并且，这种文化上的挑战是当代自由主义从理论上寻求调试的产物。换言之，它们发轫于自由主义文化及其社会的外缘，从历史上讲，它们与当地反对同化的本土运动相联系，它们迫使认同问题和文化权利的问题成为政治意愿的行动而登上中心舞台。大多数斗争迫使这些问题最终落实为法令。

新的差异文化政治学

我在其他地方对自由主义的改革计划和激进的民主计划进行过论证。它们都以共同体的概念为基础，不管是用一般的词语还是历史的词汇，对它们的界定都不成功，确切地说，它们都忽视了后结构主义对以主体为中心的理性和对新社会运动的历史意义的批判(参见 Peters，1995b)。我认为，自由主义者和共产主义者都追随艾利斯·扬(Young，1992)等学者，他们基本上都反对现代主义二元逻辑的特征：它们中的每一对词语或者概念都赋予其中一个词语或者概念特权，从而否认另一个词语或者概念。前者效忠于个人主义的意识形态，它用一般的、非历史的词语赋予个人特权，使其成为最终的分析单位。我辩论道，就康德传统的哲学家和市场自由主义者而言，他们都强调理性，视理性为个人行动者的唯一属性，但是，康德哲学的自由主义者对康德自治的概念提供了程序上的解释，并且，康德的范畴规则的概念强调形式上的权利，而市场自由主义者利用经济人的行为假设，论证说应该把人视为各种行为的"理性效用最大化者"。

进而，我论证道，相比较而言，共产主义者宣称自由主义的理论过于强调个人至上，并且，从历史和文化上看，这个理论不够敏锐。这种观点认为，自由主义的理论误解了权利的主张。权利不被看作是先验的原则，而是自由主义团体历史的和暂时的特征。共产主义者否认方法论上的个人主义，争辩道，理性也意味着机构的理性和政治文化的理性。照此观点，政治共同体不仅仅是个人的集合，更是人类的构成。借助我们在价值观和意义共享的共同体中的成员地位来回答我们是什么和我们是谁的问题。共产主义者更具有历史敏锐性，与此同时，他们与共同体的概念结盟，而共同体的概念凌驾于个人概念之上，并且，在有机体统一的诉求中反对个人概念。

我也主张，后现代对理性的批判与新的社会运动兴起之间存在着密切的联系(参见 Peters，1991)。我解释一下被哈贝马斯(Habermas，1981)称为"新的社会运动"的发展，对于"新的社会运动"，他指的是亚机构的、超议会的抗议形式，起源于 20 世纪 60 年代，其后传承于启蒙运动，发展成为历史手段，借此，马克思主义作为解放话语的主人被剥夺了其鲜明的理性主义元素和科学主义元素。

马克思主义给我们上了很有价值的一堂课：我们制造历史，但不是在我们自己所选择的情境之下制造历史。这是对主体批判的第一个环节。虽然，马克思主义在阶级优先方面，拥护集体的主体，同样地，它主张主体总是嵌于既有的社会习俗中，群体和个人从来不是那些习俗的唯一起源或者始作俑者。斯图尔特·霍尔对这个方面作了评述："在社会实践方面，这是历史上深奥的去中心。"许多社会运动在初期阶段——以非殖民地化哲学和女权主义为基础——都从马克思主义的批判中汲取灵感，有时，它们也结合弗洛伊德的批判，这同时搅动了稳定的同一性话语，在自我形成中强调无意识过程的重要性。

20世纪60年代的社会运动，对旧的政治同一性进行了一些理论上的改进，丢弃了阶级优先，并且质疑阶级优先是先进的集体主体——它的目标是解放。尤其是种族和性别得到了更广泛的认同，以非还原的方式详细说明了压迫的路线。这些社会范畴在早期阶段依赖于要素主义的看法，这点意义重大：它对现代政治同一性的解释与其他主流的解释——阶级的同一性和民族的同一性——泾渭分明。阶级的概念永远与同质的集体的民族统一的概念相分离，种族和性别的概念引导我们对社会内部的差异具有更好的理解。然而，这些社会运动仍旧支持旧的同一性逻辑，把它视为稳定的和同质的范畴。霍尔评论道，这些社会运动"被谈论——就好像它们自身都是单独的演员，但是，确实，它们放置、定位、稳固了个体自我的规则，就好像一个编码：大规模的集体的社会同一性，如阶级、种族、民族、性别以及西方，并且还让我们理解和解释它们"。

后结构主义对主体和理性的批判是把利器，搅动了现代同一性话语，使其进程进一步分为几个阶段。后结构主义的批判使个人的范畴出现了问题。个人的范畴是理性自由主义的最后踪迹，它为思（the Cogito）——自我一致的、完全透明的思维主体，是行为的源头和基础——赋予特殊地位，思成为普遍的主体，与此相对，所有非理性的他者被规定出来。后结构主义所实施的批判，不仅使主体的统一出现了问题，而且使任何群体的统一也出现了问题——在所声称的共有经历的基础上，它们曾被认为是有机的统一体或者单个的行动者。

康奈尔·韦斯特对他所称的"新的差异文化政治学"的特征，作了如下描述：

> 新的差异文化政治学的独特之处在于，以差异性、多样化以及异质的名义废弃了整体的和同质的；依照具体的、特定的和特殊的，摈斥了抽象的、一般的和普遍的；通过凸显偶然的、临时的、可变的、试验的、转变的以及变换的，支持历史化、背景化以及多元化……它们的新颖之处——连同它们所生产的文化政治学一起——是差异如何被构成，什么构成了差异，表述被给予何种权重和重要性，并且，在承认对先前文化批判形式的断裂与瓦解时，如何凸显如下事宜：灭绝主义（exterminism）、皇权、阶级、种族、性别、性取向、年龄、民族、性情以及宗教事件。（West，1990，p. 19）

在某种程度上，后现代的批判理论赞同新的同一性的政治学，主体不再被视为一元的、理性的自我——在自由主义的人文科学的联合影响下，它在历史上被生产出来并且复制自我；相反，在话语实践中，它被认为占据了不同主体的位置，话语实践被特殊的权力/知识的关系话语生产出来。同样，主体在过程中存在，主体仅是局部的，有时是非理性的声音，占据多样的场所或者位置——它们自身可能是矛盾的。斯图尔特·霍尔评论道：

188
　　　　大规模的集体的社会同一性并没有消失。在我们所栖居的真实世界中，它们的价值和功效仍然存在。但是，事实上，它们之中的任何一个都不再处于社会的、历史的或者认识论的位置上，在不久前的过去，它们存在于我们的概念世界中。它们不再被看作是同样的同质形式。我们关注它们的内部差异、它们的内在矛盾、它们的支离破碎，同样，我们也关注它们早已完成的同质性、它们的统一性等。在世界中，它们不是早就被生产出来的稳定性和整体性。它们没有像整体论一样运转。如果它们与我们的同一性有文化上的和个人上的关系，它们就不再具有缝合、组织或者稳定的力量，因此，我们知道，我们只是简单地增加与它们有关的我们的立场总数。它们没有给予我们同一性的编码，虽然我认为它们过去曾经给予过我们。(Peters，1991，p. 15)

最近，在女性主义力量的影响下，我开始接受共同体的批判。共同体的概念被用来支撑一些十分含糊的惯例。在此，我所思考的共同体的概念是由新保守主义者提出的。他们提出这个概念是为了重建和尊重文化传统——一种现代的文化、民族，这种解释很普遍，如艾伦·布卢姆的《美国思想的终结》，或者阿兰·芬凯尔克劳特的《思想的失败》。在此，共同体的概念是同化理念的核心，同化理念居于自由主义意识形态的中心：它表现了共同的民族文化的景象，其中，所有的个人摆脱了他们的种族出身、他们的种族历史以及他们的传统文化的信仰，参与到现代民主社会中。在此观点中，文化多元主义和种族多样性被视为对现代社会要求的一种威胁，因为这种多元主义促进了群体认同、群体效忠、群体权利的观念。因此，毫不奇怪，现代自由主义的公民概念已经系统地排除在历史上被规定为他者的群体之外。通过推进公民共同体的观念——既是同质的又是单一文化的，成功达到了这个目标。这种公民共同体的观点发轫于共有的秩序，这个秩序是一个群体——具有有限的、连贯的同一性——的基础，耶特曼论述道，这种公民共同体的观点与"当代政治表述和言论"完全不一致（Yeat-man，1992，p. 3）。

对自由主义的共同体的批判教导我们，要对普遍主义的和理性主义的主张存疑，这些主张构成了个人主义的基础，把个人从社会和文化的背景中抽象出来，贬低社会关系在建构人的本质和同一性时所扮演的角色。它也帮助我们认识到，新自由主义所主张的个人被假定为理性效用的最大化者，并且在理论上构成了以竞争为根本基础的共同体，暗中筛选出文化和性别上的不同价值观。然而，同时，共同体的哲学在替代了普遍主义的观念之后，却赋予统一优先于差异的特权、社会自我优先于个人自我的特权。共和党的这种话语树立了公民共同体景象的实质，它建立在调整理性理念——参与的、对话的理性——的基础上，然而，这种理性是单一文化的并且对差异的多样性毫不宽容。共同体的理念假定公众通过理性而形成，理性的共识同化真实存在的文化差异，并且否认社会生活的异质性（Yeatman，1992）。

共同体的理念不仅对文化的差异毫不宽容，而且常常贬低与性别相关的问题。显然，传统的共同体极大地压迫了女性，在原始的劳动分工的基础上，她们处于屈从的地位。在面对个人主义和社会私有化时，很容易错误地把共同体的概念浪漫化，不去辨明不受欢迎的乌托邦和政治上的问题。例如，扬（Young，1990，1992）论证道，异化和暴力既是面对面关系的功能，同样也是调节性社会关系的功能。当代对强暴和儿童虐待的研究极有力地支持了这一论点。

差异政治学的起点是对自由主义与共和主义、个人主义与共同体的综合批判，从而，表明所有的同质的个人同一性或者共同体同一性的建构事实上是历史的和偶然的建构，这种建构依赖于有意的和系统的排除。因而，在这些方面，社会群体被视为非相互影响的和相互排斥的。相比较而言，差异政治学融化了固定的和基本的同一性。它把差异视为变化的，而不是排外的对立面。它认为同一性既是关系的也是情境的，常常是政治选择的事情。在此程度上，差异政治学认为，主体的同一性在主体立场多样性的交叉点上被建构起来，主体立场的多样性之间"不存在优先关系或者必需关系，关系的联系是霸权做法的结果"（Mouffe，1988，p. 35）。

　　马克思主义和弗洛伊德主义引向了深奥的主体去中心，使其成为所有理性、意义和行为的源泉。个人和群体总是被嵌入既有的社会习俗中，并且，他们从来都不是这些习俗的唯一来源或者始作俑者。20世纪60年代和70年代的社会运动作了一些改进，质疑阶级优先是先进的集体的解放主体。有一种对种族和性别更大的认同用非还原的方式说明了压迫的路线。然而，这些社会运动建立在旧的同一性逻辑的基础上，在稳定的、基本的以及同质的范畴上，它们被视为集体主体。这些本质的观点把新的集体主体归结为现代主义单一行动者的特征，并且，把新兴的集体的社会同一性简化为个人的傲慢的自我模式，其中，差异被归类，内部的冲突被消除。在受压迫群体之内或者之中，压迫的问题被禁锢在集体的行动者的浪漫化之中，而他们被认为如同一人般的行动、思考以及感觉。

190

　　斯图尔特·霍尔开始着手研究这个显著的转换问题，这个显著的转换发生在黑人政治的表述上，他把其特征概括为"黑人主体实质上的终结"。他的意思是，"黑人"这个范畴在政治上和文化上被建构，它从来不是固定的，而是与历史相关的，并且，在与历史的关联中，它包含了极大的经历多样性。政治表述承认种族主义是认同与差异的游戏，这不仅把黑人主体安置在阶级、性别以及民族视角的关系之中，而且把它安置在性和欲望的关系之中。霍尔作了如下解释："正如雄性总是建构双重的阴性——同时建构了圣母玛利亚与娼妓——以同样的方式，种族主义建构了黑人主体，即高贵的未开化之人与残暴的复仇者……

这种双重的断裂需要一种极为不同的政治学，因为……激进的黑人政治学经常围绕着黑人男性的特殊概念而被固定下来，它如今受到黑人妇女和黑人同性恋者的质疑。"

很明显，后结构主义是批判主体和理性的利器，搅动了现代同一性的话语和以此为基础的政治。在最近出版的论文集《"种族"、文化与差异》("*Race*", *Culture and Difference*)的"简介"中，詹姆斯·唐纳德和阿里·拉坦西指出，摆脱"种族"的本质举措是要求新的共同体概念："从权威的继承或者权威的委任转变为差异的原则和对话的原则。"(Donald & Rattansi，1992，p. 5)他们论证道，最近的理论动向在于，重新思考文化(索绪尔的符号学、拉康的心理分析学、女性主义、文化研究等)破坏了共同体的概念，这在规范的同一性和传统方面得到理解，它强调"任一被设定的文化权威的偶然性"。他们继续说道："'种族'和同一性天生就是可以检验的社会范畴和政治范畴，这就是为什么它对多元文化的、反种族主义的范式表示怀疑，同样它也对同化的逻辑存疑。"(p. 5)

差异政治学对普遍主义者、基础主义者以及要素主义者的某些思想存疑，如今，它对它们所服务的政治目的更加警觉。这种政治学，强调多样性和他者，建立在对同一性的形成和方式——通过一系列的以二元对立为基础的、系统的排除，现代主义的、欧洲中心的话语创造了民族、种族和阶级——的微妙过程理解的基础之上。对于后殖民地国家来说，这些成对概念——文明的/未开化的、黑人/白人、文化/天性、殖民者/被殖民者——的解构是必要的一步，只有这样，才能树立更为异质的公众，去除制度化的新殖民地价值观。

　　然而，新的政治同一性建立在对差异更为深刻的理解的基础上，
它为建构新的主体间性和团结提供了基石，并且，通过斗争，它提供
了重新发明参与式民主的希望——这个希望仍是教育和教育理论的一
个中心目标——马克·波斯特(Poster，1992)论证道，显然存在着这样
的危险，即把后现代的政治与启蒙运动的政治合并、混淆或者把前者
简化为后者，这种危险最尖锐地突出了关于多元文化主义的争论。波
斯特争辩道，更普遍地说，法国后结构主义者绝对是批判理论重建的
领路人，而非哈贝马斯，这是因为"他们直接在后现代时代里遭遇了主
体的困境"。尤其是"当全球的交流网络(利奥塔)和人类/机器联合(哈
拉维)取代了比较旧的人类与自然的形象、个人与社会的形象，个人
(旧的、资产阶级的、固定的认同)作为参照锚失去了社会声望"
(p.576)。然而，在这种背景下，波斯特指出，多元文化主义与后现代
主义之间轻而易举的联合受到了质疑。虽然对启蒙运动普遍主义的怀
疑使得多元文化主义者和后现代主义者团结起来，但是这种联盟麻烦
不断，以至于双方的立场都能够从启蒙运动的政治学中抽身而出。

　　　　在后现代主义者那里，困难在于他们不断地否认启蒙运
　　动的批判姿态，复制启蒙运动的批判形式，强调普遍主义的
　　主题(对于利奥塔来说，社会普遍由延异组成)，但同时，他
　　们否认普遍主义的主张……在多元文化主义者那里，困难在
　　于对主体立场的信赖，主体的立场复制了启蒙运动的能动的

10. 单边文化主义、多元文化主义与民主：政治差异或者认同？ | 291

人的概念……大问题是，他们声称多元文化主义的主体立场具有解放潜能，然而同时，却回避要素主义或者自我的同一性，它们与启蒙运动的抵抗形式相联系。（Poster，1992，p. 577）

波斯特得出结论：后现代主义仍旧羽翼未丰，后现代主义命名了一系列变化(如殖民主义的退位与电子媒介交流的莅临)，这些变化将会使"现代性结构发生革命"，并且"期望这些倾向在未来"占据主流(p. 579)。在此情形中，他主张："多元文化主义者必须在哈贝马斯的普遍主义和后现代主义者的差异主义之间进行选择。前者全盘否认多元文化主义者所阐明的立场；而后者肯定多元文化主义者的立场，但不能完全保卫阵地。"(p. 579)

注 释

　　[1]　Michael Geyer (1993, Spring) Multiculturalism and the Politics of General Education. *Critical Inquiry*, *19*, 507.

　　[2]　彼得·罗伯茨主张"政治正确"这个词语起初"由列宁主义者使用，用来指对党的路线的忠诚"，它"之后被新左派用来讽刺对党的教义过分僵化的或者狂热的持守"(Roberts, 1995, p. 1)。仅在 20 世纪 90 年代，这个词语才具有明显的贬义性。请参见罗伯茨(Roberts, 1993)对布卢姆关于哲学、教育与读写能力问题的讨论。

　　[3]　对学术理论的攻击，尤其是对后解构主义和解构主义的攻击，这种情形很有趣。美国学术界中的后结构主义在文学系而非在哲学系中最具影响力。与在美国相比，德里达在英国的受欢迎度可以用这个来衡量，英国公

众对剑桥大学授予德里达荣誉学位的提议争论不已。对于德里达在《法国和美国两种文化市场的差异》("two cultural markets as different as France and the United States")中关于合法性社会学的研究，请参见米歇尔·拉蒙特(Lamont，1987)的《如何成为主流法国哲学家：雅克·德里达的案例》("How to Become a Dominant French Philosopher：The Case of Jacques Derrida")。我发现拉蒙特的分析不十分令人信服，并且，她对德里达思想的叙述显得幼稚和肤浅。

约瑟夫·马戈利斯(Joseph Margolis)在一篇论文——这篇论文被收入《欧洲哲学与美国学术界》(*European Philosophy and the American Academy*)(Smith，1994)一本鲜有的对德里达的研究进行评论的哲学论文集——的脚注中，写道："在美国，它被各种疯狂的、同时适度的方式控诉，德里达是个哲学的无政府主义者，并且，德里达式的'方法'受人欢迎并莫名其妙地触及相对论、'多元文化主义'以及'政治正确'表面上的合法性，这威胁了美国的学术。"(Margolis，1994，p. 221)马戈利斯提及了巴里·史密斯(Barry Smith)在其"前言"中所作的如下主张："当今美国学术界的许多发展——多元文化主义、'政治正确'、批判理论的发展、修辞学和解释学、许多人文系科中的奖学金危机——都与欧洲哲学家的著作紧密相关，甚至受到他们的启发，诸如，福柯、德里达、利奥塔以及其他人。"(Smith，1994)

作为一个哲学家，史密斯在他专门研究欧洲哲学的著作中，没有论证或者进一步的讨论，竟然提出这种主张，我认为这十分荒谬。马戈利斯指出，史密斯卷入剑桥大学的论战中，写下了一封"相当尖锐的信件"，被刊登在《泰晤士报》(伦敦)(1992年5月9日)上，并且由一些知名的哲学家署名。

在查阅了剑桥大学关于德里达的白热化争论之后，马戈利斯继续写道：

> 我自己对这个事件的评价是所提及的两种罪名(他不是一个哲学家，他的方法不专业)都不成立，尽管大量的批判——针对德里达的研究、对他的方法的投机使用——都得到了相当的发展和论证。德里达与"多元文化主义"之间的联结大致可以从约翰·R. 瑟尔斯最近所写的论文中洞察究竟，这篇论文是《美国高等教育中存在危机吗？》(Is There a Crisis in American Higher Education?)，刊登在《公告：美国艺术与科学学术界·46期》(*Bulletin：The American Academy of*

Arts and Science XLVI)(1993 年 1 月刊)，它提到了解构(但是，我认为没有提到德里达的名字)，并且把解构主义与对"现实主义"的攻击相联系(以 T. S. 库恩和理查德·罗蒂的方式)。

马戈利斯说道，如果问他会不会在史密斯所写的信中署名，他不会这样做，并且，他采取更加"中庸的"立场，"不主张美国教育中存在危机，也不把德里达的'方法'与这场危机相联系"(Margolis，1994，p. 195)。

[4] 泰勒对同一性"对话的"叙述，对此我持有同情的观点，并且，我也发现巴赫金的内部对话性的概念是获得启示的有用来源，但是，在我看来，泰勒太轻易地过渡到普遍主义的论述中——关于认同固有的对话特征。也许，他自身的天主教背景决定了他接受特殊的对话观，即强调内在的、"精神上的"角度。例如，保罗·弗莱雷(Freire，1972)提供了另外一种对话的论述，把文化认同解释为政治行为的产物。我认为，泰勒和弗莱雷两位学者的论述具有黑格尔辩证法的痕迹。在此，我惊诧地发现，泰勒根本没有很认真地对待后结构主义思想家的研究，而是先入为主地假设他们关注对认同的论证——非辩证法的、依赖于语言依赖的论证，以差异的概念作为基础。例如，可以参见吉尔·德勒兹(Deleuze，1983)当今的经典著作《尼采与哲学》，米歇尔·福柯(Foucault，1983)的论文《主体与权力》("The Subject and Power")，以及朱迪思·巴特勒(Butler，1987)优秀的历史著作《欲望的主体：20 世纪法国对黑格尔的反思》(*Subjects of Desire：Hegelian Reflections in Twentieth Century France*)。对于最近的、以差异概念为基础的、关于学生认同的对话论述，可以参见比尔·瑞丁斯(Readings，1995)。

[5] 沃尔泽的方案如下：

(1)第一种类型的自由主义……在最可能的方式上，效力于个人的权利和严格中立的政府——差不多从个人权利的方式中推导出来，也就是说，政府不具有文化方面或者宗教方面，或者，甚至，没有任何一种集体的目标凌驾于个人自由与人身安全、福利以及公民安全之上。(2)第二种类型的自由主义……允许政府致力于特定民族、文化以及宗教的存亡与繁荣，只要公民——他们具有不同的义务，或者根本就没有——的基本权利得到保障。(Walzer，1994，p. 99)

| 后结构主义、政治与教育

［6］ 泰勒使用"种族"这个伪科学的词语是一种不幸的倒退。它错误地暗示了普遍主义的、以科学标准为基础的、对世界人口的正当划分。我认为，他将承认这点，并且，倾向于使用民族或者民族群体的概念，它们承载着文化建构的含义。

［7］ 实际上，对自由主义对话本质的这种否认也有艾米·古特曼和于尔根·哈贝马斯的贡献。古特曼掩饰了后结构主义者与"解构主义者"这个总的称号之间的重要差异。假使她没有解释她所提及的人物，就很难认真对待她的论证。没有提及一个名字或者文本，她设立了一个"稻草人"进行论证，请允许我采用这个含糊的、流行的哲学词语。古特曼主张，解构主义者"否认知识标准共享这个欲望"，把那些标准看作是"标志，致力于针对主流霸权群体的政治权力"(Gutmann，1994，p. 18)。她主张，这种观点在逻辑上和实践上破坏了观点自身，并且，它威胁了大学的政治化，与以往相比，更加深远、更加具有破坏性(p. 19)。合理的问题是：她所指的是谁？她所涉及的论证是什么？在所有参考完全缺席的情况下，我们如何判断这些论证和叙述？

哈贝马斯也许较少对解构主义进行直接痛斥，他选择接受古特曼的观点，把解构主义概括为一种方法；但是，他草率地用下列言语打发激进主义者："我们把这场争论放在一边，因为它对民主政权中的斗争分析贡献甚少，对从政治上解决这些斗争几乎无所作为。"对于深陷这场争论的人来说，这种主张在修辞上具有独特的力量，并且，在相当长的一段时间内，缓和了他自己对后结构主义的评价(参见 Peters，1994)。

参考文献

Adorno, T. (1982). *Agaist Epistemology: A Metacritique*. W. Domingo (Trans.). Oxford: Blackwell.

Adorno, T. (1981). *Prisms*. Cambridge, MA: MIT Press.

Adorno, T. (1973). *Negative Dialectics*. New York: Seabury Press.

Althusser, L. (1970). *Reading Capital*. London: New Left Books.

Althusser, L. (1969). *For Marx*. Harmondsworth: Penguin.

Antosik, S. (1992, Winter). Utopian Machines: Leibniz's "Computer" and Hesse's Glass Bead Game. *The German Review*, *72*, 35-45.

Appadurai, A. (1990, June). Disjuncture and Difference in the Global Cultural Economy. *Theory, Culture and Society*, *7*(2-3), 295-310.

Arendt, H. (1958). *The Human Condition*. Chicago: University of Chicago Press.

Aronowitz, S. (1983). *The Crisis in Historical Materialism: Class, Politics and Culture in Marxist Theory*. New York: Bergin.

Aronowitz, S., & Giroux, H. (1985). *Education Under Siege*. Westport, CT: Bergin and Garvey.

Ascott, R. (1994, September 16). Time for a Planetary Collegium. *The Times Higher Education* (Multimedia Supplement), 4, v.

Badham, R. (1986). *Theories of Industrial Society*. London: Croom Helm.

Bakhtin, M. (1986). The *Bildungsroman* and Its Significance in the History of Readlism (Toward a Historical Typology of the Novel). In M. Bakhtin (Ed.), C. Emerson & M. Holquist (Eds.), *Speech Genres and Other Late Essays*, V. W. McGee (Trans.). Austin: Universtiy of Texas Press.

Barthes, R. (1983). Writers, Intellectuals, Teachers. In Susan Sontag (Ed.), *Roland Barthes: Selected Writings* (pp. 378-403). New York: Fontana.

Baudrillard, J. (1983). *Simulations*. New York: Semiotext(e).

Baudrillard, J. (1981). Towards a Critique of the Political Economy of the Sign. In *For a Critique of the Political Economy of the Sign*. St. Louis: Telos Press.

Baudrillard, J. (1970). *La société de consummation: ses mythes, ses structures*. Paris: Gallimard.

Bauman, Z. (1989). *Modernity and the Holocaust*. Cambridge: Polity Press.

Bauman, Z. (1987). *Legistlators and Interpreters: On Modernity, Post-Modernity and Intellectuals*. Cambridge: Cambridge University Press.

Beddow, M. (1982). *The Fiction of Humanity: Studies in the Bildungsroman from Weiland to Thomas Mann*. Cambridge: Cambridge University Press.

Bell, D. (1980). The Social Framework of the Information Society. In T. Forester (Ed.), *The Microelectronics Revolution*. Oxford: Basil Blackwell.

Bell, D. (1974). *The Coming of Postindustrial Society: A Venture in So-*

cial Forecasting. Harmondsworth: Penguin.

Bell, D. (1973). *The coming of Postindustrial Society: A Venture in Social Forecasting*. New York: Basic Books.

Benda, J. (1969). *The Treason of the Intellectuals*. London: Norton.

Benhabib, S. (1986). *Critique, Norms and Utopia*. New York: Columbia University Press.

Bennington, G. (1988). *Lyotard: Writing the Event*. New York: Columbia University Press.

Bernd, M. (1989). Nietzsche ad Postmodern Criticism. *Nietzsche-Studien*, *18*, 301-306.

Bernstein, R. (1990, October 28). The Rising Hegemony of the Politically Correct. *New York Times*, p. 14.

Birch, C. (1988, Autumn). Eight Fallacies of the Modern World and Five Aximos for a Postmodern Worldview. *Perspectives in Biology and Medicine*, *32*(1), 12-30.

Bloom, A. (1987). *The Closing of the American Mind*. New York: Simon & Schuster.

Bohm, D. (1985). *Unfolding Meaning: A Weekend Dialogue with David Bohm*, D. Factor (Ed.). Loveland, CO: Foundation House.

Bohm, D. (1980). *Wholeness and the Implicate Order*. London: Routledge & Kegam Paul.

Böhme, G. , & Stehr, N. (1986). The Growing Impact of Scientific Knowledge on Social Relations. In G. Böhme and N. Stehr (Eds.), *The Knowl-*

edge Society: The Growing Impact of Scientific Knowledge on Social Relations (pp. 7-29). Dordrecht: Reidel.

Bolter, J. D. (1991). *Writing Space: The Computer, Hypertext, and The History of Writing*. Hillsdale, NJ: Erlbaum.

Bowles, S., & Gintis, H. (1976). *Schooling in Capitalist American: Education Reform and the Contradictions of Economic Life*. London: Routledge & Kegan Paul.

Breton, A. (1978). *What is Surrealism?* F. Rosemont (Ed.). New York: Monad Press.

Burchell, G. (1993). Liberal Government and Techniques of the Self. *Economy and Society*, *22*(3), 267-282.

Butler, J. (1987). *Subjects of Desire: Hegelian Reflections in Twentieth Century France*. New York: Columbia University Press.

Calvino, I. (1989). *The Literature Machine: Essays*. London: Picador.

Carroll, D. (1984, Fall). Rephrasing the Political with Kant and Lyotard: From Aesthetic to Political Judgements. *Diacritics*, *14*, 74-89.

Castells, Manuel. (1989). *The Informationa City*. Oxford, Basil Blackwell.

Cervigni, D. (Ed.). (1991). *Annali d'Italianistica*. Special issue on Italian postmodernism.

Chalmers, A. (1990). *Science and its Fabrication*. Minneapolis: University of Minnesota Press.

Cheney, L. V. (1987). *The Humanities and the American Promise: A Report of the Colloquium on the Humanities and the American People*. Charlottesville,

V. A. : Colloquium on the Humanities and the American People.

Collins, J. (1987). Postmodernism and Cultural Practice: Defining the Pa-
rameters. *Screen*, *28*(2), 11-27.

Conio, G. (1979). Preface. In C. Pike (Ed.), *The Futurists*, *the Formalists
and the Marxist Critique*, C. Pike & J. Andrew (Trans.). London: Ink Links.

Danuta, C. (1990). *Auschwitz Chronicle*, 1939-1945. New York: Henry Holt.

Delany, P. , & Landow, G. P. (1993). Managing the Digital Word: The
Text in an Age of Electronic Reproduction. In G. Landow and P. Delany (Eds.),
The Digital World: *Text-Based Computing in the Humanities* (pp. 3-30).
Cambridge, MA: The MIT Press.

Deleuze, G. (1992). Postscript on *the Socities of Control. October*, *59*, 3-7.

Deleuze, G. (1988). *Foucault*. London: Athlone.

Deleuze, G. (1983). *Nietzsche and Philosophy*, H. Tomlinson (Trans.).
New York: Columbia University Press.

Deleuze, G. , & Guattari, F. (1983) . *Anti-Oedipus*: *Capitalism and
Schizophrenia*. Minneapolis: University of Minnesota Press.

Derrida, J. (1983, Fall). The Principle of Reason: The University in the
Eyes of it Pupils. *diacrtics*, pp. 3-20.

Derrida, J. (1982a). The Ends of Man. In *Margins of Philosophy*, A. Bass
(Trans.), Chicago: University of Chicago Press.

Derrida, J. (1982b). The Pit and the Pyramid: Introduction to Hegel's Se-
miology. In *Margins of Philosophy*, A. Bass (Tans.). Chicago: Univeristy of
Chicago.

Derrida, J. (1982c). Différance. In *Margins of Philosophy*, A. Bass (Trans.). Chicago: University of Chicago Press.

Derrida, J. (1981). *Positions*. A. Bass (Trans.). Chicago: University of Chicago Press.

Derrida, J. (1978a). Structure, Sign and Play in the Discourse of the Human Sciences. In A. Bass (Trans.), *Writing and Difference* (pp. 278-294). Chicago: University of Chicago Press.

Derrida, J. (1978b). *Writing and Difference* (*L'écriture et la différence*), A. Bass (Trans.). Chicago: University of Chicago Press.

Derrida, J. (1976). *Of Grammatology*, G. Spivak (Trans.). Baltimore: Johns Hopkins University Press.

Descombes, V. (1980). *Modern French Philosophy*. L. Scott-Fox and J. Harding (Trans.). Cambridge: Cambridge University Press.

D'Souza, D. (1991). *Illiberal Education: The Politics of Race and Sex on Campus*. New York: Free Press.

Diani, M. , & Ingraham, C. (Eds.). (1989). *Restructing Architectural Theory*. Evaanston, IL: Northwestern University Press.

Donald, J. , & Rattansi, A. (1992). Introduction. In J. Donald and A. Rattansi (Eds.), *"Race," Culture and Difference*. London: Sage.

Dreyfus, R. , & Rabinow, P. (1983). *Michel Foucault: Beyond Structuralism and Hermeneutics*, 2nd ed. Chicago: University of Chicago Press.

Eagleton, T. (1985). *Literary Theory*. Oxford: Basil Blackwell.

Eco, U. (1989). A Correspondence on Postmodernism. In I. Hoesterey (Ed.),

Zeitgeist in Babel: *The Postmodernist Controversy* (pp. 242-254). Bloomington, Indiana Univeristy Press.

Eden, L. (1991). Bringing the Firm Back In: Multinnationals in International Political Economy. *MIllennuium Journal of International Studies*, *20*(2), 197-224.

Eisenstadt, S. (1989). Introduction: Culture and Social Structure in Recent Sociological Analysis. In H. Haferkamp (Ed.), *Social Structure and Culture*. Berlin: de Gruyter.

Erlich, V. (1969). *Russian Formalism*: *History-Doctrine* (rev. ed.). The Hague: Mouton.

Esping-Andersen, G. (1990). *The Three Worlds of Welfare Capitalism*. Princeton, NJ: Princeton University Press.

Eyerman, R., Svensson, L., &. Söderqvist, T. (Eds.). (1987). Introduction. In *Intellectualls*, *Universities and the State in Western Modern Socieites*. Berkeley: University of California Press.

Fairclough, N. (1992). *Discourse and Social Change*. Cambridge: Polity Press.

Featherstone, M. (1990, June). Global Culture: An Introduction. *Theory, Culture and Society*, *7*(2-3), 1-14.

Featherstone, M. (1989a). Towards a Sociology of Postmodern Culture. In H. Haferkamp (Ed.), *Social Structure and Culture* (pp. 147-171). New York: de Gruyter.

Featherstone, M. (1989b). Postmodernism, Cultural Change and Social

Practice. In D. Kellner （Ed. ）, *Postmodernism, Jameson, Critique* （pp. 117-138）. Washington, DC: Maisonneuve Press.

Finkielkraut, A. (1988). *The Undoing of Thought*. London: The Claridge Press.

Flower, J. (1991). Wherefore the Intellectuals? *French Cultural Studies*, *2*(6), 275-288.

Foster, H. (1985). Postmodernism: A Preface. In H. Foster (Ed.), *Postmodern Culture*. London: Pluto Press.

Foucault, M. （1991a）. Governmentality. In G. Burchell, C. Gordon and P. Miller (Eds.), *The Foucault Effect: Studies in Governmentality*. London: Harvester Wheatsheaf.

Foucault, M. (1991b). Politics and the Study of Discourse. In G. Burchell, C. Gordon and P. Miller (Eds.), *The Foucault Effect: Studies in Governmentality*. (pp. 51-72). London: Harvester Wheatsheaf.

Foucault, M. （1991c）. *Remarks on Marx: Conversations with Duccio Trombadari*, R. Goldstein and J. Cascaito (Trans.). New York: Semiotext(e).

Foucault, M. (1990). *The History of Sexuality: Vol. 1, An Introduction*. Harmondsworth: Penguin.

Foucault, M. （1989a）. How much Does It Cost For Reason to Tell the Truth. In J. Johnson (Trans.), S. Lotringer (Ed.), *Foucault Live, Interviews* 1966-84 (pp. 233-256). New York: Semiotext(e).

Foucault, M. （1989b）. The Concern for Truth. In J. Johnson （Trans. ）, S. Lotringer (Ed.), *Foucault Live, Interviews* 1966-84 （pp. 293-308）. New

York: Semiotext(e).

Foucault, M. (1989c). End of the Monarchy of Sex. In J. Johnson (Trans.), S. Lotringer (Ed.), *Foucault Live*, *Interviews* 1966-84 (pp. 137-155). New York: Semiotext(e).

Foucault, M. (1989d). The Concern for Truth. In J. Johnson (Trans.), S. Lotringer (Ed.), *Foucault Live*, *Interviews* 1966-84 (pp. 193-202). New York: Semiotext(e).

Foucault, M. (1988). Technologies of the Self. In L. H. Martin, H. Gutman and P. H. Hutton (Eds.), *Technologies of the Self*. London: Tavistock.

Foucault, M. (1984a). Space, Knowledge, and Power. In P. Rabinow (Ed.), *The Foucault Reader*. New York: Pantheon.

Foucault, M. (1984b). What is Enlightenment? In P. Rabinow (Ed.), *The Foucault Reader*. New York: Pantheon.

Foucault, M. (1983). The Subject and Power. In H. Dreyfus and P. Rabinow (Ed.), *Michel Foucault*, *Beyond Structuralism and Hermeneutics*, 2nd ed. , (pp. 208-226). Chicago: University of Chicago Press.

Foucault, M. (1980). *Power/Knowledge*. New York: Pantheon.

Foucault, M. (1979). *Discipline and Punish*: *The Birth of the Prison*. A. Sheridan (Trans.). New York: Vintage Books.

Foucault, M. (1972). Intellectuals and Power. In D. Bouchard (Ed.), *Language*, *Counter-Memory*, *Practice*(pp. 205-217). Ithaca, NY: Cornell University Press.

Frampton, K. (1989). Some Reflections on Postmodernism and Architecture. In L. Appignanesi (Ed.), *Postmodernism: ICA Documents* (pp. 75-88). London: Free Association Books.

Frampton, K. (1985). Towards a Critical Regionalism: Six Points for an Architecture of Resistance. In H. Foster (Ed.), *Postmodern Culture* (pp. 16-30). London: Pluto Press.

Frankel, B. (1987). *The Post-Industrial Utopians*. Cambridge: Polity Press.

Fraser, N. (1985). Michel Foucault: A "Young Conservative?" *Ethics*, *96*, 165-184.

Fraser, N. (1983). Foucault's Body-language: A Post-humanist Political Rhetoric? *Salmagundi*, *61*, 55-70.

Fraser, N. (1981). Foucault on Modern Power: Empirical Insights and Normative Confusions. *Praxia International*, *1*, 272-287.

Freedman, R. (1978). *Hermann Hesse: Pilgrim of Crisis*. New York: Pantheon.

Fritzman, J. M. (1993). Escaping Hegel. *International Philosophical Quarterly*, *33*(1), 57-68.

Gargani, A. (Ed.). (1979). *Crisi della ragione: Nuovi modelli nel rapporto tasapere e attivita umane*. Torino: Einaudi.

Geyer, M. (1993, Spring). Multiculturalism and the Politics of General Education. *Critical Inquiry*, *9*, 499-533.

Gibson, W. (1984). *Neuromancer*. London: Grafton.

Giroux, H. (1983). *Theory and Resistance: A Pedagogy for Opposition*. South Hadley, MA: Bergin & Garvey.

Giroux, H. , & McLaren, P. (1991). Language, Schooling and Subjectivity: Beyond a Pedagogy of Reproduction and Resistance. In K. Borman, P. Swami and L. Wagstaff (Eds.), *Contemporary Issues in US Education*, Norwood, NJ: Ablex.

Goldgar, H. (1966-1967). Hesse's *Glasperlenspiel* and the Game of Go. *German Life and Letters*, *20*, 132-137.

Gordon, C. (1991). Government Rationality: An Introduction. In G. Burchell, C. Gordon and P. Miller (Eds.) *The Foucault Effect: Studies in Governmentality* (pp. 1-52). London: Harvester Wheatsheaf.

Gouldner, A. (1971). *The Coming Crisis of Western Sociology*. London: Heineman.

Grene, M. (1985). Perception, Interpretation and the Sciences: Toward a New Philosophy of Science. In D. J. Depew and B. H. Weber (Ed.), *Evolution at the Crossroads: The New Biology and the New Philosophy of Science*. Cambridge, MA: MIT Press.

Griffin, D. R. (Ed.). (1988). *The Reenchantment of Science: Postmodern Proposals*. New York: State University of New York Press.

Gutmann, A. (1994). *Multiculturalism: Examing the Politics of Recognition*. Princeton: Princeton University Press.

Habermas, J. (1990a). Remarks on the Discussion. *Theory, Culture and Society*, *7*, 127-132.

Habermas, J. (1990b). *The Philosophical Discourse of Modernity: Twelve Lectures*, F. Lawrence (Trans.). Cambridge, MA: MIT Press.

Habermas, J. (1989). *The New Conservatism: Cultural Criticism and the Historian's Debate*, S. Nicholsen (Trans.). Cambridge: Polity Press.

Habermas, J. (1987a, Spring-Summer). The Idea of the University-Learning Processes. *New German Critique*, *41*, 3-22.

Habermas, J. (1987b). *Theory of Communicative Action*: Vol. 2, *System and Lifeworld: A Critique of Functionalist Reason*, T. McCarthy (Trans.). Boston: Beacon Press.

Habermas, J. (1984). *Theory of Commu nicative Action*: Vol. 1, *Reason and the Rationalization of Society*, T. McCarthy (Trans.). Boston: Beacon Press.

Habermas, J. (1981a, Winter). Modernity versus Postmodernity. *New German Critique*, *22*, 3-14.

Habermas, J. (1981b, Fall). New Social Movement. *Telos*, *49*, 33-37.

Habermas, J. (1971). *Knowledge and Human Interests*, J. Shapiro (Trans.). Boston: Beacon Press.

Hacking, I. (1991). How Should We Do the History of Statistics? In G. Burchell, C. Gordon and P. Miller (Eds.), *The Foucault Effect: Stuides in Govermentality* (pp. 181-196). London: Harvester.

Hall, S. (1990, Summer). The Emergence of Cultural Studies and the Crisis of the Humanities. *October*, pp. 11-23.

Hand, S. (1988). Translator's Introduction. In G. Deleuze, *Foucault*. London: Athlone.

Haraway, D. (1990). Manifesto for Cyborgs. In L. Nicholson (Ed.), *Fem-*

inism/Postmodernism. New York: Routledge.

Harris, K. (1979). *Education and Knowledge.* London: Routledge & Kegan Paul.

Hayek, F. (1949). Individualism: True and False. In F. Hayek (Ed.), *Individualism and the Economic Order.* London: Routledge.

Henriques, J. , Hollway, W. , Urwin, C. , Venn, C. , & Walkerdine, V. (1984). *Changing the Subject: Psychology, Social Regulation and Subjectivity.* London: Methuen.

Hesse, H. (1970). *The Glass Bead Game (Mogister Ludi)*, R. Winston and C. Winston (Trans.). London: Jonathan Cape.

Hilberg, R. (1988). *The Holocaust Today.* Syracuse: Syracuse University, The B. G. Rudolph Lectures in Judaic Studies.

Hilberg, R. (1961). *The Destruction of the European Jews.* Chicago: Quadrangle Books.

Hirsch, E. D. (1987). *Cultural Literacy: What Every American Needs to Know.* Boston: Houghton Mifflin.

Holland, E. , & Lambropoulos, V. (1990, Summer). Introduction to a special issue of *October* (The Humanities as Social Technology), pp. 1-9.

Hood, C. (1991, Spring). A Public Management for All Seasons? *Public Administration, 69,* 3-19.

Hood, C. (1990). De-Sir Humphreyfying the Westminster Model of Bureaucracy. A New Style of Governance? *Governance, 3*(2), 205-214.

Hood, C. , & Jackson, M. (1991). *Adminstrative Argument.* Dartmouth,

England Aldershot.

Horkheimer, M. , & Adorno, T. (1972) . *Dialectic of Enlightment*, J. Cumming (Trans.). New York: Seabury Press.

Houlgate, S. (1986). *Hegel, Nietzsche and the Criticism of Metaphysics*. Cambridge: Cambridge Univeristy Press.

Husbands, C. (1991). Militant Neo-Nazism in the Federal Republic of Germany in the 1980s. In L. Cheles, R. Ferguson and M. Vaughan (Ed.), *Neo-Fascism in Europe* (pp. 86-119). London: Longman.

Hutcheon, L. (1989). *The Politics of Postmodernism*. London: Routledge & Kegan Paul.

Illich, I. (1973). *Deschooling Society*. Harmondsworth: Peguin.

Ingram, D. (1987). *Habermas and the Dialectic of Reason*. New Haven: Yale University Press.

Jackson, R. L. , & Rudy, S. (Eds.). (1985). *Russian Formalism: A Retrospective Glance*. New Haven: Yale Center of International and Area Studies.

Jakobson, R. (1973). Statement by the First Prague International Slavistic Congress. In R. Jakobson (Ed.), *Main Trends in the Science of Language*. London: George Allen and Unwin.

Jameson, F. (1990, September). Clinging to the Wreckage: A Conversation with Stuart Hall. *Marxism Today*, pp. 28-31.

Jameson, F. (1989a) . Marxism and Postmodernism. *New Left Review*, *176*, 31-45.

Jameson, F. (1989b) . Regarding Postmodernism: A Conversation with

Frederic Jameson, Anders Stephason. In A. Ross (Ed.), *Universal Abandon?* *The Politics of Postmodernism*. Edinburgh: Edinburgh University Press.

Jameson, F. (1985). Postmodernism and Consumer Culture. In H. Foster (Ed.), *Postmodern Culture* (pp. 111-125). London: Pluto Press.

Jameson, F. (1984). The Postmodernism Condition (pp. vii-xxi). Manchester: Manchester University Press.

Jameson, F. (1983). Postmodernism and Consumer Society. In H. Foster (Ed.), *Postmodern Culture*. London: Pluto Press.

Jay, M. (1984). *Adorno*. London: Fontana.

Jencks, C. (1987). *Post-Modernism: The New Classicism in Art and Architecture*. London: Academy Editions.

Johnson, R. (1986). The Story So Far: and Further Transformations. In D. Punter (Ed.), *Introduction to Contemporary Cultural Studies* (pp. 277-313). Harlow: Longman.

Keat, R., & Abercrombie, N. (Eds.). (1991). *Enterprise Culture*. London: Routledge.

Kellner, D. (Ed.). (1989). *Postmodernism, Jameson, Critique*. Washington, DC: Maisonneuve Press.

Kimball, R. (1990). *Tenured Radicals: How Politics Has Corrupted Our Higher Education*. New York: Harper & Row.

Klotz, H. (1988). *The History of Postmodern Architecture*. Cambridge, MA: MIT Press.

Kolb, D. (1990). *Postmodern Sophistications: Philosophy, Architecture and Tradition*. Chicago: Univeristy of Chicago Press.

Kristeva, J. (1986). A New Type of Intellectual: The Dissident. In T. Moi (Ed.), The Kristeva Reader (pp. 292-300). Oxford: Blackwell.

Kuhn, T. (1970). *The Structure of Scientific Revolutions*, 2nd ed. Chicago: University of Chicago Press.

Laclau, E. , & Mouffe, C. (1985). *Hegemony and Socialist Strategy: Towards a Radical Democratic Politics*. London: Verso.

Lamont, M. (1987). How to Become a Dominant French Philosopher: The Case of Jacques Derrida. *American Journal of Sociology*, *93*(3), 584-622.

Landow, G. P. (1992). *Hypertext: The Convergence of Contemporary Critical Theory and Technology*. Baltimore: Johns Hopkins University Press.

Landow, G. P. , & Delany, P. (Eds.). (1993). *The Digital Word: Text-Based Computing in the Humanities*. Cambridge, MA: The MIT Press.

Lanham, R. (1993). *The Electronic Word: Democracy, Technology and the Arts*. Chicago: University of Chicago Press.

Latour, B. (1987). *Science in Action: How to Follow Scientists and Engineers through Society*. Cambridge, MA: Harvard University Press.

Lévi-Strauss, C. (1968). *Structural Anthropology (Anthropologie structurale)*, C. Jacobson and B. Schoepf (Trans.). Harmondsworth: Penguin.

Levin, C. (1981). Introduction. In J. Baudrillard, *For a Critique of the Political Economy of the Sign*, C. Levin (Trans.). St. Louis: Telos Press.

Lewis, H. (1988). *The Politics of Surrealism*. New York: Paragon House.

Lovibond, S. (1989). Feminism and Postmodernism. *New Left Review*,

178, 5-28.

Luke, T. (1991). Touring Hyperreality: Critical Theory Confronts Informational Society. In P. Wexler (Ed.), *Criticial Theory Now*. London: Falmer Press.

Lyotard, J-F. (1993). Tomb of the Intellectual. In *Political Writings* (pp. 3-7), B. Readings & K. P. Geiman (Trans.). Minneapolis: University of Minnesota Press.

Lyotard, J-F. (1992). *The Postmodern Explained to Children: Correspondence* 1982-1985, J. Pefanis & M. Thomas (Trans.). Sydney: Power Publications.

Lyotard, J-F. (1989). Defining the Postmodern. In L. Appignanesi (Ed.), *Postmodernism: ICA Documents* (pp. 7-10). London: Free Association Books.

Lyotard, J-F. (1988). *The Differend: Phrases in Dispute*, G. Van Den Abbeele (Trans.). Manchester: Manchester University Press.

Lyotard, J-F. (1987). The Sign of History. In D. Attridge, G. Bennington and R. Young (Ed.), *Post-Structuralsim and the Question of History* (pp. 162-180). Cambridge: Cambridge University Press.

Lyotard, J-F. (1984). *The Postmodern Condition: A Report on Knowledge*, G. Bennington and B. Massumi (Trans.). Manchester: Manchester University Press.

Lyotard, J-F. (1974, Spring). Adorno as the Devil. *Telos*, *19*, 128-137.

Machlup, F. (1962). *The Production and Distribution of Knowledge in the United States*. Princeton: Princeton University Press.

Mahon, M. (1992). *Foucault's Nietzschean Genealogy: Truth, Power, and the Subject*. New York: State University of New York Press.

Maier, C. (1988). *The Unmasterable Past: History, Holocaust, and German National Identity*. Cambridge, MA: Harvard University Press.

Marginson, S. (1993). *Education and Public Policy in Australia*. Cambridge: Cambridge University Press.

Margolis, J. (1994). Differing to Derrida's Difference. In B. Smith (Ed.), *European Philosophy and the American Academy* (pp. 195-226). La Salle, IL: Monist Library of Philosophy.

Marshall, J., & Peters, M. (1995). The Governance of Educational Research. *Australian Educational Researcher*, *22*, 1.

Marshall, J., & Peters, M. (1990). Empowering Teachers. *Unicorn*, *16* (3), 163-168.

Mason, T. (1993). Whatever Happened to "Fascism". In T. Childers and J. Caplan (Ed.), *Reevaluating the Third Reich* (pp. 252-262). London: Holmes and Meier.

Masuda, Y. (1990). *Managing in the Information Society*. Oxford: Blackwell.

Masuda, Y. (1981). *The Information Society as Post-Industraial Society*. Washingtong, DC: World Future Society.

Matthews, M. (1980). *The Marxist Theory of Schooling*. London: Harvester Press.

McCarthy, T. (1989). The Politics of the Ineffable: Derrida's Deconstructionism. *The Philosophical Forum*, *21*(1-2), 146-168.

McLaren, P. (1994). Multiculturalism and the Postmodern Critique: Towards a Pedagogy of Resistance and Transformation. In H. Giroux & P. McLaren (Eds.), *Between Borders: Pedagogy and the Politics of Cultural Studies*. London: Routledge & Kegan Paul.

McLaren, P. (1989). *Life in Schools: An Introduction to Critique Pedagogy in the Foundations of Education*. New York: Longman.

McLaren, P. (1985). The Politics of Student Resistance. In R. Common (Ed.), *New Forces in Educational Policy-Making* (pp. 94-107). Brock University Occasional Publications.

McLaren, P., & Hammer, R. (1989). Critical Pedagogy and the Postmodern Challenge: Towards a Critical Postmodernist Pedagogy of Liberation. *Educational Foundations*, *3*(3), 29-62.

McLennan, G. (1991, Spring). Post-Marxism and Retro-Marxism: Theorising the Impasse of the Left. *Sites: A Journal for Radical Perspectives on Culture*, *23*, 46-62.

Messer-Davidow, E. (1993, Fall). Manufacturing the Attack on Liberalized Higher Education. *Social Text*, *36*, 40-80.

Moi, T. (1986). Introduction. In T. Moi (Ed.), *The Kristeva Reader* (pp. 1-22). Oxford: Basil Blackwell.

Mommsen, H. (1991). *From Weimar to Auschwitz: Essays in German History*, P. O'Connor (Trans.). Cambridge: Polity Press.

Mouffe, C. (1988). Radical Democracy: Modern or Postmodern? In A. Ross (Ed.), *Universal Abandon? The Politics of Postmodernism* (pp. 45-

52). Minneapolis: University of Minnesota Press.

Müller-Hill, B. (1988). *Murderous Science: Elimination by Scientific Selection of Jews, Gypsies, and Others, Germany* 1933-1945, G. Fraser (Trans.). Oxford: Oxford University Press.

Nolte, E. (1985). Between Myth and Revisionism? The Third Reich in the Perspective of the 1980s. In H. Koch (Ed.), Aspects of the Third Reich (pp. 19-30). London: Macmillan.

Norton, R. (1973). *Hermann Hesse's Futuristic Idealism: The Glass Bead Game and Its Predecessors*. Frankfurt: Peter Lang.

Odlyzko, A. , M. (1994). Tragic Loss or Good Riddance? The Impending Demise of Traditional Scholarly Journals. *Surfaces, 4*(105), 1-44.

Organization for Economic Cooperation and Development. (1991). *Information Networks and the New Technologies: Emerging Economic Opportunities and Implications for IT Policies in the* 1990s. Paris: Organization for Economic Cooperation and Development.

Pavel, T. (1989) . The Present Debate: News from France. *diacritics, 19*(1), 17-32.

Pecora, V. (1986). Deleuze's Nietzsche and Post-Structuralism Thought. *SubStance, 48*, 34-50.

Perry, P. (1993). Deleuze's Nietzsche. *Boundary, 2*(1), 174-191.

Peters, M. (Ed.). (1995a). *Education and the Postmodern Condition*. New York: Bergin & Garvey.

Peters, M. (1995b). Radical Democracy. The Politics of Difference and Education. In B. Kanpol & P. McLaren (Eds.), *Critical Multiculturalism*. New York: Bergin & Garvey.

Peters, M. (1994, October). Habermas, Poststructuralism and the Question of Postmodernity. *Social Analysis*, *36*, 3-20.

Peters, M. (1991). Postmodernism: The Critique of Reason and the Rise of the New Social Movements. *Sites: A Journal for Radical Perspectives on Culture*, *24*, 142-160.

Peters, M. & Marshall, J. (1993). Beyond the Philosophy of the Subject: Liberalism, Education and the Critique of Individualism. *Educational Philosophy and Theory*, *25*(1), 19-39.

Peukert, D. (1993). The Genesis of the "Final Solution" from the Spirit of Science. In T. Childers and J. Caplan (Eds.), *Reevaluating the Third Reich* (pp. 234-252). London: Holmes and Meier.

Pfohl, S. (1992). *Death at the Parasite Cafe: Social Science (Fictions) and the Postmodern*. New York: St. Martin's Press.

Piaget, J. (1971). *Structuralism*. C. Maschler (Trans. & Ed.), London: Routledge & Kegan Paul.

Pickering, M. (1991). Social Power and Symbolic Sites: In the Track of Cultural Studies. *Sites: A Journal for Radical Perspectives on Culture*, *23*, 3-32.

Pike, C. (Ed.). (1979). *The Futurists, the Formalists, and the Marxist Critique*, C. Pike and J. Andrew (Trans.), (pp. 1-38). London: Ink Links.

Polan, D. (1990). The Spectacle of Intellect in a Media Age: Cultural Representations and the David Abraham, Paul de Man and Victor Farias Cases. In

B. Robbins (Ed.), *Intellectuals: Aesthetics, Politics, Academics* (pp. 343-363). Minneapolis: University of Minnesota Press.

Porat, M. (1977). *The Information Economy: Definition and Measurement*. Washington, DC: U. S. Department of Commerce.

Porphyrios, D. (1989). Architecture and the Postmodern Condition. In L. Appignanesi (Ed.), *Postmodernism: ICA Documents* (pp. 89-90). London: Free Association Books.

Portoghesi, P. (1982). *After Modern Architecture*, M. Shore (Trans.). New York: Rizzoli.

Porush, D. (1994). The Rise of Cyborg Culture or The Bomb Was a Cyborg. *Surfaces*, *4*(205), 1-32.

Poster, M. (1994). A Second Media Age? *Arena*, 3, 49-92.

Poster, M. (1992). Postmodernity and the Politics of Multiculturalism: The Lyotard-Harbermas Debate Over Social Theory. *Modern Fiction Studies*, *38*(3), 567-580.

Poster, M. (1990). *The Mode of Information: Poststructuralism and Social Context*. Cambridge: Polity Press.

Poster, M. (1981). The Future According to Foucault: The Archaeology of Knowledge and Intellectual History. In D. Lacapra and S. Kaplan (Eds.), *Modern European Intellectual History: The Appraisals and New Perspectives* (pp. 137-152). Ithaca, NY: Cornell University Press.

Poster, M. (1975). *Existential Marxism in Postwar France: From Sartre to Althusser*. Princeton: Princeton University Press.

Poster, M. (1973). The Hegel Renaissance. *Telos*, *16*, 109-127. Pusey, M. (1991). *Economic Rationalism in Canberra: A Nation-Building State Changes Its Mind*. Cambridge: Cambridge University Press.

Radhakrishan, R. (1990). Toward an Effectual Intellectual: Foucault or Gramsci? In B. Robbins (Ed.), *Intellectuals: Aesthetics, Politics, Academics* (pp. 57-99). Mineapolis: University of Minnesota Press.

Radhakrishan, R. (1989). Poststructural Politics: Towards a Theory of Coalition. In D. Kellner (Ed.), *Postmodernism, Jameson, Critique* (pp. 301-332). Washington, DC: Maisonneuve Press.

Raulet, G. (1991, Spring). The New Utopia: Communication Technologies, *Telos*, 87, 39-58.

Raulet, G. (1983, Spring). Structuralism and Post-Structuralism: An Interview with Michel Foucault, J. Harding (Trans.), *Telos*, *55*, 195-211.

Readings, B. (1995). From Emancipation to Obligation: Sketch for a Heteronomous Politics of Education. In M. Peters (Ed.), *Education and the Postmodern Condition*. New York: Bergin & Garvey.

Reed, E. (1992, July). Knowers Talking about the Known: Ecological Realism as a Philosophy of Sceicen. *Synthese*, *92*(1), 9-23.

Remys, E. (1983). *Hermann Hesse's* Das Glasperlenspiel: *A Concealed Defense of the Mother World*. New York: Peter Lang.

Rhinegold, H. (1994). *Virtual Community*. London: Secker & Warburg.

Richman, M. (1982). *Reading George's Bataille: Beyond the Gift*. Baltimore: Johns Hopkins University Press.

Roberts, D. (1989). Intellectuals and Modernity: A Post-Modern Perspective. *Thesis Eleven*, *24*, 142-149.

Roberts, P. (1995, Spring). Political Correctness, Great Books and the University Curriculum. *Sites*, 31.

Roberts, P. (1993). Philosophy, Education and Literacy: Some Comments on Bloom. *New Zealand Journal of Educational Studies*, *28*(2), 165-179.

Rorty, R. (1985). Habermas and Lyotard on Postmodernity. In R. Bernstein (Ed.), *Habermas and Modernity*. Cambridge: Polity Press.

Rose, M. (1991). *The Post-modern and the Post-industrial*. Cambridge: Cambridge University Press.

Rose, N. (1993). Government, Authority and Expertise in Advanced Liberalism. *Economy and Society*, *22*(3), 283-299.

Rosenau, P. (1992). Modern and Post-Modern Science: Some Contrasts. *Review*, *15*(1), 49-90.

Ross, A. (1990). *No Respect: Intellectuals and Popular Culture*. London: Routledge.

Rosso, S. (1991). A Correspondence on Postmodernism. In I. Hoesterey (Ed.), *Zeitgeist in Babel: The Postmodernist Controversy* (pp. 242-254).

Rosso, S. (1990). Postmodern Italy: Notes on the "Crisis of Reason", "Weak Thought", and *The Name of the Rose*. In M. Calinescu and D. Fokkema (Eds.), *Exploring Postmodernism* (pp. 79-92). Amsterdam: John Bejamins.

Rouse, J. (1987). *Knowledge and Power: Toward a Political Philosophy of Science*. Ithaca: Cornell University Press.

Santos, B. (1992). A Discourse on the Sciences. *Review*, *15*(1), 9-48.

Sarup, M. (1993). *An Introductory Guide to Post-structuralism and Post-modernism*. Hempel: Harvester Wheatsheaf.

Searle, J. (1990, December 6). The Storm Over the University. *New York Review of Books*, pp. 34, 42.

Shaffner, R. (1984). *The Apprenticeship Novel*. Frankfurt: Peter Lang.

Sheldrake, R. (1991). *The Rebirth of Nature: The Greening of Science and God*. New York: Bantam.

Slemon, S. (1989). Modernism's Last Post, *Ariel*, *20*(4), 3-17.

Smith, B. (1994). *European Philosophy and the American Academy*. La Salle, IL: Monist Library of Philosophy.

Smith, J. (1987). U-topian Hegel: Dialectic and Its Other in Poststructuralism. *The German Quarterly*, *60*(2), 237-262.

Smith, P. (1988). *Discerning the Subject*. MInneapolis: University of Minnesota Press.

Snyder, J. (1988). Translators Introduction. In G. Vattimo, *The End of Modernity: Nihilism and Hermenuetics in Post-Modern Culture* (pp. vi-lviii). Cambridge: Polity Press.

Soja, E. (1989). *Postmodern Geographies: The Reassertion of Space in Critical Social Theory*. London: Verso.

Spivak, G. C. (1976). Translator's Preface. In J. Derrida, *Of Grammatology*. Baltimore: Johns Hopkins University Press.

Steiner, P. (1984). *Russian Formalism: A Metapoetics*. Ithaca: Cornell

University Press.

Steiner, P. (Ed.). (1982). *The Prague School: Selected Writings*, 1926-1946. Austin: University of Texas Press.

Striedter, J. (1989). *Literacy Structure, Evolution and Value: Russian Formalism and Czech Structuralism Reconsidered*. Cambridge: Harvard University Press.

Sugimoto, Y. (1990, Winter). *A Post-Modern Japan?* Arena, *91*, 48-59.

Swales, M. (1978). *The German Bildungsroman From Wieland to Hesse*. Princeton: Princeton University Press.

Taylor, C. (1994). The Politics of Recognition. In A. Gutmann (Ed.), *Multiculturalism: Examining the Politics of Recognition*. Princeton: Princeton University Press.

Toulmin, S. (1990). *Cosmopolis: The Hidden Agenda of Modernity*. New York: The Free Press.

Toulmin, S. (1985). Pluralism and Responsibility in Post-Modern Science. *Science, Technology and Human Values*, 10, 28-37.

Toulmin, S. (1982). *The Return to Cosmology: Postmodern Science and the Theology of Nature*. Berkeley: University of California Press.

Touraine, A. (1974). *The Post-Industrial Society: Tomorrow's Social History, Classes, Conflicts and Culture in the Programmed Society*, L. Mayhew (Trans.). London: Wildwood House.

Touraine, A. (1969). *La Société Postindustrielle*. Paris: Denöel.

Trachtenberg, S. (Ed.). (1985). *The Postmodern Moment: A Handbook of Contemporary Innovation in the Arts.* London: Greenwood Press.

van Reijen, W., & Veerman, D. (1988). An Interview with Jean-François Lyotard. *Theory, Culture and Society,* 5, 277-309.

Vattimo, G. (1992). *The Transparent Society,* D. Webb (Trans.). Baltimore: Johns Hopkins University Press.

Vattimo, G. (1991). The End of (Hi)story. In I. Hoesterey (Ed.), *Zeitgeist in Babel: The Postmodernist Controversy* (pp. 132-143). Bloomington: Indiana University Press.

Vattimo, G. (1988). *The End of Modernity: Nihilism and Hermeneutics in Post-Modern Cultúre,* J. Snyder (Trans.). Cambridge: Polity Press.

Vattimo, G. (1986). Nietzsche and Heidegger. *Stanford Italian Review* (Nietzsche in Italy), 6(1-2), 19-30.

Vattimo, G. & Rovatti, P. A. (Eds.). (1983). *l Pensiero Debole.* Milan: Feltrinelli.

Wahl, J. (1929). *Le malheur de la conscinence dans la philosophie de Hegel.* New York: Garland.

Walzer, M. (1994). Comment. In A. Gutmann (Ed.), *Multiculturalism: Examining the Politics of Recognition.* Princeton: Princeton University Press.

Waugh, L. R., & Monville-Burston, M. (1990). Introduction: The Life, Work and Influence of Roman Jakobson. In R. Jackobson, L. R. Waugh, & M. Monville-Bursten (Eds.), *On Language* (pp. 1-48). Cambridge, MA: Harvard University Press.

Wellbery, D. (1985). Postmodernism in Europe: On Recent German Writing. In S. Trachtenberg (Ed.), *The Postmodern Moment* (pp. 229-250). London: Greenwood Press.

West, C. (1990). The New Cultural Politics of Difference. In R. Ferguson et al. (Eds.), *Out There: Marginalization and Contemporary Culture*. Cambridge, MA: MIT Press.

Wexler, P. (1992, August). Corporatism, Identity and After Postmodernism in Education. Paper presented at the joint session of the Society for the Study of Social Problems and the American Sociological Association.

Whiteman, J. , Kipnis, J. , & Burdett, R. (Eds.). (1992). *Strategies in Architectural Thinking*. Cambridge, MA: MIT Press.

Wiener, N. (1948). *Cybernetics, or Control and Communication in the animal and the Machine*. New York: Wiley.

Williams, R. (1983). *Keywords: A Vocabulary of Culture and Society*. London: Fontana.

Williams, R. (1981). *Culture*. London: Fontana.

Willis, P. (1977). *Learning to Labour*. Lexington: D. C. Heath.

Yeatman, A. (1994) . *Postmodern Revisionings of the Political*. New York: Routledge & Kegan Paul.

Yeatman, A. (1992). Minorities and the Politics of Difference. *Political Theory Newsletter*, (Special Issue, Symposium on The Politics of Difference), 4(1), 1-10.

Young, I. M. (1992). Together in Difference: Transforming the Logic of Group Political Conflict. *Political Theory Newsletter*, (Special Issue, Symposium on The Politics of Difference), 4(1), 11-26.

Young, I. M. (1990). *Justice and the Politics of Difference*. Princeton: Princeton University Press.

Young, I. M. (1988). Five Faces of Oppression. *The Philosophical Forum*, 19(4), 270-290.

Ziman, J. (1994). *Prometheus Bound: Science in a Dynamic Steady State*. Cambridge: Cambridge University Press.

Ziolkowski, T. (1965). *Novels of Hermann Hesse: A Study in Theme and Content*. Princeton: Princeton University Press.

Zuroff, E. (1989). Recent Efforts to prosecute Nazi War Criminals Living in Western Democracies-Successes and Failure. In Y. Baner et al. (Eds.), *Remembering for the Future: Working Papers and Addenda* (pp. 2806-2809). London: Pergamon Press.

索　引^①

---

① 索引中的页码为英文版页码，即中文版正文边码。

也可参见 neoliberal 新自由主义的

Hood, Christopher 克里斯托弗·胡
德 142

Horkheimer, Max and Andorno, The-
odor 马克斯·霍克海默和西奥
多·阿多诺 4，50，115，151

Dialectic of Enlightment 《启蒙
辩证法》116，151

也可参见 critical theory 批判理论；
Frankfurt School 法兰克福学派

Houlgate, Stephen 斯蒂芬·霍尔盖
特 38，43 注释 10

Humanism 人文主义 15，18，23，
31-32，36-39，66，67，71

theoretical antihumanism 理论反
人文主义 30，84

Husserl, Edmund 埃德蒙德·胡塞
尔 5，31，33，67，103

Hutcheon, Linda 琳达·哈琴 50-
51，76-77，151

I

Ideology 意识形态 14，30，129，
155

ideological 意识形态的 41，50；
Ideological State Apparatus 国家
意识形态的工具 31；post-ide-
ological 后意识形态的 68，69；
ideology-critique 意识形态批判116

Illich, Ivan 伊万·伊利奇 41，96，
132

Individualism 个人主义 15，36，66，
68，72，85，86，87，185，189

abstract individualism 抽象的个人
主义 40；category of 个人主义
的范畴 187；critique of 个人主
义的批判 38-41；government of
个人管理 82；the individual 个
人 38，118，119，123；individu-
alization 个体主义化 82，104，
125，189；individualizing identity
个体化的同一性 183；neoliberal
individualism 新自由主义的个人
主义 38-40，80-81

也可参见 self 自我；subject 主体

Information：informational economy
信息：信息经济 99

McLaren, Peter 彼得·麦克莱伦 xv, 12，30，63 注释 9

Media 媒介 18
hypermedia 超媒介 172；mass media 大众传媒 17，152，162

Messer-Davidow, Ellen 埃伦·梅瑟-达维多 180，181

Metanarratives 元叙事 2，8，10，15，17，45，79，110，114，147
incredulity toward 对元叙事的怀疑 3，117
也可参见 philosophy 哲学

Modern 现代 2
the Modern International Style 现代国际风格 100；modernism 现代主义 40，98，101

Modernity 现代性 5，7，8，23，35，117，145，149，160，163，173
cultural 文化现代性 4，16；modernity/postmodernity debate 现代性/后现代性的争论 13；project of 现代性方案 9，117

Modernization 现代化 5，54，93，97，100，143，145

Moi, Toril 陶丽·莫伊 60

Mommsen, Hans 汉斯·莫默森 112

Moscow Linguistic Circle 莫斯科语言小组 25

Mouffe, Chantal 尚塔尔·墨菲 47

Mukarovsky, Jan 扬·穆卡罗夫斯基 25

Multiculturalism 多元文化主义 18，19，69，72，74，75，76，88
and democracy 多元文化主义与民主 177-179，182-185，191
也可参见 culture 文化；Euro-centrism 欧洲中心主义；race 种族

N

NATO 北大西洋公约组织 114

Nazis 纳粹 111，112，116，120，121，125
Nazism 纳粹主义 113，117，118；Nazi war criminals 纳粹战犯 112；neo-Nazi 新纳粹 109

Negri, Antonio 安东尼奥·内格里 157 注释 3

图书在版编目(CIP)数据

后结构主义、政治与教育 /（新西兰）迈克尔·彼得斯著；
邵燕楠译. —北京：北京师范大学出版社，2018.6（2020.11 重印）
（教育经典译丛）
ISBN 978-7-303-23287-1

Ⅰ. ①后… Ⅱ. ①迈… ②邵… Ⅲ. ①后结构主义(哲学)—
研究 Ⅳ. ①B089

中国版本图书馆 CIP 数据核字(2018)第 002420 号

北京市版权局著作权合同登记号：图字 01-2016-9697

营 销 中 心 电 话　010-58805072　58807651
北师大出版社高等教育与学术著作分社　http://xueda.bnup.com

HOUJIEGOUZHUYI ZHENGZHI YU JIAOYU

出版发行：北京师范大学出版社 www.bnup.com
　　　　　北京市海淀区新街口外大街 19 号
　　　　　邮政编码：100875
印　　刷：北京盛通印刷股份有限公司
经　　销：全国新华书店
开　　本：890 mm×1240 mm　1/32
印　　张：11.25
字　　数：250 千字
版　　次：2018 年 6 月第 1 版
印　　次：2020 年 11 月第 2 次印刷
定　　价：84.00 元

策划编辑：周益群　　　　　　责任编辑：王新焕
美术编辑：宋　涛　　　　　　装帧设计：李向昕
责任校对：陈　民　　　　　　责任印制：马　洁